suhrkamp taschenbuch
wissenschaft 2138

Seit Einstein wissen wir, dass es in der physikalischen Welt einen engen Zusammenhang zwischen Raum und Zeit gibt. Aber auch in der sozialen Welt, so die These von Gunter Weidenhaus, sind Raum und Zeit auf eine Weise verbunden, die für unsere Weltbezüge fundamental ist. Mit *Soziale Raumzeit* legt er die erste systematische Studie zu diesem Thema vor und zeigt, wie soziale Räume, zum Beispiel Heimaten oder Nationalstaaten, mit ganz bestimmten Zeitauffassungen einhergehen und vor dem Hintergrund beschleunigten sozialen Wandels die Zeit episodisch und fragmentiert erscheint, während sich der Raum von territorialen Großeinheiten in Netzwerke verwandelt. Erstmals wird hier der Zusammenhang von Raum und Zeit aus sozialwissenschaftlicher Perspektive systematisch erforscht und belegt.

Gunter Weidenhaus ist wissenschaftlicher Mitarbeiter am Institut für Soziologie der TU Berlin.

Gunter Weidenhaus
Soziale Raumzeit

Suhrkamp

Bibliografische Information der Deutschen Nationalbibliothek
Die Deutsche Nationalbibliothek verzeichnet diese Publikation
in der Deutschen Nationalbibliografie;
detaillierte bibliografische Daten sind im Internet
über http://dnb.d-nb.de abrufbar.

suhrkamp taschenbuch wissenschaft 2138
Erste Auflage 2015

Umschlag nach Entwürfen
von Willy Fleckhaus und Rolf Staudt
Druck: Druckhaus Nomos, Sinzheim
Printed in Germany
ISBN 978-3-518-29738-4

Inhalt

1. Einleitung

Cornelius hat kein Zuhause – aber obdachlos ist er nicht. Mein Interviewpartner hat zwar eine Wohnung und hat schon in vielen Städten Deutschlands in Wohngemeinschaften gelebt, was ihn aber interessiert, sind die Atmosphären der Städte, ihre Subkulturen und deren ›*Locations*‹. Die Menschen ›auf der Straße‹ sind für ihn wichtig. Wo sein Bett steht, ist zweitrangig. Die Idee eines Zuhauses oder auch einer Heimat im traditionellen Sinne ist ihm eher ein Gräuel, denn »was anderes kannste machen, wenn du Familie und Kinder hast und dann sowieso vom Job nicht mehr nach Hause willst, weil dann der Heimatstress kommt«. Cornelius plant nicht in die Zukunft. Seine befristete Anstellung als wissenschaftlicher Mitarbeiter verspricht zunächst einmal nur eines: Ein Jahr Anspruch auf Arbeitslosengeld. Spontan bei sich bietender Gelegenheit umsteuern, sich immer wieder neue Projekte suchen, nicht wissen, was morgen kommt, und auch nicht so tun als ob, das ist kein Problem für ihn. Als eine seiner Stellen mal wieder ausgelaufen war, reagierte er gelassen: »Jetzt bin ich arbeitslos – jetzt geh' ich nach Berlin.«

Offensichtlich lassen sich die relevanten Lebensräume[1] meines Interviewpartners mit herkömmlichen Begriffen schlecht erfassen. »Trautes Heim – Glück allein« geht meilenweit an seinen Vorstellungen gelingenden Lebens und an seiner Realität vorbei. Die Struktur von Cornelius' biographisch wichtigen Räumen lässt sich viel eher als Netzwerk aus bestimmten Städten und Stadtvierteln beschreiben. Auch die Zeit seines Lebens folgt keinem herkömmlichen, linearen Modell, in dem die Gegenwart aus der Vergangenheit hervorgegangen ist und nun eine folgerichtige Zukunft geplant wird. Seine Geschichte klingt eher wie eine Reihe lose verbundener Gegenwarten, die sich zufällig aneinanderreihen.

1 Der Begriff ›Lebensraum‹ ist aufgrund seiner Verwendung und Instrumentalisierung in der Zeit des Nationalsozialismus problematisch. Ich verwahre mich gegen jede naturalisierte Vorstellung von menschlichen Lebensräumen. Der Begriff bezeichnet hier die aus biographischer Perspektive relevanten Räume einer Person. Diese Arbeit wird zeigen, dass von einer bestimmten, natürlichen Struktur dieser Räume nicht ausgegangen werden kann, sondern dass Lebensräume einzig als kulturelle Produktionen angemessen verstanden werden können.

Die Zeitstruktur seiner Lebensgeschichte scheint ebenso ungewöhnlich wie die Struktur seines Lebensraums. Es stellt sich die Frage, ob es einen Zusammenhang zwischen der Zeit und dem Raum in Cornelius Leben gibt. Vielleicht sind sogar ganz allgemein die Strukturen der Räume und Zeiten unseres Lebens miteinander verbunden? Mit anderen Worten: Könnte es nicht sein, dass sinnvoll von einer sozialen Raumzeit gesprochen werden kann?

Auch im Rahmen der wissenschaftlichen Diskussion sind Zeit und Raum in Bewegung geraten. Die gegenwärtigen zeitdiagnostischen Makroanalysen im Bereich der Sozialwissenschaften konstatieren unisono eine Veränderung der dominanten räumlichen und zeitlichen Konstruktionslogiken. Prominente Beispiele sind die an der Schwelle zur Post-, Nach- oder zweiten Moderne auf die 1980er Jahre datierten Übergänge vom ›*Space of Places*‹ zum ›*Space of Flows*‹ (Castells 2001, orig. 1996) oder von der linearen ›*Clocktime*‹ zur ›*instantaneous Time*‹ (von der Uhrenzeit zur unmittelbaren Zeit), in der erlebte Zeitabschnitte unabhängig voneinander und fragmentiert erscheinen (vgl. Urry 2000).

Was mit einer Veränderung der Zeit gemeint ist, soll hier zunächst nur mit wenigen Worten skizziert werden: Während sich einerseits die Rhythmen der Produktion und Konsumption immer weiter beschleunigen, scheint andererseits der Gesellschaft und den Subjekten die Zukunft abhandenzukommen. Die großen Metaerzählungen und Utopien der Moderne wie die Verwirklichung des Kommunismus oder ein durch Fortschritt zu realisierender »Wohlstand für alle« (Erhardt 1957) sind verstummt und die Diskussionen um eine einheitliche Richtung gesamtgesellschaftlicher Entwicklung erlahmt (vgl. zum Beispiel Schilcher/Weidenhaus 2010). Die schnellen gesellschaftlichen Veränderungen einerseits und das Fehlen einer Richtung dieser Entwicklungen andererseits kulminieren in der Metapher des »rasenden Stillstands« (Virilio 1998), in dem die Zeitstrukturen zu kollabieren drohen. Auch den Subjekten scheint es immer schwerer zu fallen, ihren Lebensweg oder beruflichen Werdegang vorherzusagen. Entsprechend schreibt Zygmunt Bauman: »Die Zeit entspricht nicht mehr einem Fluss, sondern einer Ansammlung von Teichen und Tümpeln.« (1997: 148)

Ähnlich dramatisch lesen sich die Metaphern, mit denen versucht wird, die Veränderungen des Raums auf den Begriff zu bringen: Der Raum lässt sich weder theoretisch noch empirisch als der stabile (nationalstaatliche) Container konzeptualisieren (vgl. Beck 2008 und Löw 2001), der einst als unhinterfragte Kulisse der Forschung fungierte. Soziale Prozesse können nicht mehr nur im Raum untersucht werden, ohne dass der Raum selbst thematisiert wird, denn globale Ströme von Waren, Dienstleistungen, Bildern und Menschen lassen ununterbrochen neue räumliche Bezüge entstehen. Die Beschreibung dieser Ströme im Rahmen eines rein territorialen Konzeptes von Raum fällt schwer. Permanent werden Grenzen im Zusammenhang mit der Nutzung neuer Technologien wie dem Internet verschoben oder im Rahmen mancher Handlungslogiken, wie der des internationalen Finanzkapitalismus, gänzlich aufgelöst. Soziale Prozesse scheinen sich nicht einfach im Raum abzuspielen, sondern den Raum selbst strukturell zu verändern. Auch diese Veränderungsprozesse scheinen vor der Strukturierung des Lebensraums von Subjekten nicht haltzumachen. Ansprüche an (räumliche) Flexibilität können beispielsweise den Wunsch nach der Konstruktion eines stabilen Lebensmittelpunktes, der die Bezeichnung ›Zuhause‹ verdient, untergraben.

Die Diagnose dieser Verschiebungen lässt die sozialen Konstitutionsprozesse von Raum und Zeit deutlich ins Relief treten. Während sich beim Thema Zeit an eine lange philosophische Tradition anschließen lässt, die zeitliche Bestimmungen im Grunde als soziale Konstitutionen ausweist (zum Beispiel Bergson 1989 [1889]), ist die These der sozialen Konstitution des Raums jüngeren Datums (vgl. Lefebvre 1991 [1964] und Löw 2001) und mündet in eine als ›*Spatial Turn*‹ bezeichnete Perspektivumstellung.

Die gleichzeitigen Veränderungen von räumlichen und zeitlichen Strukturen legt die Vermutung nahe, dass diese Wandlungen miteinander im Zusammenhang stehen. Ein Gedanke, der viele sozialwissenschaftliche Autor_innen, häufig inspiriert von einem Seitenblick auf die Einstein'sche Relativitätstheorie, die in der Physik eine unmittelbare Abhängigkeit räumlicher von zeitlichen Bestimmungen postuliert, zu faszinieren scheint (vgl. zum Beispiel Adam 2004). Gerade in der angelsächsischen Forschungslandschaft finden sich neben den Behauptungen, dass eine Trennung von räumlicher und zeitlicher Analyse höchstens noch um der Darstellung willen zulässig sei (vgl. Castells 2001 [1996] und Adam 2004), auch erste theoretische Überlegungen dazu, wie denn dieser Zusammenhang zu denken sei (vgl. zum Beispiel Massey 2005 oder Crang

2005). Ich werde zu zeigen versuchen, dass diese bisherigen Überlegungen aufgrund begrifflicher Ungenauigkeiten nicht von einem Zusammenhang von Raum und Zeit überzeugen können, und argumentieren, dass empirische Evidenzen für einen Zusammenhang von Raum und Zeit aufgezeigt werden müssen, damit sinnvoll von sozialer Raumzeit gesprochen werden kann.

Macht man die Frage nach der sozialen Raumzeit zu seinem Forschungsgegenstand, ist die Festlegung eines begrifflichen Rahmens für diesen Gegenstand unvermeidlich. An dieser Stelle sei nur eine erste notwendige Bedingung genannt, die das Sprechen von einer sozialen Raumzeit aus meiner Sicht rechtfertigt. Ich möchte nur dann die ›Raumzeit‹ als analytisch gewinnbringendes Konzept für den sozialwissenschaftlichen Diskurs vorschlagen, wenn die Konstitution des Raums mit der Konstitution der Zeit logisch zusammenhängt. Es reicht nicht aus, darauf zu verweisen, dass ein soziales Phänomen irgendwo und irgendwann stattfindet, um die Existenz einer sozialen Raumzeit zu postulieren. Ebenso wenig halte ich den Verweis darauf, dass die Konstitution von Räumen irgendwann vorgenommen wird oder dass die Konstitution der Zeit irgendwo vor sich geht, für ausreichend, um einen Begriff sozialer Raumzeit zu rechtfertigen. Nur wenn das, was mit Zeit in einem bestimmten sozialen Kontext gemeint ist, damit zusammenhängt, was mit Raum in demselben Kontext gemeint ist, dann ist das Sprechen von sozialer Raumzeit gerechtfertigt. Was an dieser Stelle noch sehr abstrakt klingt, gilt es im folgenden Kapitel dieses Buches Schritt für Schritt zu entwickeln. Der Gedanke muss jedoch hier bereits erwähnt werden, um die folgende These zu plausibilisieren: Ob die Konstitutionen von Raum und Zeit zusammenhängen, lässt sich nicht ausschließlich theoretisch klären, sondern muss zunächst empirisch gezeigt werden.

Diese Überlegungen verstehen sich daher als Beitrag zur sozialwissenschaftlichen Grundlagenforschung und damit als exploratives empirisches Projekt, das einem Zusammenhang räumlicher und zeitlicher Bestimmungen nachforscht, gegebenenfalls diesen Zusammenhang zu verstehen sucht und eine Erklärung anbieten möchte.

Das empirische Vorgehen erfordert die Wahl eines Gegenstandsbereichs, in dem mit jeweils unterschiedlichen Raum- und Zeitkonstitutionen zu rechnen ist und der einen angemessenen

Datenzugang gewährleistet. Die Erforschung von Biographien lässt sowohl die Variabilität als auch den Zugang zu den Daten in ausreichendem Maße erwarten. Die zentrale Fragestellung lässt sich also ausformulieren als *die Suche nach einem Zusammenhang zeitlicher und räumlicher Konstitutionen im Rahmen von Biographien.* Noch ein drittes pragmatisches Moment spricht für die Auswahl von Biographien als Gegenstandsbereich im Sinne des hier intendierten Forschungsinteresses: Selbst wenn sich kein Zusammenhang zwischen Raum und Zeit im Rahmen der Biographie aufzeigen lässt, verspricht allein die Analyse biographischer Zeit- und Raumkonstitutionen Ergebnisse von einigem Erkenntniswert. Wie das Verhältnis von Vergangenheit, Gegenwart und Zukunft des eigenen Lebens gesehen wird und welche Einflussfaktoren sich dafür benennen lassen, dürfte ebenso interessant sein wie die Frage, nach welchen Mustern relevante Lebensräume gebildet werden, zumal sowohl die Konstitutionen von Lebensgeschichtlichkeit wie die von Lebensräumen handlungsrelevante Wirkungen erwarten lassen.

Die Untersuchung ist wie folgt aufgebaut: Das zweite Kapitel präsentiert die theoretischen Vorüberlegungen des Forschungsvorhabens. Thematisiert werden an dieser Stelle die variierenden Verwendungen der Begriffe Zeit und Raum in den Sozialwissenschaften. Daher muss in einem ersten Schritt deutlich gemacht werden, wie die Begriffe im Rahmen dieser Arbeit benutzt werden. Dabei gilt es vorrangig, das Problem zu lösen, dass die Sozialwissenschaften sowohl einen an der Physik orientierten Zeit- und Raumbegriff verwenden als auch einen, der jeweils deutlich stärker an der Alltagswirklichkeit orientiert ist und die soziale Konstitution von Raum und Zeit betont. Ich möchte argumentieren, dass beide Begriffsverwendungen im Rahmen der Sozialwissenschaften hilfreich sind, dass sich aber die Zeit- und Raumbestimmungen, die auf den unterschiedlichen Begriffen basieren, nicht ineinander übersetzen lassen. Selbst aus einer sozialkonstruktivistischen Perspektive, die auch naturwissenschaftliche Darstellungen als sozial konstituiert ansieht, bleiben diese Differenzen auf begrifflicher Ebene bestehen. Im Unterschied zu Atomen oder Lichtstrahlen verhalten sich Menschen auf Basis ihrer Sinnzuschreibungen, ihrer Interpretationen der Wirklichkeit. Die Datengewinnung im Falle der an der Alltagswirklichkeit orientierten Begriffe setzt also bereits einen Interpretationsprozess voraus, während im Feld der naturwissenschaftlichen Betrachtungen eine einfache Hermeneutik zum Verständnis der Konzepte ausreicht. Anthony Giddens bezeichnet die Basis des sozialwissenschaftlichen Weltzugangs daher als »doppelte Hermeneutik« (1988 [1984]: 338), und Jürgen Habermas plädiert aus ähnlichen Gründen für einen methodischen Dualismus (vgl. 1983: 51), der für die konzeptionelle Verortung einer sozialen Raumzeit unabdingbar ist, schon allein um sie von einer physikalischen Raumzeit unterscheiden zu können. Es wird sich zeigen, dass einzig die an der Alltagswirklichkeit orientierten Begriffe von Raum und Zeit hinreichend sozial variabel sind, um einer möglichen gegenseitigen Abhängigkeit räumlicher und zeitlicher Bestimmungen in der sozialen Welt nachgehen zu können. Diese Konzepte von Raum und Zeit werden ausführlich expliziert, da sie den heuristischen Rahmen der empirischen Analyse abgeben. Am Ende des zweiten Kapitels wird also der theoretische Ort beschrieben sein, an dem es die soziale Raumzeit zu suchen gilt.

Im dritten Kapitel wird die Methodik entwickelt, mit der empirische Zusammenhänge von Raum- und Zeitkonstitutionen in Biographien ermittelt werden sollen. Hier gilt es, deutlich zu machen, warum individuelle Biographien trotz ihrer Subjektgebundenheit einen geeigneten Gegenstandsbereich zur Erforschung sozialer Raumzeit darstellen. Anschließend wird argumentiert, dass zur systematischen Verhältnisbestimmung von Raum und Zeit Typologien für beide Bereiche gebildet werden müssen. Da jede Konstitution von Lebensgeschichtlichkeit und von Lebensräumen zunächst einmal einzigartig ist, kann der Zusammenhang räumlicher und zeitlicher Konstitutionen nur auf der Ebene von Typen ermittelt werden. Dadurch lassen sich hinter all den individuellen Raum- und Zeitkonstitutionen eine begrenzte Anzahl von Mustern erkennen. Soziale Raumzeit bedeutet dann, dass im Falle der Konstitution von Lebensräumen nach einem bestimmten Muster (Typus) auch immer die Lebensgeschichtlichkeit nach einem bestimmten Muster konstituiert wird und umgekehrt. Da zu Beginn der Untersuchung unklar ist, mithilfe welcher Kategorien die Typen gebildet werden müssen, wird ein an der *Grounded Theory* (Strauss/Corbin 1996 [1990] und Kelle/Kluge 1999) orientiertes Verfahren zur Typisierung vorgeschlagen. Die Samplingstrategie sowie die Datenerhebung mithilfe narrativ-biographischer Interviews wird ebenfalls in diesem Kapitel vorgestellt.

Im vierten Kapitel werden am Material die relevanten Typen biographischer Zeitkonstitutionen entwickelt. Drei Idealtypen lassen sich nach Auswertung der Interviews beschreiben: Neben einem linearen Typus, der Vergangenheit, Gegenwart und Zukunft seines Lebens eng miteinander verknüpft und eine Entwicklungsgeschichte des eigenen Ich konstituiert, die er in die Zukunft fortschreibt, lassen sich noch ein zyklischer und ein episodischer Typus konstruieren. Der zyklische Typus lebt in einer ewigen Gegenwart sich wiederholender Routinen und orientiert sich bei der Erzählung seines Lebens in keiner Weise an der Chronologie. Der episodische Typus hat zwar einen ähnlich starken Gegenwartsbezug, weiß aber, dass diese Gegenwart enden wird (und früher schon des Öfteren endete) und relativ plötzlich eine neue, andere Gegenwart anbricht, von der er aber gegenwärtig nicht sagen kann, was sie für ihn bereithält. Abgeschlossen wird dieses Kapitel mit allgemeinen Überlegungen zur Konstitution von Lebensgeschichtlichkeit in Biographien und einer Konturierung der einzelnen Typen. An dieser Stelle wird ein Exkurs eingeschoben, der versucht, anhand von empirischen Studien einen historischen Überblick über die Entwicklung der vorgestellten Typen in den letzten vier Jahrzehnten zu geben.

Das fünfte Kapitel wiederholt im Wesentlichen die Arbeitsschritte des vorangegangenen Kapitels für die Konstitution relevanter Lebensräume mit einem anderen Sample von Fällen. Auch hier lassen sich idealtypisch drei Arten der Konstitution relevanter Lebensräume unterscheiden. Während der konzentrische Typus Räume von unterschiedlicher Maßstäblichkeit ineinander schachtelt (zum Beispiel Zuhause, Stadt, Nationalstaat), konstituiert der Netzwerk-Typus verschiedene relevante Lebensräume auf der gleichen Ebene (zum Beispiel Städte), vergleicht ihre Atmosphären und orientiert sich an den Handlungsoptionen, die solche Räume für ihn bereithalten. Für den Insel-Typus sind einzig private Räume relevant, über die er ein großes Maß an Verfügungsgewalt besitzt. Die Zahl dieser Räume ist tendenziell gering, sie sind relativ klein und durch starke Grenzkonstruktionen, ein wesentliches Merkmal dieses Typus, von einer eher feindlich konnotierten Umwelt geschieden. Auch in diesem Kapitel werden allgemeine Überlegungen zur Bedeutung von Raumkonstitutionen in Biographien angestellt und abschließend die Konturen der Typen durch eine vergleichende Analyse geschärft.

Im sechsten Kapitel wird mithilfe einer erneuten Analyse der Fälle (für die Fälle des Raum-Samples werden nun die Zeittypen ermittelt und umgekehrt) gezeigt, dass spezifische Typen der Konstitution von Lebensgeschichtlichkeit mit spezifischen Typen der Konstitution von Lebensräumen einhergehen. So korreliert der lineare Zeittypus mit dem konzentrischen Raumtypus, der zyklische mit dem Insel-Typus und der episodische mit dem Netzwerk-Typus. Eine bestimmte Art und Weise, den Lebensraum zu konstituieren und zu strukturieren, geht für die Subjekte mit einer bestimmten Art und Weise der Konstitution biographischer Geschichtlichkeit einher. Es lässt sich also sinnvoll von einer sozialen Raumzeit sprechen.

Der Versuch, diesen Zusammenhang biographischer Raum- und Zeitkonstitutionen zu erklären, ist das zentrale Anliegen des abschließenden siebten Kapitels. Zunächst wird argumentiert, dass eine anthropologische Notwendigkeit zur gemeinsamen Konstitution von Zeit und Raum besteht. Nach Helmuth Plessner (1981-1985 [1928]) verfügt der Mensch weder über eine artspezifische Umwelt noch über eine natürliche zeitliche Einbettung in die Welt. Diesen Mangel muss er durch kulturelle Produktionen ausgleichen, indem er sich mithilfe sozialer Konstitutionen von Raum und Zeit in die Welt zurückbettet. Anschließend wird unter Rückgriff auf makrosoziologische Gegenwartsanalysen die empirisch beobachtbare Ausdifferenzierung in die unterschiedlichen Raumzeittypen erklärt. Die konzentrisch-lineare Raumzeitkonstitution wird dabei als Grundform der Moderne gedeutet, während netzwerkartig-episodische Konstitutionsformen vor dem Hintergrund der Flexibilisierung des kapitalistischen (Re-)Produktionsmodus entstehen und die Entstehung inselhaft-zyklischer biographischer Raumzeit im Zusammenhang mit Exklusionsprozessen betrachtet werden muss. Schließlich werden die spezifischen Chancen und Risiken der einzelnen Raumzeittypen erörtert, um zum Abschluss das kritische und diagnostische Potenzial der gesamten Analyse zu verdeutlichen.

2. Der theoretische Ort einer sozialen Raumzeit

Dieses Kapitel dient dazu, den heuristischen Rahmen zur Erforschung einer sozialen Raumzeit[1] darzulegen. Mit einer Heuristik sind Konzepte von großer Reichweite, aber geringem empirischen Gehalt (vgl. Kelle/Kluge 1999) gemeint, die das Forschungsfeld sehr grob abstecken. Konkret geht es darum, die Konzepte von Raum und Zeit zu benennen, mit denen die empirische Suche nach einer sozialen Raumzeit angegangen werden kann, und dabei im Blick zu behalten, dass diese Konzepte die unterschiedlichsten räumlichen und zeitlichen Konstitutionsformen erfassen können müssen.

Fragt man nach den logischen Zusammenhängen von Raum und Zeit, steht man eingangs vor einem fundamentalen Problem. Es erweist sich als äußerst schwierig, den Gegenstandsbereich genau zu fassen, selbst wenn man ›nur‹ beschreiben möchte, wie zeitliche oder räumliche Bestimmungen funktionieren. Diese Perspektive geht davon aus, dass es die Praxis räumlicher und zeitlicher Bestimmungen ist, die am ehesten darüber Aufschluss gibt, was mit Raum und Zeit jeweils gemeint ist. Die Schwierigkeiten hängen damit zusammen, dass verschiedene Möglichkeiten zu existieren scheinen, sowohl zeitliche als auch räumliche Bestimmungen vorzunehmen, die jeweils nicht ineinander überführbar sind. Das heißt, es existiert keine Übersetzungsregel dafür, wie man beispielsweise von einer chronologischen (zum Beispiel: die Mondlandung fand am 21. Juli 1969 statt) zu einer geschichtlichen (die Mondlandung fand in der Vergangenheit statt) Zeitbestimmung kommt. Ich werde diesen Gedanken später detailliert ausführen. Zunächst nur so viel: Sollten tatsächlich grundsätzlich verschiedene Optionen der Bestimmung räumlicher beziehungsweise zeitlicher Verhältnisse bestehen, resultieren daraus unterschiedliche Zeit- beziehungsweise Raumbegriffe. Damit ergibt sich die Notwendigkeit, bei der Thematisierung des Zusammenhangs von Raum und Zeit zu fragen, welche Art von Raum zu welcher Art von Zeit ins Ver-

1 Der Begriff ›Raumzeit‹ (engl. *space-time*) stammt von Hermann Minkowsky und wurde auf Basis der speziellen Relativitätstheorie von Albert Einstein (1905) entwickelt. Er bringt zum Ausdruck, dass räumliche Bestimmungen nicht unabhängig von zeitlichen vorgenommen werden können.

hältnis gesetzt wird. Ich werde im Folgenden einen Vorschlag zu einer Systematisierung des Feldes anbieten, also die Frage danach beantworten, wo denn nach dem Zusammenhang von Raum und Zeit aus soziologischer Perspektive gesucht werden sollte.

Da die verschiedenen Begriffe von Raum und Zeit verschiedene Weltbezüge aufweisen, nämlich den zu einer ›bedeutungsvollen‹ physischen Welt und den zu einer ›sinnhaften‹ sozialen Welt, wird zunächst die wissenschaftstheoretische Position dargelegt, die den anschließenden Ausführungen zuerst zur Zeit und dann zum Raum zugrunde liegt. Abschließend werden die unterschiedlichen Zeitbegriffe mit den unterschiedlichen Raumbegriffen ins Verhältnis gesetzt, um den theoretischen Ort einer sozialen Raumzeit zu benennen. Die wichtigsten Thesen des Kapitels finden sich am Schluss noch einmal in einem Fazit zusammengefasst.

2.1. Wissenschaftstheoretisches Selbstverständnis

Im Folgenden geht es nicht darum, die erkenntnis- und wissenschaftstheoretische Debatte nachzuzeichnen oder gar zu erweitern, sondern lediglich um den Versuch zu explizieren, auf welcher Basis zu angemessenen Begriffen von Raum und Zeit im Rahmen dieser Untersuchung gelangt werden kann. Dazu ist es ausreichend, auf eine eher klassische erkenntnistheoretische Position zu rekurrieren.

Grundsätzlich gehe ich aufgrund der jenseits unserer Wahrnehmung unverfügbaren materiell-physischen Welt von einer (sozial-) konstruktivistischen Position aus. Alle Begriffe zur Beschreibung der Welt sind menschliche Begriffe, und letztlich ist nicht feststellbar, inwieweit und auf welche Art sie mit der materiellen Welt korrespondieren.

Auch im Rahmen einer konstruktivistischen Position lassen sich jedoch unterschiedliche Weltbezüge unseres Handelns, Sprechens und Denkens unterscheiden. Analog zu Habermas' Theorie des kommunikativen Handelns können wir uns auf eine materielle Welt, auf eine soziale Welt oder auf eine innerpsychische Welt beziehen (vgl. 1981).[2] Entscheidend ist, dass Aussagen mit unter-

2 Vgl. auch Plessners Unterscheidung zwischen Außenwelt, Innenwelt und Mitwelt (1981-1985). Darüber hinaus weist Werlen (1997) ein solches Drei-Welten-Modell in den Arbeiten von Alfred Schütz nach. Das Drei-Welten-Modell von Karl Pop-

schiedlichen Weltbezügen auch über einen unterschiedlichen ontologischen Status verfügen.

Aussagen über die physisch-materielle Welt beziehen sich auf eine als subjektunabhängig gedachte Welt, von der wir annehmen, dass sie auch jenseits unserer Vorstellung von ihr existiert. Solche Aussagen müssen durch den Bezug auf ebendiese Welt falsifiziert werden. Die Aussage »Die Wohnung ist 95 qm groß« kann nicht mit dem Verweis gekontert werden, dass sie kleiner erscheint als eine andere Wohnung mit 80 qm. Auch wenn es gute, intersubjektiv anschlussfähige Gründe dafür gibt, dass die Wohnung kleiner erscheint, so folgt daraus nicht, dass sie weniger als 80 qm Grundfläche besitzt. Dass die Wohnung kleiner erscheint, stellt eine Realität der psychischen Wirklichkeit dar und hat daher keinen unmittelbaren Einfluss auf die physisch-materielle Wirklichkeit. Eine Aussage mit Bezug zur sozialen Wirklichkeit ist beispielsweise folgende Behauptung: »Diese Wohnung ist mein Zuhause.« Eine solche Aussage ist an die Existenz der sozialen Institution ›Zuhause‹ gebunden. In Gesellschaften, die diese Institution nicht kennen, macht eine solche Aussage keinen Sinn. John Searle unterscheidet daher zwischen »*institutional facts*« für Aussagen mit Bezug zur sozialen Welt und »*brute facts*« für Aussagen mit Bezug zur physisch-materiellen Welt (1995: 27 ff.). Zwar ist zur Formulierung von *brute facts* die Sprache als soziale Institution unerlässlich, aber die Größe einer Wohnung ändert sich nicht dadurch, dass sie nicht von Menschen vermessen wird oder ihre Größe nicht benannt wird. *Brute facts* im strengen Sinne werden fast ausschließlich im naturwissenschaftlichen Diskurs formuliert. *Institutional facts* rekurrieren hingegen auf gesellschaftliche Institutionen, um überhaupt zu existieren (vgl. ebd.: 27). Ohne die soziale Institution eines Zuhauses existiert das Zuhause nicht.[3]

per (1973) ist zumindest in seiner frühen Fassung nicht deckungsgleich mit der hier vorgeschlagenen Konzeption, weil der »sinnhafte Aufbau der sozialen Welt« (Schütz 1932) weitgehend unberücksichtigt bleibt.

3 Die Existenz von *brute facts* wird kritisiert, indem darauf verwiesen wird, dass die sprachlichen Regelsysteme, nach denen die Welt sortiert werden kann, nicht Bestandteil der (Außen-)Welt sind, über die gesprochen wird. Daher seien im Grunde alle Tatsachen *institutional facts* (vgl. zum Beispiel Tallár 1993). Ohne diese Diskussion vertiefen zu können, sei angemerkt, dass hier die Differenz zwischen der angemessenen Haltung, dass die Welt nur sprachlich zu haben ist, mit der idealistischen Vorstellung verwechselt wird, dass die Welt nur sprachlich sei (vgl.

Aussagen über die soziale Welt rekurrieren also auf sinnhafte, von Menschen hervorgebrachte Institutionen. Was ist mit dem Begriff ›Institution‹ gemeint? Soziale Institutionen entstehen, indem habitualisierte Handlungen durch Typen von Handelnden reziprok typisiert werden (vgl. Berger/Luckmann 2001 [1966]: 58). Handlungen, die zur Lösung permanent auftauchender Probleme taugen, werden habitualisiert. Das entlastet von Entscheidungen und spart Energie. Betrifft das Problem auch andere Menschen (ist es allgemein relevant), ist die Chance groß, dass der aus der Habitualisierung hervorgegangene Handlungstypus kommuniziert wird. Das heißt, er wird aus der Welt des einzelnen Individuums in die Gesellschaft mithilfe von Symbolen externalisiert. Das Ergebnis dieser Externalisierung ist eine Objektivation. Diese Objektivation liefert die Basis für eine geteilte Strategie zur Lösung des Problems (im Sinne von »So macht man das!«). Das Rezeptwissen zur Lösung allgemeiner Probleme kann selbst externalisiert und objektiviert werden. So steht es der Allgemeinheit zur Verfügung und kann als Wissen vom Individuum internalisiert werden. Der Dreisprung ›Externalisierung, Objektivation, Internalisierung‹ schafft also gesellschaftliche Institutionen. Dieser Institutionenbegriff ist weiter gefasst als in der Umgangssprache. Beispielsweise ist die Sprache selbst eine wichtige Institution. Anthropologisch lässt sich mit Helmuth Plessner (1981-1985 [1928]) und Arnold Gehlen (1956) argumentieren, dass die Schaffung einer solchen sozialen Wirklichkeit notwendig ist, weil die Menschen aufgrund ihrer Instinktunsicherheit gezwungen sind, die biologische Weltoffenheit in eine gesellschaftliche Weltgeschlossenheit zu transformieren, denn menschliche Instinkte allein reichen nicht aus, um das Überleben zu sichern. Diese Notwendigkeit verrät allerdings nichts darüber, wie die Transformation konkret gestaltet wird. Welche Institutionen entstehen, bleibt hochgradig kontingent. Wichtig ist, dass alle sozialen Institutionen als sinnhaft aufgefasst werden müssen, weil ihre Entstehung an die Lösung konkreter Probleme gekoppelt ist.

Die Erforschung sozialer Institutionen setzt aufgrund der Sinn-

Berking 2013). Die Naturwissenschaft hat eine Sprache entwickelt, in deren Rahmen über die Bedeutung von Begriffen und Aussagen eben nicht mehr sinnvoll gestritten werden kann, weil sie sich auf Definitionen zurückführen lassen, die notwendig tautologisch sind. Daher lässt sich mit dieser Sprache auch keinerlei Sinn in der sozialen Welt produzieren.

haftigkeit, anders als die Erforschung der physisch-materiellen Welt, einen doppelt hermeneutischen Zugriff voraus (vgl. Habermas 1983 und Giddens 1988 [1984]). Die soziologische Perspektive zeichnet sich dadurch aus, sinnhafte Handlungen in einer bereits vom Individuum als sinnhaft gedeuteten Welt zu verstehen (vgl. Schütz 1932), und beide Prozesse der Sinnsetzung müssen (nach-) vollzogen werden. Der ontologische Status von Institutionen ist ein anderer als derjenige von physisch-materiellen Dingen. Das Sein von Institutionen bleibt immer an die sinnhafte Produktion und Reproduktion von Menschen gekoppelt (vgl. Berger/Luckmann 2001, orig. 1966: 55). Wird beispielsweise ein Stock (*brute fact*) durch Institutionalisierungsprozesse zu einem Machtsymbol, einem Zepter (*institutional fact*), so wird nach dem Untergang der Kultur, die diese Institution hervorgebracht hat, das Zepter verschwunden sein (sofern niemand diese Institutionalisierung aufrechterhält), nicht aber der Stock, der als Teil der physisch-materiellen Welt gedacht ist. Weil die soziale Welt durch Internalisierungsprozesse im Rahmen der Sozialisation gleichsam in das Individuum gelangt, besteht eine gewisse Nähe der sozialen Welt der Institutionen zur innerpsychischen Welt der Individuen. Es ist jedoch charakteristisch für die soziale Welt, dass sie den Individuen zunächst als äußerliches Wissen über die Alltagswirklichkeit gegenübertritt und von daher als Wirklichkeit sui generis behandelt werden muss und nicht einfach als Summe oder Durchschnitt innerpsychischer Welten betrachtet werden kann.

Die innerpsychische Welt enthält mehr als nur Internalisierungen gesellschaftlicher Institutionen. Individuelle Erfahrung, ein Kosmos von Begierden und Bedürfnissen und spontane Handlungsimpulse (vgl. Mead 1968, orig. 1934), die nicht alle auf Sozialisationsprozesse zurückgeführt werden können, spielen in dieser Welt eine entscheidende Rolle. Offensichtlich kann die innerpsychische Welt auch durch chemische Substanzen, neuronale Erkrankungen, Hirntumore und genetische Dispositionen moduliert werden. Wichtig für die Sozialwissenschaften ist diese Welt, weil in ihr notwendig der an das Subjekt gebundene Sinn sozialer Institutionen verortet ist (vgl. Schütz 1932).

Alle drei Welten möchte ich als real ansehen. Der unterschiedliche ontologische Status der Welten macht es jedoch notwendig, sie im Rahmen einer wissenschaftlichen Analyse zu trennen. Wie die Angemessenheit einer Aussage bewertet wird, unterscheidet sich je nach der Welt, auf die sich diese Aussage bezieht. Das bedeutet, dass bei einer Vermischung der Welten keinerlei Aussagen mehr zu Gültigkeit, Plausibilität oder Angemessenheit wissenschaftlicher Forschungsergebnisse möglich sind. Das Problem der Wörter ›Zeit‹ und ›Raum‹ besteht nun darin, dass sie in allen drei Welten gebraucht werden. Die Verwendung der beiden Wörter lässt sich gleichsam durch alle drei Welten deklinieren. Aufgrund des unterschiedlichen ontologischen Status von Entitäten in diesen drei Welten lautet die hier vertretene These, dass es sich um drei unterschiedliche Begriffe von Raum und Zeit handelt, die dort jeweils zum Vorschein kommen.

Mit dem Zeitkonzept der physisch-materiellen Welt lassen sich chronologische Abstände zwischen Ereignissen bestimmen. Die Feststellung, dass es drei Tage geregnet hat, nutzt beispielsweise dieses Konzept von Zeit. Das Zeitkonzept in der sozialen Welt bezieht sich auf die Konstitution von Vergangenheit, Gegenwart und Zukunft und auf das Verhältnis dieser drei Formen. Die Konzeption einer linearen Geschichte mit offener Zukunft (vgl. Rammstedt 1975), wie sie in unserer Gesellschaft vorherrschend ist, kann als Beispiel für diese Idee von Zeit dienen. Auf der Ebene der innerpsychischen Welt bezeichnet Zeit die subjektive Dauer von Ereignissen und Handlungsvollzügen. Sätze, die auf dieses Zeitkonzept rekurrieren, sind beispielsweise: »Wenn ich Computer spiele, vergeht die Zeit wie im Fluge« oder »Während des Sturzes geschah alles in Zeitlupe«.[4]

Ähnlich verhält es sich mit dem Raum. Räumliche Abstandsbestimmungen auf Basis objektivierter Skalen (zum Beispiel Meter) rekurrieren auf ein Raumkonzept, das Raum als Eigenschaft des Universums denkt und der physisch-materiellen Welt angehört. Werden sozial sinnhafte Raumkonstitutionen wie Nationalstaaten oder Wohnzimmer adressiert, funktioniert der Begriff von Raum

4 Alfred Schütz weist darauf hin, dass diese innerpsychische Wahrnehmung von Dauer entscheidend für ein Verständnis der Konstitution von Sinn im Subjekt ist: »Schon eine oberflächliche Analyse zeigt nämlich, daß das Sinnproblem ein Zeitproblem ist, allerdings kein solches der physikalischen Raumzeit, teilbar und meßbar ist, oder der historischen Zeit, die immer ein von äußeren Begebenheiten erfüllter Ablauf bleibt, wohl aber ein solches des ›inneren Zeitbewußtseins‹, des Bewußtseins der je eigenen Dauer, in dem sich für den Erlebenden der Sinn seiner Erlebnisse konstituiert.« (1932: 20)

als Konzept, mit dem bestimmte Entitäten der sozialen Welt beschrieben werden können. Im psychischen Bereich haben wir es darüber hinaus mit Phänomenen zu tun, die unmittelbar an die Raumwahrnehmung gekoppelt sind. Beispielsweise überschätzen wir systematisch – gemessen an physisch-materiellen Abstandsbestimmungen – vertikale im Vergleich zu horizontalen Distanzen. Ein senkrecht gehaltener Stab von drei Metern Länge kommt uns normalerweise wesentlich länger vor als der gleiche Stab in horizontaler Ausrichtung. Diese Wahrnehmungsdisposition verstärkt sich meist noch, wenn wir von oben nach unten blicken.

Im Rahmen der folgenden Überlegungen können die Raum- und Zeitkonzepte für die innerpsychische Welt aus zwei Gründen weitgehend ausgeklammert werden, soweit sie nicht der Rekonstruktion sozialer Räume und Zeiten dienen. Zum einen herrscht im sozialwissenschaftlichen Diskurs weitgehend Klarheit darüber, wann von solchen subjektiven Wahrnehmungen von Zeit und Raum gesprochen wird, während die Trennung der Konzepte für die soziale und physisch-materielle Welt häufig unklar bleibt. Zum anderen kann vermutet werden, dass die Wahrnehmungsdispositionen, wo sie über eine Internalisierung sozialer Zeiten und Räume hinausgehen, anthropologisch begründbar sind. Es kann als evolutionärer Vorteil gedeutet werden, einen drei Meter tiefen Spalt als bedrohlich tief zu empfinden, denn ein Absturz kann einen das Leben kosten. Ebenso ist eine Erhöhung der Wahrnehmungsfrequenz während eines Sturzes, die zum Gefühl verlangsamter Zeit führt, vorteilhaft, weil sie schnellere Reaktionen ermöglicht.

Im Folgenden werden nun die Konzepte für die Zeit und anschließend für den Raum mit Bezug auf die physisch-materielle Welt und auf die soziale Welt differenziert und expliziert.

2.2. Die Zeit

Die Zeit auf den Begriff zu bringen gilt allgemein als schwieriges Unterfangen, und das schon seit über 1500 Jahren:

> Was also ist die Zeit? Wenn niemand mich danach fragt, weiß ich's, will ich's aber einem Fragenden erklären, weiß ich's nicht. (Augustinus 1980 [circa 400]: Liber XI: 14)

Was die Auseinandersetzung mit der Zeit so kompliziert macht, ist, dass die Zeit einerseits als unabhängig von Subjekten konzeptualisiert wird (*brute fact*), wenn regelmäßig wiederkehrende Ereignisse wie der Sonnenaufgang genutzt werden, um die Dauer anderer Ereignisse zu bestimmen. So kann beispielsweise festgestellt werden, dass eine Wanderung drei Tage gedauert hat. Hierbei handelt es sich um eine chronologische Zeitbestimmung. Anderseits nehmen wir auch eine zeitliche Bestimmung vor, wenn wir sagen, dass die Wanderung in der Vergangenheit liegt. Die Zeit ist in diesem Fall aber nicht unabhängig von uns gedacht. Letztes Jahr wäre die Wanderung wohl noch der Zukunft zugeordnet worden. Diese Art der Zeitbestimmung lässt sich als geschichtlich bezeichnen. Im interkulturellen Vergleich wird später gezeigt, dass es sich bei Vergangenheit, Gegenwart und Zukunft um hochgradig sozial variable Konstitutionen handelt (*institutional facts*). Die Schwierigkeiten mit der ›Zeit‹ hängen meines Erachtens damit zusammen, dass es den einen Begriff der Zeit nicht gibt. Das Wort referiert auf mehrere Konzepte.

Die analytische Zeitphilosophie kennt die Unterscheidung zwischen Bestimmungsformen der Zeit seit langem. Ihr zufolge wird der Begriff Zeit auf mindestens zwei fundamental unterschiedliche Formen zeitlicher Bestimmungen angewendet, die nicht ineinander überführbar und von daher auch nicht aufeinander reduzierbar sind. Es handelt sich um die so genannte A-Reihe oder Geschichtlichkeit (vergangen, gegenwärtig, zukünftig) und die B-Reihe oder Chronologie (vorher, gleichzeitig, nachher). Diese Bezeichnungen wurden von John Ellis McTaggert (1991 [1908]) eingeführt und gelten bis heute als Standardterminologie der analytischen Zeitphilosophie (vgl. zum Beispiel Bieri 1972).

Was mit diesen Unterscheidungen genau gemeint ist und welche Zeitkonzepte sich aus diesen unterschiedlichen Bestimmungsformen ergeben, gilt es im ersten Schritt dieses Abschnitts zu klären. Anschließend wird die Differenz zwischen Chronologie und Geschichtlichkeit aus soziologischer Perspektive vertiefend analysiert. Im dritten Schritt möchte ich zeigen, dass beide Zeitkonzepte unverzichtbar für die Sozialwissenschaften sind, und schließlich die Schlussfolgerungen aus diesen Überlegungen für die Frage nach einer sozialen Raumzeit ziehen.

2.2.1. Geschichtlichkeit und Chronologie

Geschichtlichkeit (A-Reihe) unterscheidet sich von Chronologie (B-Reihe) zuallererst durch ihren unmittelbaren Subjektbezug. Ein Ereignis liegt für jemanden oder eine Gruppe in der Zukunft. Eine solche Bestimmung bezieht sich also zunächst auf das, was ein Subjekt als Gegenwart auffasst. Dagegen wird bei einer chronologischen Bestimmung auf eine Relation zweier Ereignisse Bezug genommen, die beide vom Subjekt unabhängig gedacht werden (zum Beispiel wird die Geburt Christi ins Verhältnis zur Mondlandung gesetzt). Dass die Mondlandung nach Christus stattfand, gilt zunächst unabhängig von der Frage, wer wann diese Feststellung macht. Ob die Mondlandung zukünftig, vergangen oder gegenwärtig stattfindet, hängt dagegen unmittelbar davon ab, wer zu welchem Zeitpunkt auf dieses Ereignis Bezug nimmt.

Mehr noch, wie die Mondlandung geschichtlich einsortiert wird, ist auch abhängig vom gerade fokussierten Sinn- beziehungsweise Handlungszusammenhang. Bezieht sich eine Sprecherin oder ein Sprecher beispielsweise darauf, dass wir gegenwärtig im Zeitalter der Raumfahrt leben, kann die Mondlandung, obwohl sie über 40 Jahre zurückliegt (chronologische Bestimmung), zur gesellschaftsgeschichtlichen Gegenwart gerechnet werden. Dass die chronologische Ausdehnung der Gegenwart offensichtlich mit den fokussierten Sinn- und Handlungszusammenhängen variiert, ist einer der entscheidenden Gründe dafür, warum chronologische Bestimmungen nicht eindeutig in geschichtliche Bestimmungen übersetzbar sind. Nur weil ein Ereignis viele Jahre her ist, muss es nicht zwangsläufig der Vergangenheit zugerechnet werden!

Wie sehr geschichtliche Strukturen, also spezifische Konstellationen und Verhältnisse von Vergangenheit, Gegenwart und Zukunft, als soziale Produkte aufgefasst werden müssen, lässt sich an den unterschiedlichen Geschichtsauffassungen im interkulturellen und im historischen Vergleich aufzeigen. Dabei zeigt sich, dass es sich bei der Idee einer linearen geschichtlichen Struktur mit offener Zukunft (vgl. Rammstedt 1975), wie sie im gegenwärtig dominanten Konzept des Kollektivsingulars »der Geschichte« (Koselleck 1979) verankert ist, um eine relativ junge (18. Jahrhundert), zunächst westliche Geschichtsauffassung handelt. Sie zeichnet sich dadurch aus, dass Vergangenheit und Gegenwart die Zukunft in hohem Maße zu beeinflussen im Stande sind, was dazu führt, dass Geschichte über Geschichte bestimmt. Dadurch erst wird die Zukunft systematisch unvorhersehbar, weil sie kausal von der Gegenwart abhängt, in der verschiedene Handlungsoptionen zur Verfügung stehen. Die Geschichte wird zu einer Wirklichkeit sui generis.

Nomadische Kulturen ohne Schrift verfügen dagegen über keine solche Vorstellung einer linearen, fortschreitenden Geschichte. In ihren Sprachen existiert noch nicht einmal eine grammatikalische Unterscheidung zwischen Vergangenheit und Zukunft, und das Wort für »gestern« ist normalerweise identisch mit dem Wort für »morgen« (vgl. Dux 1992). In alltagsweltlichen Zusammenhängen ergibt sich die Bedeutung aus dem Kontext. Darüber hinaus sind Vergangenheit und Zukunft in unserem Sinne tatsächlich unbekannt, denn die Alltagswirklichkeit ist eingebettet in eine mythologische Geschichtsstruktur, die aus einer einzigen Zeit besteht, in der alle Ereignisse parallel existieren. So ist beispielsweise die mythologische Traumzeit der Aborigines in Australien gleichzeitig die Zeit der Entstehung der Welt wie die Zeit aller verstorbenen Ahnen, aber auch die Zeit aller noch ungeborenen Kinder. Nachhaltige gesellschaftliche Veränderungen, die es auch bei den Aborigines gegeben hat (wie zum Beispiel die Einführung des Bumerangs vor etwa 10 000 Jahren, als die Kultur schon 30 000 Jahre alt war), werden in den mündlichen Überlieferungen zu mythischen Geschichten. Die Veränderung der Jagdtechnik existiert aber ab dem Moment ihrer mythologischen Darstellung von Anbeginn aller Zeit, und jede Anwendung der Technik aktualisiert den Mythos und zeigt seine Gegenwärtigkeit auf (vgl. Dux 1992). Von daher verfügen alle diese Kulturen logischerweise über die Möglichkeit, Ereignisse, die zu einem späteren Zeitpunkt stattfinden werden, vorauszusehen, denn diese Ereignisse sind in demselben Sinne real wie Ereignisse, die bereits geschehen sind. Ein Aborigine muss dafür nur in Kontakt mit der ewigen Gegenwart der Traumzeit treten. Hinter dem oberflächlichen Nacheinander des Alltagslebens sind alle Ereignisse schon immer in einer gemeinsamen Gegenwart versammelt. Eine solche Geschichtlichkeitsauffassung ist für sich langsam verändernde, wenig komplexe Gesellschaften vollkommen ausreichend, denn alle Handlungsmuster zur gesellschaftlichen Reproduktion werden wiederholt, das heißt, sie können mithilfe des Rückgriffs auf das mythologische System organisiert werden. In einer solchen sozialen Situation ist eine weitere Ausdifferenzierung geschichtlicher Struktur schlichtweg sinnlos. Solche Kulturen produzieren Geschichten – keine Geschichte.

Natürlich wissen und wussten auch die Aborigines, dass Ereignisse im Alltagsleben nacheinander geschehen, das heißt, sie denken chronologisch und es besteht für sie kein Zweifel darüber, welche Handlungen in bestimmten Mustern vor und welche nach anderen Handlungen oder Ereignissen zu geschehen haben oder erwartbar sind. Wenn aber dieses Nacheinander nichts nachhaltig verändert und die relevanten Handlungsmuster dadurch immer wieder von vorne beginnen können, entsteht daraus kein geschichtliches Bewusstsein, das auf die uns bekannten Konstruktionen von Vergangenheit, Gegenwart und Zukunft angewiesen ist. Die geschichtliche Struktur der Aborigines lässt sich eher durch die Metapher eines Bildes beschreiben, auf dem alle Ereignisse schon eingezeichnet sind. Weil aber immer nur kleine Ausschnitte des Bildes zu sehen sind, erscheinen die Ereignisse oberflächlich nacheinander.

Erst mit zunehmender Komplexität des Modus gesellschaftlicher Reproduktion ändern sich die Strukturen geschichtlicher Vorstellungen. Wo sich nach der Sesshaftwerdung beispielsweise Herrschaftsformen in sozialen Prozessen oder als Ergebnis von Kriegen wandeln, reicht die Vorstellung einer ewigen Gegenwart hinter dem Nacheinander des Alltagserlebens nicht mehr aus (zu einer Darstellung des Zusammenhangs von Reproduktionsmodus und Geschichtlichkeitskonstitutionen vgl. Dux 1992 und zu einer chronologischen Darstellung zu unterschiedlichen Zeiten dominanter Geschichtlichkeitsvorstellungen vgl. Rammstedt 1975). Bleibt festzuhalten, dass sich Zeit im Sinne chronologischer Bestimmungen – also als das In-Beziehung-Setzen von Ereignissen mithilfe eines Aspektes des Nacheinanders – offensichtlich in allen Gesellschaften finden lässt. In jeder Sprache finden sich Begriffe für das Jahr, den Monat und den Tag. Daraus kann aber mitnichten die Existenz einer linearen geschichtlichen Struktur abgeleitet werden, welche die Menge an Ereignissen in vergangene, gegenwärtige und zukünftige unterteilt. Vielmehr scheinen geschichtliche Strukturen in höchstem Maße sozial variabel zu sein.

2.2.2. Geschichtlichkeit und Chronologie in der Soziologie

Die unterschiedlichen Arten zeitlicher Bestimmungen und damit die unterschiedlichen Definitionen von Zeit finden sich, meist implizit, auch in der soziologischen Theoriebildung wieder. Exemplarisch möchte ich im Folgenden die Überlegungen von Nobert Elias und Sighard Neckel gegenüberstellen.

Wenn sozialwissenschaftliche Autor_innen von Zeit sprechen, lässt sich aus der Begriffsverwendung und dem Kontext in den allermeisten Fällen eindeutig bestimmen, ob Chronologie oder Geschichtlichkeit gemeint ist. So stellt beispielsweise die Konzeption von Zeit bei Elias, die auch über die Art und Weise der Zeitbestimmung hergeleitet wird, eher die Beschreibung der Technik zur chronologischen Zeitbestimmung dar:

> Zeitbestimmen ist [...] eine Tätigkeit, bei der Menschen Nacheinander-Aspekte von mindestens zwei Geschehensabläufen in Beziehung zueinander setzen, von denen einer als Maßstab für Intervalle oder Positionen im Nacheinander des Geschehensablaufs von anderen gesellschaftlich standardisiert ist. (Elias 1982: 1016, vgl. auch ebd.: 850)

Erst später in seinem Aufsatz thematisiert Elias Zeitbestimmungen mithilfe der Begriffe vergangen, gegenwärtig oder zukünftig, die allerdings offensichtlich nicht von seiner Definition abgedeckt werden (dass ein Ereignis als zukünftig charakterisiert werden kann, hat nichts mit einem standardisierten Geschehensablauf zu tun, der als Maßstab für einen anderen herangezogen wird). An dieser Stelle formuliert Elias dann die unerwartete Hypothese, bei geschichtlichen Zeitbestimmungen würde es sich um eine fünfte Dimension handeln (vgl. ebd.: 855).

Andere Autoren halten dagegen Zeit und Chronologie für zwei völlig verschiedene Dinge und wollen sie in keinem Fall miteinander verwechselt wissen: »Man darf Zeit nicht mit Chronologie verwechseln.« (Luhmann 1990: 119) Die Zeit wird aus dieser Perspektive, die im Anschluss an George Herbert Mead und Alfred Schütz phänomenologisch orientiert ist, meist mit Geschichtlichkeit gleichgesetzt. Zur Erläuterung, wie Zeit als Geschichtlichkeit entsteht, sei Sighard Neckel (1988: 468 f.) zitiert:

Der zeitliche ›Ort‹ jeder Form von Praxis aber ist die Gegenwart. Von dieser Gegenwart, in der allein gemeinsame Praxis möglich ist, nimmt jede Zeitperspektive ihren Ausgang. Denn schon in der gegenwärtigen Handlung strukturiert sich die Zeit in ihren Horizonten [Vergangenheit und Zukunft, G.W.]: Handlungen generieren Ereignisse und Zeit kann immer nur dadurch entstehen, daß diese einzigartigen Ereignisse Ablauf strukturieren. Versteht man menschliche Handlungen nicht als Bewegung in einer schon vorhandenen Zeit, sondern als jeweils neu entstehende Ereignisse, die Zeit erst strukturieren, wird der Gegenwartsbezug von Zeitperspektiven deutlich. Vergangenheit und Zukunft entstehen aus der jeweiligen Gegenwart als dem Zeitraum der aktuellen sozialen Handlungen heraus, weil nur durch die immer einzigartigen Eigenschaften handlungsgenerierter Ereignisse Gegenwart, Vergangenheit und Zukunft voneinander unterscheidbar werden. Die Grenzen der Gegenwart sind dabei durch die in ihr ablaufende Tätigkeit gesetzt – durch das, was wir tun. Die Vergangenheit und die Zukunft, auf welche solche Aktivität verweist, gehören zu dieser Gegenwart. Sie entstehen aus ihr und werden an ihr kritisiert und überprüft.

Neckel definiert also die Gegenwart im Anschluss an Mead (1932) als »Ort der Realität« im Falle geschichtlicher Zeitbestimmungen. Weil Handlungen Ziele verfolgen, generieren sie Zukunft. Die Zukunft ist die Zeit, in der diese Ziele erreicht oder verworfen sind. Je länger es dauert, bis das Ziel erreicht ist, umso länger dauert die Gegenwart. Neckel macht also deutlich, dass die Gegenwart kein Moment unendlich kurzer chronologischer Ausdehnung ist, sondern der Zeitraum der aktuellen sozialen Handlung. Der Soziologe Günter Dux formuliert ganz ähnlich:

Im praktischen Geschehen ist Gegenwart nicht die zeitlose Grenze zwischen Vergangenheit und Zukunft, sondern der Lebensbereich, der im Horizont dessen liegt, worauf das Handeln sich richtet. (Dux 1992: 191)

Was ein solcher Zeitbegriff, wie ihn Neckel verwendet, nicht zu fassen in der Lage ist, sind die in viel höherem Maße standardisierten chronologischen Zeitbestimmungen, deren Entstehung Elias' Zeitdefinition so treffend beschreiben kann. Aus dieser Perspektive erscheinen menschliche Handlungen wie die dreitägige Wanderung als Ereignisse in der Zeit und nicht als Ereignisse, die Zeit strukturieren.

Der Bezug zur Praxis, in der geschichtliche Zeitbestimmungen entstehen, den Dux herausstreicht, macht auf einen weiteren Aspekt aufmerksam: Geschichtliche Strukturen werden meiner Auffassung nach meist im praktischen Bewusstsein (vgl. Giddens 1988) konstituiert. Das heißt, sie sind nicht unbewusst, aber diskursiv normalerweise nicht verfügbar. Auf die Frage »Wie sind eigentlich Vergangenheit, Gegenwart und Zukunft Ihres Lebens strukturiert?« wissen vermutlich die wenigsten Menschen eine spontane Antwort. Gleichwohl handelt es sich bei dieser Struktur nicht um einen Inhalt des Unbewussten, sondern eher um eine andauernd hergestellte Matrix, die in der alltäglichen Praxis zur Verfügung stehen muss. Daher stehen geschichtliche Strukturen einem hermeneutischen Zugriff grundsätzlich offen.

Aus meiner Sicht können sowohl chronologische wie geschichtliche Bestimmungen und auch die im Rahmen dieser Erörterung ausgeklammerten innerpsychischen Bestimmungen gleichermaßen als zeitlich gelten.

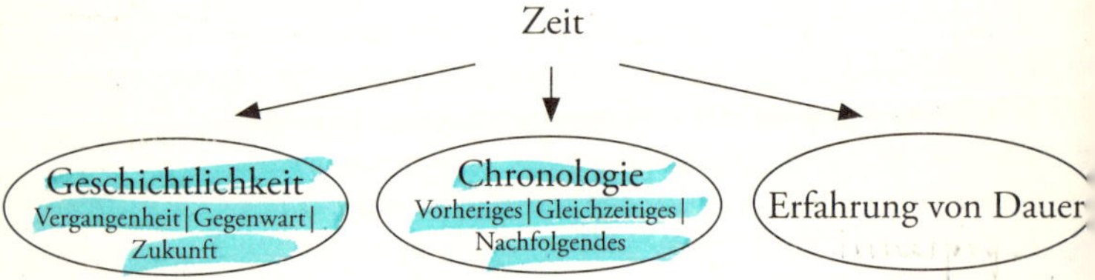

Abb. 1: Begriffsschema der ›Zeit‹

Gemeinsam haben Chronologie und Geschichtlichkeit, dass sie als menschliche Syntheseleistungen zu verstehen sind (vgl. Elias 1982). Da Menschen über kein Sinnesorgan für die Wahrnehmung der Dimension Zeit verfügen, wird das zeitliche Verhältnis zweier Ereignisse auf kognitiver Ebene synthetisiert. Obwohl also sowohl Chronologie als auch Geschichtlichkeit sozialkonstruktivistisch gedacht sind, sehe ich die theoretische Auseinandersetzung über angemessene Formen chronologischer Zeitbestimmungen eher im Zuständigkeitsbereich der Naturwissenschaften. Die Konstitution chronologischer Zeit und ihrer Intervalle muss zwar in ihrer Bedeutung intersubjektiv verstanden werden, sie trägt aber, wie alle *brute facts*, noch keinen sozialen Sinn. Eine Minute ist völlig sinnfrei. Dagegen gehören geschichtliche Zeitstrukturen der sinnhaften sozialen Welt an. Die Vergangenheit kann uns lehren, die Zukunft herausfordern, gegenüber der Gegenwart können wir uns versündigen, indem wir sie ungenutzt verstreichen lassen. Diese Sinngehalte können auch völlig anders aussehen, entscheidend aber ist, dass geschichtliche Strukturen nur wegen und im Zusammenhang mit diesem Sinngehalt konstituiert werden. Die Zukunft existiert nur, weil sie Chancen eröffnet oder weil die Apokalypse droht. Ohne diese Sinnzuschreibungen gäbe es nur ein Nachher, wie uns die Aborigines lehren.

An diesem Punkt der Analyse stellt sich natürlich die Frage, was überhaupt den gemeinsamen Begriff ›Zeit‹ rechtfertigt, wenn er im Alltag permanent in chronologische und geschichtliche Bestimmungen zu zerfallen scheint. Es gibt allerdings einen Aspekt – und hier kommt zum ersten Mal das Verhältnis zum Raum unmittelbar zur Sprache –, der chronologische und geschichtliche Zeitbestimmungen verbindet, weil er auf der Dimensionalität von Zeit basiert. Alle zeitlichen Bestimmungen sind in der Lage, Ereignisse zu differieren, die räumlich nicht auseinandergehalten werden können. Die Dimension Zeit definiert sich damit in Abgrenzung zum Raum. Anders als Elias sehe ich also Geschichtlichkeit und Chronologie als eine Dimension an und denke, dass diese gemeinsame Dimensionalität den Kern des Begriffs Zeit ausmacht.

Ein solches Verständnis von Zeit, das auf die Differenz zum Raum abstellt, wird von Doreen Massey problematisiert, weil Definitionen von Raum und Zeit nach dem dualistischen Schema »a – nicht a« (1999: 18) dazu tendieren, eine der beiden Dimensionen als die zentralere darzustellen und die andere in ihrer Wichtigkeit zu unterschätzen (meist geschieht diese Abwertung mit dem Raum, der dann einfach als nicht dynamisch und starr und damit als unpolitisch und vernachlässigbar dargestellt wird). Hier sei nur darauf verwiesen, dass der Raum reziprok als die Dimension gefasst werden kann, mithilfe deren sich Ereignisse differieren lassen, die zeitlich nicht unterscheidbar sind, und dass die Zuordnung empirischer Phänomene zu allein einer Dimension logisch unzulässig ist (zum Beispiel die Zuordnung von Politik zur Zeit), weil empirische Phänomene immer zugleich räumlich und zeitlich sein müssen, sonst wären sie schlicht nicht existent.

2.2.3. Die Relevanz von Geschichtlichkeit und Chronologie

Im Folgenden möchte ich argumentieren, dass sowohl ein geschichtliches wie ein chronologisches Konzept von Zeit in den Sozialwissenschaften unabdingbar ist, allerdings aus ganz unterschiedlichen Gründen. Dazu gilt es zunächst zu erläutern, dass die beiden Konzepte von Zeit auch in ganz anderen Begriffen und Konzepten verborgen sind.

Die Differenzierung der zeitlichen Bestimmungsformen ist nicht nur relevant, wenn die Zeit selbst Gegenstand der Forschung ist, sondern auch, wenn temporale Bewegungsbegriffe wie beispielsweise ›Fortschritt‹, ›Prozess‹, ›Nachhaltigkeit‹ oder ›Kausalität‹ im Rahmen sozialwissenschaftlicher Forschung verwendet werden. Diese Begriffe basieren nämlich, so meine These, entweder auf einem chronologischen oder einem geschichtlichen Konzept von Zeit, und damit variiert auch ihre mögliche Verwendung. Anhand der Begriffe ›Prozess‹ und ›Fortschritt‹ soll diese Differenz kurz erläutert werden. Der Vorschlag lautet, dass sich der Prozessbegriff weit mehr auf ein chronologisches Konzept von Zeit bezieht, während sich beispielsweise der Fortschrittsbegriff vor dem Hintergrund eines geschichtlichen Zeitkonzeptes entfaltet (vgl. Weidenhaus 2015).

Ein wichtiges Argument lautet, dass die Idee von Fortschritt in Kulturen ohne ein lineares Geschichtsbewusstsein mit offener Zukunft schlichtweg nicht auftaucht, während sich die Idee, dass Prozesse stattfinden (wie etwa der Prozess des Erwachsenwerdens, abgeschlossen durch einen Initiationsritus), in allen Kulturen finden lässt. Prozesse zeichnen sich durch eine Differenz zwischen den Zuständen aus, die vorher und nachher vorfindbar sind. Um zu verdeutlichen, dass Prozesse chronologisch gedacht werden, während Fortschritt eine geschichtliche Kategorie darstellt, sei ein alltägliches Beispiel angeführt, das die Tätigkeit des Geschirrspülens aus biographischer Perspektive in den Blick nimmt. Welche Bedeutung hat diese Tätigkeit, wenn die Gesamtheit des eigenen Lebens in den Blick genommen wird?

Spülen kann verstanden werden als ein Handlungsmuster, das aus Ereignissen besteht, die prozesshaft dreckiges in sauberes Geschirr verwandeln. Die Ereignisse, deren Reihenfolge alles andere als unerheblich ist, sind Wasser einlassen, Geschirr putzen und abtrocknen. Wir sind jedoch wenig geneigt, diesen Prozess aus biographischer Perspektive als Fortschritt anzusehen, weil er sich nahezu unverändert in einigen Tagen wiederholen wird. Dadurch werden jedoch nicht Vorher und Nachher ununterscheidbar, sondern eine Zuordnung des Spülprozesses zu Vergangenheit oder Zukunft unseres Lebens unterlaufen. Obwohl wir es also mit einer Kette zeitlich gerichteter, aufeinander bezogener Ereignisse zu tun haben, also mit einem Prozess (vgl. Schützeichel 2004: 89), kann daraus keine lineare geschichtliche Struktur abgeleitet werden. Das Spülen verbleibt schlicht in der Gegenwart unseres Lebens, solange wir immer wieder spülen müssen. Erst mit dem Kauf einer Spülmaschine wird das Spülen historisch und kann der Vergangenheit zugeordnet werden. Die Veränderung, die mit der Anwendung einer Spülmaschine einhergeht, erlaubt also aus biographischer Perspektive eine grundsätzliche Diskriminierung zwischen Vergangenheit und Zukunft und ist daher viel eher geeignet, mithilfe der Kategorie ›Fortschritt‹ beschrieben zu werden.

Wo solche Erfahrungen massenhaft auftreten, wo also einsozialisierte Wissensbestände in so kurzer Zeit veralten und neue erworben werden müssen, dass die Veränderungen zwischen den Generationen kommuniziert werden können, ist zu erwarten, dass eine Struktur von Geschichtlichkeit sozial dominant wird, die als zentrale Merkmale Linearität und Zukunftsoffenheit aufweist. Wo also die Enkelin den Lebensweisheiten der Großmutter lauscht und den Eindruck erhält: »Oma, du lebst in einer vergangenen Welt«, da ist die Chance groß, dass Gesellschaftsgeschichte linear konstituiert wird und nicht als ewige Gegenwart wie beispielsweise bei den Aborigines. Daher fällt die Erfindung des Kollektivsingulars der Geschichte in die Zeit der Industrialisierung, denn hier lebten Großeltern- und Enkelgeneration in systematisch verschiedenen Welten (vgl. Koselleck 1979).

Die Geschichte ist also zu verstehen als eine spezifische Form der Konstitution von Geschichtlichkeit. Das Aufkommen dieser linearen Form lässt sich plausibel erklären, wenn darauf verwiesen wird, dass die Zeiträume der Gültigkeit von Wissensbeständen und Wertvorstellungen kürzer geworden sind. Die Verkürzung der Zeiträume kann allerdings nur auf Basis eines chronologischen Zeitbegriffs überhaupt festgestellt werden, denn er bietet die Möglichkeit eines objektivierten Vergleichs, auf dem jede Idee von

›kürzer geworden‹ zwingend basiert. Daraus folgt, dass die Sozialwissenschaften sowohl auf einen geschichtlichen wie auf einen chronologischen Zeitbegriff angewiesen sind. Auf dem chronologischen Zeitbegriff basieren zentrale Kategorien des sozialwissenschaftlichen Denkens wie die Kategorie des Prozesses, aber auch beispielsweise jede Idee von Kausalität, denn Ursachen müssen chronologisch vor den Wirkungen stattfinden. In den Sozialwissenschaften begegnen uns zwar weniger häufig Kausalitäten im strengen Sinne, aber auch ein Konzept von »Um-zu-Motiven« (vgl. Schütz 1932) oder von Plausibilität kommt ohne einen chronologischen Zeitbegriff nicht aus. Der geschichtliche Zeitbegriff ist bedeutend, weil der sinnhafte Aufbau unserer Lebenswelt inhärent mit geschichtlichen Strukturen gekoppelt ist. Die Auffassungen von guten politischen Entscheidungen variieren beispielsweise mit der Frage, ob es primär um ›Fortschritt‹ oder um ›Nachhaltigkeit‹ geht. ›Nachhaltigkeit‹ ist ebenfalls ein Konzept, das auf einem geschichtlichen Zeitbegriff basiert, aber eher darauf abzielt, Zukunft überhaupt zu erhalten. Menschen werden unterschiedlich handeln, ja sogar fühlen, wenn sie den Lauf der Welt als Wiederkehr des immer Gleichen, als Erfüllung eines vorbestimmten Schicksals oder als gerichtete Entwicklung, die sie selbst beeinflussen, konstituieren. Geschichtliche Strukturen sind immer notwendiger Bestandteil einer von Menschen konstituierten sinnhaften sozialen Welt (auch der wissenschaftlichen Welt selbst) und zugleich unverzichtbarer Forschungsgegenstand der Sozialwissenschaften, denn die geschichtlichen Strukturen strukturieren ihrerseits unser soziales Handeln. Wir haben es also beim Thema Geschichtlichkeit mit »strukturierenden Strukturen« (Bourdieu 2002: 31, vgl. auch Giddens 1988 [1984]) zu tun.

Die Verwendung sowohl von Geschichtlichkeit als auch von Chronologie in den Sozialwissenschaften erlaubt die überaus aufschlussreiche Anwendung chronologischer Bestimmungen auf geschichtliche Strukturen. Die Frage »Wie lange dauert die Gegenwart?« oder die Diagnose der »Gegenwartsschrumpfung« (Lübbe 1992) kann nur auf Basis einer Trennung der beiden Zeitkonzepte gestellt werden.

Umso erstaunlicher ist es, dass die konsequente Differenzierung der Zeitkonzepte in den Sozialwissenschaften weitgehend ausgeblieben ist. So verweist Barbara Adam beispielsweise zwar darauf, dass Zeit unterschiedliche Bedeutungsebenen besitzt, behauptet aber, dass diese Bedeutungsebenen immer gleichzeitig adressiert würden, und hält von daher an einem holistischen Zeitbegriff fest (vgl. 2004), den ich genau wie Hartmut Rosa als »esoterisch« (2005: 22) zurückweisen möchte. Adams Behauptung, die Verwendung des Wortes ›Zeit‹ würde gleichzeitig auf den verschiedenen Bedeutungsebenen vonstattengehen, halte ich für empirisch falsch. Wir wissen im Allgemeinen selbst in der Alltagssprache sehr genau, wann wir das Wort ›Zeit‹ chronologisch, wann geschichtlich und wann innerpsychisch verstanden wissen wollen. In fast allen Fällen meinen wir nur genau eine Bedeutung von Zeit.[5]

Die Struktur der Zeit ist im Rahmen einer chronologischen Perspektive vorgegeben. Die historischen Änderungen dieser Struktur lassen sich genau datieren. Beispielsweise hat die Entwicklung der speziellen Relativitätstheorie 1905 das Verständnis davon, was eine Stunde ist, gewandelt. Im Alltagsleben sind diese Wandlungen aber wenig bedeutsam, schlicht weil sich Menschen nicht in Bezugssystemen befinden, die relativ zueinander Geschwindigkeiten aufweisen, die im Verhältnis zur Lichtgeschwindigkeit nennenswert wären. Eventuell wandelt sich in einigen Jahren das Verständnis chronologischer Zeit abermals, sofern die Super-String-Theorie empirische Bestätigung findet. Auch diese Wandlungen dürften innerhalb unserer sozialen Wirklichkeit keinen Anlass liefern, neue Kalender zu drucken. Die Wandlungen chronologischer Zeitbestimmungen werden in den Sozialwissenschaften systematisch überschätzt.

2.2.4. Schlussfolgerungen

Auch aus einer sozialkonstruktivistischen Perspektive müssen Konzepte von Zeit als Chronologie und als Geschichtlichkeit unterschieden werden. Zeitbestimmungen, die auf den unterschied-

5 Hartmut Rosas Buch *Beschleunigung – Die Veränderungen der Zeitstruktur in der Moderne* liefert einen überzeugenden Beleg für diese These: Obwohl der Autor zumeist nur über ›Zeit‹ spricht, ist sehr klar, dass Beschleunigung auf einem chronologischen Konzept von Zeit basiert (definiert als »Mengenzunahme pro Zeiteinheit« [2005: 115]), während eine entscheidende Konsequenz der Beschleunigung, nämlich die Diagnose des »rasenden Stillstandes« im Anschluss an Virilio (1998), den Kollaps von Geschichtlichkeitstrukturen und damit den Zusammenbruch einer Zukunftsperspektive zum Thema macht.

lichen Konzeptionen basieren, sind inkommensurabel. Das Verhältnis von Vergangenheit, Gegenwart und Zukunft ist darüber hinaus in viel höherem Maße sozial variabel als chronologische Zeitbestimmungen. Im Feld der Geschichtlichkeit kann sich die Struktur der Zeit selbst ändern. So kann die Gegenwart zur Ewigkeit werden oder sich verkürzen, und die Zukunft kann von der Vergangenheit abhängen oder auch nicht. Mit einer solch hohen sozialen Variabilität ist im Feld der Chronologie nicht zu rechnen. Zwar wurden chronologische Zeitbestimmungen im Verlauf der Menschheitsgeschichte immer weiter standardisiert, objektiviert und verfeinert – mit durchaus weitreichenden sozialen Folgen (zum Beispiel durch Einführung der Uhr). Allerdings sei daran erinnert, dass drei chronologische Basisbestimmungen, nämlich der Tag, der Monat und das Jahr, seit Anbeginn der Menschheit weitestgehend stabil geblieben sind. Was sich im Bereich der Chronologie ändert, ist zumeist, was in der Zeit passiert, nicht die Struktur der Zeit selbst. Im Bereich der Geschichtlichkeit dagegen ändert sich die Struktur der Zeit im Zusammenspiel mit den Veränderungen der sozialen Welt.

Obwohl beide Zeitkonzepte in den Sozialwissenschaften eine zentrale Rolle spielen, deutet sich hier bereits an, dass Geschichtlichkeit eine geeignete Heuristik für die Suche nach einer sozialen Raumzeit abgibt, zumal die Expertise für ein angemessenes Konzept von Chronologie eher im Bereich physikalischer Grundlagenforschung angesiedelt ist. Daher avanciert Lebensgeschichtlichkeit zu einem zentralen Gegenstand der Untersuchung. Es ist das Verhältnis von Vergangenheit, Gegenwart und Zukunft, das Menschen sinnhaft für das eigene Leben konstituieren. Dieses Verhältnis gilt es zu rekonstruieren. Sinnhaft soll an dieser Stelle nicht bedeuten, dass die Vergangenheit für eine Person zur Gegenwart führen muss. Es kann durchaus ein ebenso sinnhaftes Verhältnis von Vergangenheit und Gegenwart konstituiert werden, wenn eine Person Vergangenheit und Gegenwart gerade nicht miteinander verbindet und möglicherweise die Idee verfolgt, sich ›neu zu erfinden‹ und die Vergangenheit ›abzuhaken‹. Eine Struktur von Vergangenheit, Gegenwart und Zukunft des eigenen Lebens zu erschaffen kann als ein zentrales Element der Konstitution von Biographie angesehen werden. Davon zu unterscheiden ist das Konzept des Lebenslaufes, der auf einem chronologischen Zeitbegriff basiert und das Nacheinander verschiedener Lebensereignisse dokumentiert. Hinter den Begriffen ›Biographie‹ und ›Lebenslauf‹ tauchen also einmal mehr geschichtliche und chronologische Zeitkonzepte auf, die es strikt zu unterscheiden gilt, zumal chronologische Bestimmungen unverzichtbar für die Charakterisierung geschichtlicher Konstitutionen sind (zum Beispiel kann die Frage danach, wann lebensgeschichtliche Gegenwart begonnen hat, äußerst fruchtbar an biographisches Datenmaterial herangetragen werden, setzt aber eine Trennung von Chronologie und Geschichtlichkeit voraus).

2.3. Der Raum

Eine begriffliche Rahmung für den ›Raum‹ zu finden ist auf ganz ähnliche Weise problematisch wie die Erarbeitung eines Konzeptes der Zeit. Auch für den Raum lassen sich zwei fundamental unterschiedliche Konzepte in Abhängigkeit von der Art und Weise, wie räumliche Bestimmungen vorgenommen werden, erkennen. Im Rahmen des ersten Konzeptes wird der Raum als Eigenschaft des Universums und damit als Element der physischen Welt gedacht. Alle geographischen Abstandsbestimmungen (die Entfernung zwischen Punkt A und Punkt B beträgt 100 km) rekurrieren auf dieses Konzept. Der Raumbegriff wird jedoch auch benutzt, um sinnhafte soziale Entitäten wie beispielsweise ›Heimat‹ zu erfassen. In diesem Fall (Bremen ist Teil meiner Heimat) gehört der Raum der sozialen Welt an. Ich möchte das erste Raumkonzept mit dem Begriff des ›physischen Raums‹ und das zweite Konzept mit dem Begriff des ›sozialen Raums‹ fassen.

Aufgrund der strukturellen Ähnlichkeit zwischen Raum und Zeit auf einer konzeptionellen Ebene lässt sich dieser Abschnitt genau wie der über die Zeit gliedern: Zunächst sollen die Differenzen zwischen dem physischen und dem sozialen Raum verdeutlicht werden, um im zweiten Teil den beiden Raumkonzeptionen und ihrer Verwendung in den Sozialwissenschaften nachzuforschen. Im dritten Teil wird die Frage nach der Relevanz beider Raumkonzepte diskutiert, um schließlich aus diesen Erörterungen einige Schlussfolgerungen für den Raumbegriff dieser Untersuchung zu ziehen.

2.3.1. Physischer und sozialer Raum

Im Unterschied zur Zeit sind Räume sinnlich wahrnehmbar. Das macht die Überlegungen zu einem angemessenen Raumbegriff weniger abstrakt und lässt die Differenzen zwischen physischem Raum und sozialem Raum leichter verständlich werden. Allerdings wird durch sinnliche Wahrnehmbarkeit erschwert, Räume als soziale Konstitutionen zu denken. Raum erscheint zunächst als gegeben. Der Begriff des physischen Raums ermöglicht es, Dinge hinsichtlich ihrer Ausdehnung (Länge, Höhe, Breite) zu bestimmen und die Lagerelationen und Abstände zwischen den Dingen anzugeben. In diesem Sinne ist der Raum eine Eigenschaft der materiellen Welt und Teil ihrer dimensionalen Struktur. Räumliche Bestimmungen auf Basis des physischen Raumbegriffs sind zunächst einmal als nicht sinnhaft und als subjektunabhängig gedacht. Die Aussage, der Abstand zwischen Punkt A und Punkt B betrage 100 km, verfügt zwar über eine Bedeutung, aber über keinen Sinn – es handelt sich um einen *brute fact*. Die Raumkonstitution im Satz »Bremen ist Teil meiner Heimat« ist hingegen hochgradig sinnhaft. Sowohl bei Bremen wie bei einer Heimat handelt es sich um soziale Institutionen, die nur im Zusammenhang mit ihrer Sinnhaftigkeit existieren. Was bei der Konstitution sozialer Räume geschieht, lässt sich illustrieren, wenn wir uns vorstellen, beispielsweise den Innenraum des Kölner Doms zu betreten. Wir begegnen einer bestimmten Anordnung von Dingen im physischen Raum und verknüpfen einige dieser Dinge zu einem sozialen Raum, der unmittelbar sinnhaft ist. Wir erfahren ihn vielleicht als erhaben und beeindruckend und verlangsamen daher unsere Schritte und dämpfen die Stimme. Obwohl es uns vorkommt, als hätte der Raum diese Wirkung aufgrund seiner Materialität, ist es unsere subjektive Verknüpfung von bestimmten Elementen, unser zumeist präreflexives Wissen, unsere Sozialisation, mithilfe deren wir diesen sozialen Raum erst konstituieren und ihm anschließend unser Verhalten anpassen. Es ist ohne Weiteres vorstellbar, dass ein Aborigine Zentralaustraliens, der den überwiegenden Teil seines Lebens unter freiem Himmel verbringt, dem Innenraum des Kölner Doms nichts Weites, Erhabenes, Emporstrebendes abgewinnt, sondern ihn als eng und bedrückend erlebt. Eine physische Raumbestimmung ist also ebenso wenig in eine soziale Raumbestimmung übersetzbar wie chronologische Zeitbestimmungen in geschichtliche.

Noch deutlicher wird die kulturelle Variabilität sozialer Räume, wenn Räume von einer (physischen) Ausdehnung betrachtet werden, die über die sinnliche Wahrnehmbarkeit hinausgehen. Spätestens hier zeigen sich fundamentale Unterschiede hinsichtlich der Räume, die überhaupt konstituiert werden. Beispielsweise sind Nationalstaaten soziale Räume, die über Jahrtausende schlichtweg überhaupt nicht konstituiert wurden. Soziale Räume entstehen also immer im Zusammenhang mit ihrer Sinnhaftigkeit, wie das Beispiel des Nationalstaats verdeutlicht.

Bevor die Konstitution sozialer Räume im nächsten Unterkapitel vertiefend beleuchtet wird, muss noch eine begriffliche Unterscheidung eingeführt werden. Der hier zu entwickelnde Begriff des sozialen Raums ist vom sozialen Raum bei Bourdieu (1985, orig. 1982) oder Sorokin (1927) strikt zu unterscheiden. Die beiden Autoren beschreiben die Welt aus einer sozial strukturellen Perspektive mit Raummetaphern. Bei Bourdieu bildet beispielsweise die Ausstattung mit kulturellem und ökonomischem Kapital den dimensionalen Raum, in dem sich Subjekte relativ zueinander positionieren. Dies geschieht zunächst unabhängig von ihrer Position oder Bewegung im physischen Raum. Ähnlich ließe sich eine Familienstruktur räumlich darstellen. Ich dagegen verwende den Begriff ›sozialer Raum‹ nur dann, wenn mit der jeweiligen Konstitution eines sozialen Raums unmittelbar ein ›Wo‹ in der Welt verknüpft ist, wenn also der soziale Raum an den physischen geknüpft wird. Eine Ausnahme bilden soziale Räume wie das Paradies, die Hölle oder Atlantis, bei denen unklar bleibt, wo in der Welt sie sich befinden. Allerdings sind auch diese Räume mit der Idee körperlicher Anwesenheit konnotiert. Diese Idee – die Möglichkeit zur Imagination körperlicher Anwesenheit – plus die Sinnhaftigkeit der Konstitution sollen die entscheidenden Kriterien sein, um im Rahmen dieser Arbeit von sozialem Raum zu sprechen.[6] In der schematischen Dar-

6 Soziale Räume können unterschieden werden in ›materiale soziale Räume‹ (die Elemente dieser Raumkonstitutionen haben ein materielles Substrat), in ›imaginäre soziale Räume‹ (die Elemente entspringen der Vorstellungskraft, wie zum Beispiel im Fall der Hölle) und in ›virtuelle soziale Räume‹ (die Elemente bestehen aus digitalen Nullen und Einsen, wie in manchen Computerspielen). Diese Differenzierung ist idealtypisch, das heißt, dass keine systematischen Grenzen zwischen

stellung einer Familienstruktur oder in Bourdieus sozialem Raum hingegen ist niemand körperlich anwesend.

2.3.2. Physischer und sozialer Raum in den Sozialwissenschaften

Die Unterscheidung zwischen physischem und sozialem Raum findet sich in ähnlicher Form bei Henri Lefebvre als Unterscheidung zwischen »Naturraum« und »sozialem Raum« (1991 [1974]). Lefebvre verwies erstmals darauf, dass es sich bei sozialen Räumen um soziale Produkte handelt (vgl. ebd.). Häufig findet man diese Differenz zwischen physischem und sozialem Raum auch, wenn man verschiedene Autor_innen aus dem sozialwissenschaftlichen Feld miteinander vergleicht. Denn einige Autor_innen verwenden eher ein Konzept von physischem, andere eher eines des sozialen Raums. Beispielhaft möchte ich hier das Raumkonzept des Sozialgeographen Benno Werlen (physisch) und das der Soziologin Martina Löw (sozial) gegenüberstellen. Da für die weitere Untersuchung das Löw'sche Konzept des sozialen Raums grundlegend ist, wird es in diesem Kapitel ausführlich vorgestellt und an einer Stelle konzeptionell erweitert.

Zunächst jedoch zum physischen Raum: Der Sozialgeograph Benno Werlen entwickelt für die Fragestellungen seiner Disziplin einen Raumbegriff, der dem entspricht, was ich als ›physischen Raum‹ bezeichnen möchte. ›Raum‹ beziehungsweise ›Erdraum‹ wird nicht mehr als objektive Gegebenheit verstanden, sondern als eine Konzeption, die es ermöglicht, Dinge hinsichtlich ›Länge‹, ›Breite‹ und ›Höhe‹ (dreidimensional) zu charakterisieren und zu ordnen beziehungsweise Ordnungsrelationen zwischen ihnen herzustellen (2000: 214).

Damit wird deutlich, dass auch Werlen das Konzept von Raum sozialkonstruktivistisch verstanden wissen will. Allerdings handelt es sich um eine Konstitution, die sich auf Gegebenheiten der physisch-materiellen Welt bezieht. Was in der Welt auftritt, lässt sich

diesen Raumtypen vorliegen: Die ›ewigen Jagdgründe‹ bestehen aus einer Mischung aus materiellen und imaginären Elementen (auf diesem Berg wohnen die Geister der Ahnen), und Brillen, deren Gläser als Displays funktionieren, können virtuelle und materielle Elemente mischen (die Werbetafel auf diesem Hochhaus ist eingespielt), die durchaus zu einer Raumkonstitution synthetisiert werden.

nicht nur inhaltlich-sachlich (das ist ein Auto) charakterisieren, sondern auch physisch-räumlich (es befindet sich an bestimmten GPS-Koordinaten) und chronologisch-zeitlich (am 19. Jan. 2012 um 14.56 Uhr) (vgl. ebd.: 215). Die Sozialwissenschaften können ein solches Konzept nutzen, um räumliche Verteilungen jedweder Art zu analysieren (wie positionieren sich beispielsweise Menschen im Fahrstuhl? Vgl. Hirschauer 1999). Mit der Frage der Angemessenheit des Raumkonzeptes, mit dem solche physisch-räumlichen Bestimmungen vorgenommen werden, beschäftigt sich im wissenschaftlichen Feld jedoch die Physik. So gelten beispielsweise die Abstandsbestimmungen im Rahmen der Newton'schen Mechanik seit Entwicklung der Relativitätstheorie nur noch für Bezugssysteme mit geringen Relativgeschwindigkeiten im Verhältnis zur Lichtgeschwindigkeit.

In unserem Alltag haben wir es jedoch häufig mit Aussagen nach folgendem Muster zu tun: »Ich habe ein Auto. Es steht gegenwärtig bei mir zu Hause.« Die zeitlichen und räumlichen Bestimmungen der Gegebenheit sind sinnhaft geworden. Bei der Formulierung ›zu Hause‹ handelt es sich um eine räumliche Bestimmung, die historisch entstanden ist und eine gesellschaftliche Institution im Sinne Berger/Luckmanns (2001 [1966]) darstellt. Es müssen bestimmte Elemente der physischen Welt zusammenkommen oder zusammengetragen werden, und bestimmte soziale Verhältnisse (zum Beispiel Besitz- oder Nutzungsrechte) müssen gegeben sein, damit wir den Raum ›zu Hause‹ konstituieren. Diese Raumkonstitution ist sinnhaft, sonst wäre sie nicht in der Welt. Da die Institution Teil der sozialen Welt ist, verlassen wir uns beim Sprechen darauf, dass unser Gegenüber diese Institution ebenfalls kennt.

Wichtig ist, dass eine räumliche Bestimmung wie ›zu Hause‹ einen anderen ontologischen Status besitzt als die GPS-Koordinaten, auch wenn ich an dem so lokalisierten Ort wohne. ›Zu Hause‹ ist ein sozialer Raum, der in unserer Gesellschaft sehr häufig konstituiert wird und an ausgewählte Gegebenheiten des physischen Raums angekoppelt wird, aber nur seines Sinnes wegen existiert (*institutional fact*). Der Raumausschnitt, den die GPS-Koordinaten beschreiben, kann hingegen auch existieren und hinsichtlich seiner physischen Eigenschaften als *brute fact* beschrieben werden, wenn er für niemanden einen Sinn hat. Zur Analyse von sozialen Räumen eignet sich meines Erachtens die Raumkonzeption von Martina Löw (2001).

Soziologische Raumkonzeptionen versuchen, einen Apparat logisch aufeinander bezogener Begriffe anzubieten, der geeignet ist, allgemeingültig den sozialen Produktionsprozess von Räumen zu beschreiben. Sie sollen die Kategorien (zum Beispiel auch die Handlungskategorien) benennen, die beobachtet werden müssen, um soziale Raumkonstitutionen nachvollziehbar zu machen, und sie definieren meist ein Set von möglichen Elementen, aus denen soziale Räume bestehen. Darüber hinaus machen die Konzepte Aussagen über die Wirkungsweise und Relevanz, die solche Raumkonstitutionen in der sozialen Welt haben, wie sie also ihrerseits unsere Denk- und Handlungsmuster beeinflussen. Es geht somit nicht um einen Raumbegriff für die Beschreibung von Sachverhalten in der physisch-materiellen Welt, sondern um einen Begriff, mit dessen Hilfe die sinnhaften Raumkonstitutionen in der sozialen Welt rekonstruiert werden können.

Zu einem der entscheidenden Kriterien zur Beurteilung der Qualität solcher Theorien wird damit ihre Anwendbarkeit auf die Empirie. Die Frage lautet, ob ein Konzept des sozialen Raums helfen kann, den Produktionsprozess und die Wirkungsweise möglichst vieler, unterschiedlicher alltäglicher (und auch nicht-alltäglicher) Raumkonstitutionen zu verstehen. Je größer die Reichweite des Konzeptes ist, weil sie eventuell Raumkonstitutionen unterschiedlichster Kulturen, Professionen oder Milieus zu beschreiben im Stande ist, desto eher kann sie als gelungen gelten.

Im Rahmen dieser Arbeit bin ich auf der Suche nach einer empirisch anwendbaren Konzeption für soziale Räume mit großer Reichweite, denn es sollen unterschiedliche Typen von sozialen Raumkonstitutionen vergleichend darstellbar sein, um sie mit unterschiedlichen Typen von Geschichtlichkeitskonstitutionen ins Verhältnis zu setzen. Die relationale Raumkonzeption von Martina Löw wurde in einigen empirischen Studien bereits zur Anwendung gebracht (vgl. zum Beispiel Dörfler 2010), und sie verfügt über eine enorme Reichweite.

Ich werde im Folgenden die zentralen Ideen der Konzeption skizzieren und anschließend auf ein Problem zu sprechen kommen, das mir bisher im Umgang mit der Theorie untergekommen ist. Es handelt sich um ein fehlendes Element der Theorie, nämlich um Grenzen.

Räume werden dieser Konzeption zufolge aufgefasst als relationale Anordnungen sozialer Güter und Lebewesen an Orten (vgl. Löw 2001: 159f.). Ein Raum ist also kein passiver Container, der mit irgendetwas gefüllt wird, sondern ergibt sich erst aus den Gütern und Lebewesen, die zu dem Raum gehören, sowie aus den räumlichen Relationen, in denen diese Elemente angeordnet sind. Im Unterschied zu Werlens Raumkonzeption geht es aber nicht um eine objektivierte Beschreibung von Lagerelationen, sondern darum, was überhaupt von Subjekten als raumkonstitutiv wahrgenommen wird und welche sinnhaften Beziehungen zwischen diesen Elementen hergestellt werden.

Wie sich der Raum ›ergibt‹, kann im Rahmen der Theorie genauer beschrieben werden: Zwei analytisch zu trennende Prozesse, das Spacing und die Syntheseleistung, sind vonnöten, damit ein Raum entsteht. Das Spacing bezeichnet die Platzierungspraxis von Gütern (Lebewesen tendieren dazu, sich selbst zu platzieren, können aber auch platziert werden). Sehr vereinfacht ausgedrückt, geht es hier schlicht darum, wo etwas hingestellt wird, um einen bestimmten Raum zu erzeugen. Zum Beispiel wird die Tafel eines Klassenraums gerne an einer Stirnseite befestigt und die Stühle, Tische und Schüler_innen so platziert, dass sie zur Tafel ausgerichtet sind.

An diesem Beispiel lässt sich auch die Bedeutung der Relationen verdeutlichen, denn das Ausrichten bedeutet, einen räumlichen Bezug zwischen den verschiedenen Gütern und Lebewesen herzustellen. Die Syntheseleistung legt fest, welche Elemente überhaupt in die Raumkonstitution eingehen, also zu einem Raum zusammengefasst werden (vgl. ebd.: 159). Es ist durchaus denkbar, dass bestimmte Güter wie ein Stück Kreide oder gar ein Overheadprojektor zwar vorhanden sind, aber den Raum in keiner Weise ausmachen und eventuell gar nicht wahrgenommen werden. Fehlt jedoch die Tafel, können durchaus Zweifel aufkommen, ob es sich hier überhaupt um einen Klassenraum handelt. Dass Spacing und Syntheseleistung nur analytisch zu trennen sind, verweist darauf, dass die beiden Akte in der realen Welt häufig zusammenfallen. Wird beispielsweise ein großer Springbrunnen in der Mitte eines Wohnzimmers aufgestellt, so ist er platziert und geht gleichzeitig aller Wahrscheinlichkeit nach in die Synthese dieses Wohnzimmers mit ein.

Im Alltag ist die Konstitution sozialer Räume häufig institutionalisiert. Das bedeutet, dass wir es nicht selten mit genormtem Spacing und einsozialisierten Syntheseleistungen zu tun haben, was die Raumkonstitution, wie das Beispiel des Klassenzimmers zeigt, tendenziell unproblematisch macht und für kognitive Entlastung sorgt (vgl. ebd.: 164).

Damit wird aber analog zu Giddens Strukturationstheorie (1988) die Konstitution sozialer Räume zu einem Phänomen, das einerseits als Strukturbildung durch menschliches Handeln und andererseits als menschliches Handeln strukturierend aufgefasst werden muss. Es wird also nicht nur mithilfe von Spacing und Syntheseleistung eine räumliche Struktur von Menschen gebildet (Handlungsaspekt), sondern aufgrund der Institutionalisierung erscheint uns diese Struktur als objektiv in der Außenwelt vorhanden (Strukturaspekt), und wir passen unser Handeln den scheinbar gegebenen Räumen an. Diesen Prozess kann nachvollziehen, wer beispielsweise einmal eine Kirche betreten hat.

Im Allgemeinen werden Akte der Raumkonstitution im praktischen Bewusstsein vollzogen. Sie sind also nicht unbewusst, gleichwohl aber diskursiv normalerweise nicht verfügbar (vgl. Löw 2001: 161). Dass sie meist nicht in sprachlicher Form mental repräsentiert sind, bedeutet für die Sozialwissenschaft zunächst vor allem eines, nämlich dass Wissenschaftler_innen häufig auf interpretative Rekonstruktionsarbeit verwiesen sind, um soziale Raumkonstitutionen für den Forschungsprozess sichtbar zu machen.

Die Löw'sche Theorie erlaubt darüber hinaus eine klare begriffliche Trennung zwischen Raum und Ort. Orte sind die Stellen, an denen die für eine Raumkonstitution relevanten Lebewesen und Güter platziert sind, während ein Raum die komplexe Formation darstellt, die aus diesen Gütern und Lebewesen an Orten sowie ihren relationalen Bezügen gebildet wird (vgl. ebd.: 198 ff.).

Damit wird allerdings die Antwort auf die Frage, ob es sich bei einem Marktplatz um einen Raum oder einen Ort handelt, davon abhängig, welcher Raum gerade konstituiert wird. Fokussiert man auf den Raum ›Innenstadt‹, so ist der Marktplatz ein Element, das in diesem Raum platziert ist und somit als Ort aufgefasst wird. Wechselt man den Maßstab der Betrachtung, indem so nahe an den Marktplatz herangezoomt wird, dass er das gesamte Bild ausfüllt, so verwandelt er sich in einen Raum, der beispielsweise aus einem Brunnen, Obstständen und Cafétischen besteht, die sich nun wiederum an spezifischen Orten befinden, mithilfe deren der Platz als Raum konstituiert wird.

Diese Ausführungen sollten deutlich gemacht haben, dass wir es in der empirischen Welt mit einer unendlichen Vielzahl sozialer Räume zu tun haben. In diesem Sinne existiert ›der Raum‹ einzig als formal-analytischer Begriff, nicht aber in Form einer empirischen Entität, die alles in sich einschließt. Das heißt, empirisch beschreibbar ist immer ein Raum, nicht aber der Raum.

Der hier dargestellte Begriff des Raums ist allerdings, wie erwähnt, als Konzept zu verstehen, das für sich in Anspruch nimmt, auf alle Konstitutionsakte von empirischen sozialen Räumen anwendbar zu sein. Jeder einzelne soziale Raum, so die Theorie, wird nach dem dargestellten Schema konstituiert. Und genau hier setzt mein Kritikpunkt an, denn Grenzen scheinen eine entscheidende Rolle bei der Konstitution von Räumen zu spielen, sie haben aber keinen gebührenden Platz innerhalb des Begriffsapparates der Konzeption.

Im Rahmen eines Seminars im Wintersemester 2009/2010, in dem es um die Rekonstruktion sozialer Räume aus Interviewmaterial ging, haben die Studierenden in Gruppenarbeit ihre Raumvorstellungen von Chile, der eigenen Wohnung und des internationalen Finanzmarktes skizziert. Die Ergebnisse sahen in etwa so aus:

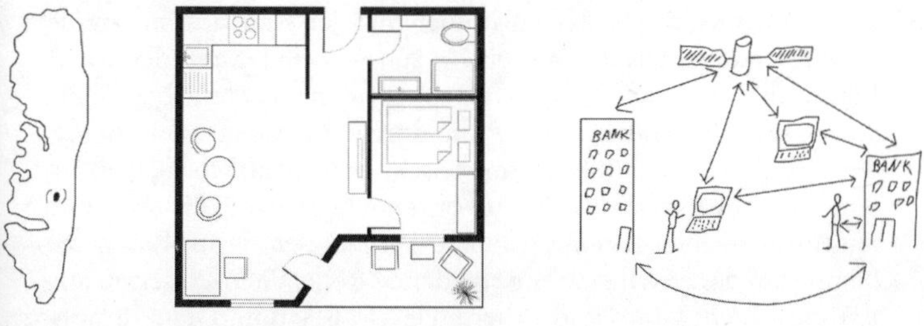

Abb. 2: Mental Maps von Chile, der eigenen Wohnung und dem Raum des globalen Finanzmarktes

Diese Skizzen der Studierendengruppen fanden bei den Teilnehmer_innen weitgehend konsensuelle Zustimmung. Bei der Skizze der eigenen Wohnung wurde angemerkt, dass natürlich jede Wohnung über eigene Zuschnitte verfügt und andere beziehungsweise anders angeordnete Güter relevant sind (über die Angemessenheit der Struktur der Skizze herrschte jedoch Einigkeit). Darüber hinaus war der (hier eingeklammerte) Punkt auf der Skizze Chiles etwas umstritten. Für einige Studierende war eine Hauptstadt, die durch den Punkt symbolisiert wird, Element des Raums Chile, auch wenn niemandem klar war, wo sich diese Hauptstadt genau befindet. Andere meinten, die Stadt spiele in ihrer Vorstellung von Chile keine Rolle.

Nimmt man die Skizzen als (schematische) Visualisierungen von Raumkonstitutionen ernst und versucht nun, mithilfe des Löw'schen Begriffsapparates eine Rekonstruktion dieser Konstitutionen, so gelingt dies problemlos einzig beim Raum des globalen Finanzmarktes. Hier haben wir es offensichtlich mit Gütern und Lebewesen an Orten zu tun, die zueinander in räumlichen Beziehungen stehen. Das Bild lässt sich mithilfe der Begriffe Spacing, Syntheseleistung, Güter, Lebewesen und schließlich Raum und Ort umfassend beschreiben. Im Falle der Chile-Skizze stößt eine Beschreibung auf dieser theoretischen Grundlage jedoch im Wortsinne an ihre Grenze, da für uns der Raum Chile praktisch einzig und allein über seine Grenze definiert ist.

Es gibt einige Argumente, warum Grenzen meines Erachtens nicht einfach als soziale Güter im Löw'schen Sinne verhandelt werden können: Grenzen haben immer mit der Konstitution zweier Räume und niemals nur mit einem zu tun, selbst wenn der zweite Raum nur als ›Außen‹ oder ›Umgebung‹ konzipiert ist. Das heißt, häufig sind die beiden Räume, die durch eine Grenze unterschieden werden, hochgradig asymmetrisch, weil eigentlich nur ein Innenraum interessiert und der Außenraum hochgradig unscharf und konturlos bleiben kann. Dennoch spielt dieser zweite Raum zur Definition des ersten eine entscheidende Rolle. Grenzen setzen also Räume – nicht Güter und Lebewesen – in Relation. Diese Relationen werden mithilfe von Unterscheidungen der Räume hergestellt. Wo Räume mithilfe von Grenzen konstituiert werden, tritt neben die Syntheseleistung eine Differenzierungsleistung.

Darüber hinaus befinden sich Grenzen niemals an nur einem Ort, weil sie zumindest als Linien konstruiert sind. Diese dimensionale Differenz zu Gütern, deren Platzierung einen Ort erzeugt, führt zu einer einmaligen Funktion, die Grenzen bei der Raumkonstitution haben – sie erlauben die Zuschreibung von qualitativen Attributen zu Punkten im Raum, von denen ansonsten völlig unklar ist, was sich dort befindet (die also keine Orte im Sinne Löws darstellen). Was auch immer zwischen Rhein und Pyrenäen sein mag, es ist französisch.

Diese spezifischen Charakteristika von Grenzen (sie gehen mit der Konstitution zweier Räume einher, sie sind an mehr als einem Ort, und sie erlauben das »Ausschütten von Attributen«) veranlassen mich, sie als eigenständige Elemente von Raumkonstitutionen aufzufassen.

Um die Löw'sche Raumkonzeption um einen Grenzbegriff zu erweitern, macht es meines Erachtens Sinn, Grenzen als mehrfach verortete Relationen zu fassen. Was an Gütern und Lebewesen davon auf welche Weise betroffen ist, hängt von der Art der Grenze ab. Nationalstaatliche Grenzen setzen eher Geltungsbereiche von Rechten in Beziehung, während Landschaftsgrenzen zum Beispiel geologische Formationen relationieren können. Grenzen können also vollkommen unterschiedlichen Typs sein, und dieser Typ kann bestimmt werden, wenn wir fragen, was sie eigentlich in Beziehung setzen.

An dieser Stelle kann die Notwendigkeit der Grenze diskutiert werden: Es gibt nun zwei Klassen von Elementen, denen bei der Raumkonstitution ein ›Wo‹ in der Welt zugesprochen wird, nämlich soziale Güter und Lebewesen einerseits und Grenzen andererseits. Damit wird die Frage virulent, ob es zur Raumkonstitution beider Klassen von Elementen bedarf oder ob es, wie die Skizzen nahelegen, einzelne Räume gibt, die nur mithilfe von Gütern und Lebewesen an Orten geschaffen werden, und einige wenige andere Räume, die nur über die Grenzkonstitutionen und ganz ohne Orte funktionieren.

Räume ganz ohne Grenzen sind in meinen bisherigen Interviews zu alltäglichen Raumkonstitutionen nicht aufgetaucht, genauso wenig wie Räume ohne Orte. Dennoch spielen Grenzen eine unterschiedlich wichtige Rolle bei einzelnen Raumkonstruktionen. Methodisch bietet es sich daher an, den Begriff des Idealtypus stark zu machen und Räume ohne Grenzen als idealtypische Netzwerkräume und Räume ohne Ort als idealtypische territoriale Räume zu fassen, ohne damit zu intendieren, diese Raumtypen müssten in der empirischen Welt in Reinform existieren.

2.3.3. Die Relevanz der beiden Raumkonzepte

Es ist en vogue, eine Trennung zwischen physischen und sozialen Raumkonzepten zu verneinen. Das betrifft insbesondere weite Teile der angelsächsischen Humangeographie und deren Raumkonzeptionen (vgl. zum Beispiel Crang 2005, Adam 2004). In diesen Kreisen outet man sich tendenziell als rückständig, meldet man auch nur Zweifel an der Identität von sozialem und physischem Raum an. Ich bin dagegen wenig überzeugt, dass sich ein adäquater Begriff des physischen Raums unter einen adäquaten Begriff des sozialen Raums subsumieren lässt.

Inspiriert ist das Zusammendenken von physischem und sozialem Raum von einigen Parallelen, die Sozialwissenschaftler in Bezug auf die Konzeptionen ausmachen. Tatsächlich wird der Raum auch in der Physik (der Wissenschaft, die für die Angemessenheit von objektivierten Abstandsbestimmungen zuständig ist) inzwischen relational gedacht, das heißt, er existiert nicht unabhängig von den ihn konstituierenden Elementen, sondern ergibt sich als Eigenschaft der Anordnung und Beschaffenheit dieser Elemente. Die zweite Parallele beruht allerdings schon auf einem Missverständnis von Einsteins Relativitätstheorie. Es wird argumentiert, Einstein habe gezeigt, dass Raumbestimmungen abhängig vom Beobachter seien. Sie sind jedoch abhängig vom Bezugssystem, und das ist ein recht fundamentaler Unterschied. Bezugssysteme können nämlich existieren, ohne dass ein Beobachter in ihnen vorhanden ist.

Die Differenzen eines angemessen physischen und eines angemessen sozialen Raumbegriffs sind aus meiner Sicht enorm: Physiker_innen sind im Sinne der Ausschöpfung des Prognose- und Analysepotenzials ihrer Begriffe gezwungen, Raum als Eigenschaft des Universums zu begreifen, das beim Urknall entstanden ist, und bestehen daher auf einem subjektunabhängigen Raumkonzept. Das heißt, Sozialwissenschaftler_innen sollten vernünftigerweise davon ausgehen, dass soziale Räume nicht existieren, wenn sie niemand mehr oder noch niemand konstituiert, während Physiker_innen vernünftigerweise behaupten, dass der Raum auch ohne sie besteht. Darüber hinaus bringt das Universum nach physikalischer Lesart genau eine raumzeitliche Struktur oder einen dimensionalen Aufbau pro Universum hervor und nicht Millionen unterschiedlicher Räume. Schließlich halte ich die Konstitution sozialer Räume für notwendig rückgebunden an die subjektive Vorstellungskraft, wie sollten sie sonst Orientierung in der Welt liefern? Eine allgemeingültige konzeptionelle Beschreibung dieser Konstitutionen wird meines Erachtens daher immer auch eine Theorie vorstellbarer Räume bleiben müssen. Physikalische Raumtheorien sind an solche Restriktionen nicht gebunden. Die Relativtätstheorie markiert im Übrigen den historischen Bruch physikalischer Raumkonzepte mit unserer Vorstellungskraft. Die Betonung dieser Unterschiede ist jedoch nicht gedacht als irgendeine Art von intellektueller Fingerübung, sondern dient einem ganz bestimmten Zweck. Wir verlieren nämlich bei Vermischung von sozialem und physischem Raum eine fundamentale Kategorie zur Charakterisierung sozialer Räume. Es handelt sich um die Bestimmung der physikalischen Ausdehnung sozialer Räume, die nicht mehr sinnvoll vorgenommen werden kann, wenn man auf die Differenzierung der Konzepte verzichtet.

Welcher Abstand beispielsweise zum Interaktionspartner im Falle von Face-to-Face-Kommunikation als angenehm erlebt wird, variiert kulturell sehr stark. Das heißt, es werden sozial bedeutsame Kommunikationsräume unterschiedlicher Ausdehnung konstituiert, deren zentrales Differenzkriterium aus der Anwendung einer Abstandsbestimmung auf Basis eines physischen Raumbegriffs auf die sozialen Räume abgeleitet wird. Auf diese Option zu verzichten scheint mir unklug. Die starke Divergenz hinsichtlich der physischen Ausdehnung von sozialen Räumen erweist sich als besonders produktiv zur Beschreibung dieser Räume. Zu ihrer Charakterisierung ist ein Begriff des physischen Raums genauso unverzichtbar wie ein chronologischer Zeitbegriff für die Charakterisierung geschichtlicher Zeiten.

Die Überlegungen zur Sozialgeographie als Raumwissenschaft von Benno Werlen zeigen, dass eine Reihe sozialwissenschaftlicher Fragestellungen unter Zuhilfenahme eines Konzeptes von physischem Raum befriedigend zu beantworten sind. Er schlägt ein dreistufiges Forschungsprogramm vor, welches zunächst mithilfe von Kartierungen die räumliche »Erfassung von Sachverhalten« vornimmt, dann Beobachtungsaussagen über Koinzidenzen und Entfernungen dieser Sachverhalte formuliert (zum Beispiel: Bahnhöfe treten gemeinsam mit Kiosken auf), und schließlich sollen »Raumgesetze« formuliert werden, die das vorgefundene Raumsystem beschreiben (1997: 200, 215 ff.). Erklärt werden kann die räumliche Verteilung dann allerdings nur mithilfe des Rückgriffs auf die soziologische Handlungstheorie, nicht durch den Verweis auf Raum. Die Fülle sinnhafter sozialer Raumkonstitutionen, die Teil unserer Alltagswirklichkeit sind und unser Handeln strukturieren, lässt sich jedoch nur mithilfe eines Konzeptes von sozialem Raum analysieren.

Auf Basis der bisherigen Überlegungen lässt sich unter Einbeziehung der subjektiven Wahrnehmung von Distanzen folgende begriffliche Struktur für den Raum entwerfen:

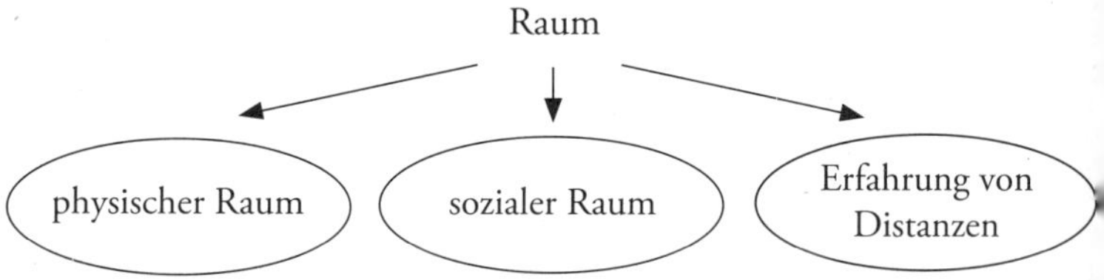

Abb. 3: Begriffsschema des »Raums«

2.3.4. Schlussfolgerungen

Sozial variable Raumkonstitutionen finden sich im Feld der Rekonstruktion sozialer Räume. Im Gegensatz zum Konzept des physischen Raums beschreibt das Konzept des sozialen Raums sinnhafte Konstitutionen, die unsere Lebenswelt räumlich strukturieren. Zur Charakterisierung sozialer Räume wird – wie erwähnt – jedoch auch ein physisches Konzept ›Raum‹ benötigt. Dieses Konzept bezieht sich, obwohl es genau wie der soziale Raum sozialkonstruktivistisch gedacht wird, auf die physisch-materielle Welt und hat daher einen anderen ontologischen Status. Weil es Sinn nur für jemanden gibt, bleiben alle sozialen Räume unmittelbar subjektgebunden. Dennoch ist aufgrund von Institutionalisierungen zu erwarten, dass sich intersubjektiv geteilte Strukturen und Muster sozialer Raumkonstitutionen im Forschungsprozess rekonstruieren lassen.

Auch wenn sich eine Reihe von sozialwissenschaftlichen Fragen allein mithilfe des Rückgriffs auf ein physisches Raumkonzept beantworten lassen, wie beispielsweise Fragen nach Bewegungsmustern bestimmter Personengruppen, muss diese Arbeit auf soziale Räume als Forschungsgegenstand fokussieren. Nicht eine Beschreibung sozialen Geschehens im Raum kann darüber Aufschluss geben, wie räumliche und zeitliche Konstitutionen in der sozialen Welt zusammenhängen, sondern die Konstitution sozialer Räume selbst muss untersucht werden. Welche Räume werden überhaupt konstituiert, und in welchem Verhältnis stehen sie zueinander? Spielen Räume wie ein Zuhause oder Heimat eine Rolle im Rahmen der Biographien, oder gibt es Menschen, die darauf verzichten und stattdessen andere räumliche Strukturen konstituieren und für ihr Leben als relevant erachten? Solche Fragen sind nur mithilfe eines sozialen Raumbegriffs zu beantworten.

2.4 Die Raumzeit

Im Folgenden werden die Überlegungen zu Raum und Zeit zusammengeführt, um den theoretischen Ort der empirischen Suche nach einer sozialen Raumzeit zu bestimmen. Anschließend wird der Gegenstandsbereich dieser Suche definiert.

2.4.1. Welche Konzepte von Raum und Zeit werden genutzt?

Die Frage nach dem Zusammenhang von Raum und Zeit lässt sich nun konkreter formulieren: Je nachdem, ob nach dem Zusammenhang von Chronologie oder Geschichtlichkeit mit physischem oder sozialem Raum gefragt wird, werden sich grundsätzlich unterschiedliche Antworten ergeben. Darstellen lässt sich dieser Umstand mithilfe eines Vier-Felder-Schemas:

		Zeit	
		Chronologie	Geschichtlichkeit
Raum	physikalischer Raum	1	2
	sozialer Raum	3	4

Tab. 1: Vier-Felder-Schema von Raum-Zeit-Konzepten

Im Folgenden wird nun die Frage nach dem Zusammenhang von Raum und Zeit für jedes der vier Felder angerissen, um die These zu plausibilisieren, dass für Sozialwissenschaftler_innen einzig das vierte Feld, also die Frage nach dem Zusammenhang von Geschichtlichkeit und sozialem Raum, ein angemessenes Forschungsgebiet für die Suche nach einer sozialen Raumzeit darstellt, obwohl mit unterschiedlichen, durchaus sozialwissenschaftlichen Fragestellungen in jedem der vier Felder sinnvoll geforscht werden kann.

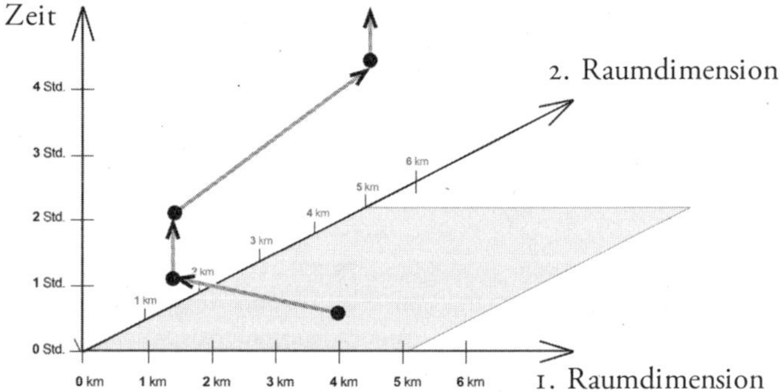

Abb. 4: Schematisches physisch-räumliches/chronologisches Raster zur Erhebung von Bewegungsmustern

Das 1. Feld

Empirische Sozialforschung, die Raum und Zeit thematisiert, ist durchaus möglich und sinnvoll, auch wenn der Raum ausschließlich physisch und die Zeit rein chronologisch gefasst wird. So sind mithilfe des Modells von Törsten Hägerstrand (1975), in dem der Raum auf zwei Dimensionen reduziert und vertikal die Zeitdimension dargestellt wird, standardisierte Erhebungen der Bewegung von Personen durch Raum und Zeit möglich. Beispielsweise können Milieu- oder geschlechtsspezifische Bewegungsmuster so untersucht und verglichen werden.

Was im Rahmen solcher Untersuchungen nicht erforscht werden kann, ist zum einen die Konstitution von sozialen Räumen durch Subjekte, denn die räumliche Konstruktionslogik ist als

Koordinatensystem im Vorfeld festgelegt, und zum anderen bleibt unsichtbar, wie Subjekte durch ihre (sozialen) Handlungen Zeit in Form von Geschichtlichkeit erschaffen, denn das Zeitverständnis ist festgelegt auf die lineare Logik der mit Uhren zu bestimmenden Chronologie. Wenn aber die jeweilige Konstruktionslogik von Raum und Zeit durch den wissenschaftlichen Zugang vorgegeben ist, macht es für Sozialwissenschaftler_innen keinerlei Sinn, im Rahmen dieses Zugangs nach dem Zusammenhang räumlicher und zeitlicher Konstitutionslogiken zu fragen, denn es handelt sich um Invarianten. Dass sich der Zusammenhang physisch-räumlicher und chronologisch-zeitlicher Bestimmungen bei genauer Betrachtung aus naturwissenschaftlicher Perspektive als durchaus komplex erweist, kann getrost im Zuständigkeitsbereich der Physik und Mathematik belassen werden. Die Entdeckung der Raumzeit von Albert Einstein ist genauso in diesem Feld angesiedelt wie die Überlegungen zur Super-String-Theorie.

Das 2. Feld

Hier werden geschichtliche Zeitbestimmungen mit physikalischen räumlichen Bestimmungen kombiniert. Entscheiden sich Sozialwissenschaftler_innen für eine solche Perspektive, so werden beliebige Ausschnitte der Erdoberfläche betrachtet, die durch ihre Lage im Raum des Universums definiert werden, während sie die zeitliche Bestimmung als sozial variable Größe im Sinne von Geschichtlichkeit konzeptualisieren, die durch unterschiedliche Konstitutionsformen (zum Beispiel zyklisch oder linear) gekennzeichnet ist. Ein gutes Beispiel dafür, wie aufschlussreich solche Forschung sein kann, liefert Robert Levine im zweiten Teil seines Buchs *Eine Landkarte der Zeit* (1999), in dem unterschiedlichen Umgangsformen mit und Konstitutionsformen von Zeit rund um den Globus nachgeforscht wird.

Auf der Hand liegt, dass ein solcher Zugang für Sozialwissenschaftler_innen ebenso wenig geeignet ist, einen Zusammenhang von Raum und Zeit zu konzeptualisieren, wie die Perspektive im ersten Feld. Die Konstruktionslogik des Raums nämlich ist physisch gedacht und somit sozial invariant. Sie kann also nicht von den unterschiedlichen zeitlichen Konstitutionslogiken abhängen oder diese beeinflussen.

Das 3. Feld

Werden sozial konstituierte Räume mit einer chronologischen Zeitauffassung kombiniert, ergibt sich bezüglich des Zusammenhangs von Raum und Zeit dieselbe Problematik mit umgekehrten Vorzeichen wie im zweiten Feld. Diesmal ist es die Zeit, die hinsichtlich ihrer Konstruktionslogik invariant ist – konzeptualisiert als unidirektionaler Strahl –, während der soziale Raum auf ganz unterschiedliche Arten und Weisen in sozialen Prozessen geschaffen werden kann. Die Frage nach einem logischen Zusammenhang erübrigt sich durch die konzeptionellen Festlegungen einer solchen Perspektive ebenso wie in den ersten beiden Feldern.

Dennoch findet sich auch eine solche Perspektive mit einigem Erkenntnisgewinn in der sozialwissenschaftlichen Literatur. Immer wenn verschiedene Raumkonstitutionen aus einer historischen Perspektive betrachtet werden, wird ein chronologischer Zeitstrahl unter die Entwicklung verschiedener Raumvorstellungen oder auch unter die Konstitution eines speziellen Raums gelegt. Da alle Räume über eine chronologische Entwicklungsgeschichte verfügen und die Kenntnis dieser Geschichte das Verständnis der konkreten Räume und ihrer Entwicklungspotenziale erweitert, leuchtet der Mehrwert unmittelbar ein, den eine solche Perspektive bietet. Als Beispiel sei hier ein prozesshaftes Modell der Raumkonstitution und der handlungsstrukturierenden Wirkung des Raums von Gabrielle Sturm (2000) angeführt, das Zeit als Spirale um die Konstitution sozialer Räume herum konzipiert. Aus der gleichen Perspektive argumentiert Doreen Massey (2005), wenn sie Räume eingedenk ihrer sozialen Konstitution als ZeitRäume bezeichnet, weil Raumkonstitutionen immer eine gewisse Zeit lang gültig sind. So ist beispielsweise die USA ein Raum, der nur eine gewisse Zeit existieren wird und zu verschiedenen chronologischen Zeiten unterschiedlich konstituiert wurde.

Das 4. Feld

Dies ist der Bereich, in dem sowohl die Konstruktionslogik der Geschichtlichkeit wie die Konstitution von Räumen sozial variabel sind. Es handelt sich also um das einzige Feld, in dem die Frage danach, ob soziale räumliche und zeitliche Bestimmungen in einem

Zusammenhang stehen, ob es also eine soziale Raumzeit gibt, sozialwissenschaftlich sinnvoll gestellt werden kann. Die Frage nach einer sozialen Raumzeit ist konkret eine Frage nach dem Zusammenhang von Geschichtlichkeit und sozialer Raumkonstitution.

Die Untersuchungen und konzeptionellen Überlegungen in den Feldern 1 und 3 werden von Massey, Sturm und Hägerstrand explizit mit dem Postulat eines Zusammenhangs von Raum und Zeit verbunden. Die eingenommenen Perspektiven sind jedoch ungeeignet, ein solches Postulat zu belegen, weil zumindest eine der beiden Bestimmungen sozial invariant konzeptualisiert ist. An dieser Stelle sei nochmals auf die Implikationen der physikalischen Raumzeit im Feld 1 erinnert. Der Begriff der Raumzeit, der durch einen Zusammenhang von Raum und Zeit gerechtfertigt ist, bezieht sich darauf, dass die Dauer einer Sekunde mit der Länge eines Meters zusammenhängt und umgekehrt.[7] Im Übertrag auf das vierte Feld würde das beispielsweise bedeuten, dass die Konstitution einer Zukunft durch Planung mit der Konstitution eines Zuhauses umgeben von einem Nationalstaat zusammenhängt. Nur ein Zusammenhang solcher Art wäre es wert, als soziale Raumzeit bezeichnet zu werden. Mir sind keine sozialwissenschaftlichen Untersuchungen bekannt, die versuchen, einen solchen Zusammenhang systematisch zu belegen.

2.4.2. Das Problem des Gegenstandsbereichs

Auf konzeptioneller Ebene muss ein letztes Problem kurz angesprochen werden, bevor die Suche nach einer sozialen Raumzeit empirisch fortgesetzt werden kann. Im Zuge der Annäherung an eine empirisch handhabbare Fragestellung bezüglich der Existenz einer sozialen Raumzeit muss der Geltungsbereich spezifischer sozial-räumlicher oder geschichtlicher Konstruktionslogiken bestimmt werden. Anders ausgedrückt: Die allgemeine Frage nach

7 Bei der sozialwissenschaftlichen Rezeption dieses Zusammenhangs wird zumeist übersehen, welch kontraintuitiver experimenteller empirischer Befund hinter der Verknüpfung von physischem Raum und chronologischer Zeit steht. Ein Lichtstrahl entfernt sich von einer stehenden Person mit der gleichen Geschwindigkeit wie von einer Person, die mit nahezu Lichtgeschwindigkeit neben diesem Strahl herläuft.

Konstitutionsformen des sozialen Raums oder der Geschichtlichkeit ist zunächst einmal gegenstandslos, weil nur Geschichtlichkeitskonstitutionen und Raumkonstitutionen bezogen auf bestimmte Handlungs- oder Sinnzusammenhänge beziehungsweise Gegenstandsbereiche existieren. Im Rahmen jedes einzelnen gerade fokussierten Sinnzusammenhangs wird, wie erläutert, eine eigene Geschichtlichkeitskonstitution beziehungsweise eine eigene Raumkonstitution vorgenommen. Häufig ändert sich die Konstruktionslogik sozial räumlicher oder geschichtlicher Bestimmungen, wenn die Fokussierungen von einem Maßstab (*scale*) zu einem anderen wechseln.

Beispielsweise kann eine Person ihre Lebensgeschichtlichkeit (Biographie) zyklisch konstituieren, während sie gleichzeitig die Geschichtlichkeit von Gesellschaft linear denkt. Im Maßstab des eigenen Lebens ist die Konstitutionsform von Geschichtlichkeit also eine andere als im Maßstab Gesellschaft. Nach dem Zusammenhang von Geschichtlichkeit und sozialem Raum ist dann natürlich zunächst bei miteinander korrespondierenden Maßstäben zu fragen. Eine relevante Frage wäre beispielsweise, ob die Konstitutionsform der eigenen Lebensgeschichtlichkeit mit der Konstitutionsform des eigenen Lebensraums zusammenhängt.

Dass die Vorstellung, einem Maßstab könne eindeutig eine Konstruktionslogik zugeordnet werden, noch immer problematisch ist, zeigt sich bei der Übertragung dieser Konzeption auf den Raum. So kann beispielsweise das ›Globale‹ von ein und derselben Person mit Blick auf den globalen Kapitalismus einmal netzwerkartig konstituiert werden (dann können bestimmte Weltgegenden vom Kapitalismus weitgehend unberührt bleiben), während das ›Globale‹ beim Fokus auf die Erderwärmung territorial gedacht werden kann (vgl. auch Brenner 1999).

Wichtig ist festzuhalten, dass die Suche nach einer sozialen Raumzeit nicht nur hinsichtlich der Bestimmungsformen von Raum und Zeit eingeschränkt werden muss, sondern noch zusätzlich hinsichtlich des Gegenstandsbereichs, in dem nach dem Zusammenhang von Geschichtlichkeit und sozialem Raum gefahndet wird.

Für eine empirische Untersuchung muss also ein Gegenstandsbereich beziehungsweise ein Sinnzusammenhang gesucht werden, der weder ohne Geschichtlichkeitskonstitutionen noch ohne soziale Raumkonstitutionen gedacht werden kann. Gleichzeitig sollten im Rahmen dieses Gegenstandsbereichs unterschiedliche Formen von Geschichtlichkeit und unterschiedliche Formen sozialer Räume auftreten, denn nur so kann gezeigt werden, dass die Konstitutionsformen in einem Zusammenhang stehen. Bei dem hier gewählten Gegenstandsbereich handelt es sich um Biographien. Im Prozess des Biographisierens wird sowohl eine geschichtliche Struktur als auch eine räumliche Struktur des eigenen Lebens konstituiert. Im Fallvergleich ist zu erwarten, dass diese Konstitutionen unterschiedlich sind, dass also verschiedene Personen das Verhältnis von Vergangenheit, Gegenwart und Zukunft des eigenen Lebens unterschiedlich denken und dass auch die Konstitution relevanter Lebensräume unterschiedlich ausfällt. Damit sind Biographien ein geeigneter Ort, um nach einem Zusammenhang von Geschichtlichkeitskonstitutionen und Raumkonstitutionen zu fragen.

2.5. Fazit

Ziel dieses Kapitels war es, einen heuristischen Rahmen für die Suche nach der sozialen Raumzeit zu entwickeln. Damit bleibt die Frage danach, ob Raumzeit in den Sozialwissenschaften zu einem fruchtbaren Konzept entwickelt werden kann, vorerst unbeantwortet. Dazu müssen empirische Evidenzen für einen Zusammenhang von Raum und Zeit nachgewiesen werden. Dieses Kapitel diente einzig dazu, den theoretischen Ort, an dem empirisch nach der Raumzeit gesucht werden sollte, zu bestimmen und die dafür notwendigen Konzepte von Raum und Zeit herauszuarbeiten. Die Ergebnisse lassen sich wie folgt zusammenfassen:

Die Wörter ›Raum‹ und ›Zeit‹ werden mit drei verschiedenen Weltbezügen benutzt. Raum und Zeit können als Entitäten der physisch-materiellen Welt, der sozialen Welt oder der innerpsychischen Welt angesehen werden. Aufgrund des unterschiedlichen ontologischen Status von Entitäten in diesen drei Welten liegen damit den beiden Wörtern je drei unterschiedliche Konzepte zugrunde. Diese unterschiedlichen Konzepte sind wissenschaftlich nur einzeln verhandelbar, weil sich die Kriterien zur Beurteilung der Angemessenheit räumlicher beziehungsweise zeitlicher Bestimmungen je nach Weltbezug ändern. Für die weiteren Überlegungen wurden die Raum- und Zeitkonzepte bezüglich der innerpsychischen Welt ausgeklammert, da hier weitgehend Klarheit darüber herrscht, wann bei solch subjektiven Erfahrungen beispielsweise von der Dauer gesprochen wird und dass es sich dabei um einen speziellen Weltbezug sowie um ein eigenes Konzept handelt. Eine Vermischung ist dagegen häufig anzutreffen, wenn es gilt, Raum- und Zeitkonzepte unter Bezugnahme auf die physische und soziale Welt zu unterscheiden.

Daher wurden im nächsten Schritt die Differenzen des Zeitkonzeptes mit Bezug auf die physisch-materielle Welt und auf die soziale Welt aufgezeigt und den beiden zugrunde liegenden Konzepten die Namen ›Chronologie‹ (für Zeit in Bezug auf die physisch-materielle Welt) und ›Geschichtlichkeit‹ (für Zeit in Bezug auf die soziale Welt) gegeben. Geschichtlichkeit wurde als das Verhältnis von Vergangenheit, Gegenwart und Zukunft konzipiert, während chronologische Bestimmungen mithilfe der Begriffe vorher, gleichzeitig und nachher operieren. Das Konzept der Geschichtlichkeit betreffend wurde aufgezeigt, wie hoch die soziale Variabilität des Verhältnisses von Vergangenheit, Gegenwart und Zukunft ist. Im interkulturellen Vergleich wurde deutlich, dass es beispielsweise Gesellschaften gibt, die überhaupt keine gesellschaftsgeschichtliche Vergangenheit und Zukunft konstituieren.

Beim Raum wurden die Konzepte des physischen Raums (physisch-materielle Welt) und des sozialen Raums (soziale Welt) differenziert. Während die objektivierten räumlichen Abstands- und Größenbestimmungen auf einem Konzept des physischen Raums basieren, rekurrieren sinnhafte Raumkonstitutionen wie ›Heimat‹ oder ›Nationalstaat‹ auf ein Konzept des sozialen Raums. Für die soziale Konstitution von Räumen wurde das Raumkonzept von Martina Löw rezipiert, dem zufolge Räume als Anordnungen sozialer Güter und Lebewesen durch Spacing und Syntheseleistung hervorgebracht werden. Dieses Konzept wurde um einen Grenzbegriff erweitert, der die Relevanz der Relationierung (und damit einer Differenzierungsleistung) im Rahmen der Konstitution von Räumen fokussierte.

Abschließend wurde der theoretische Ort benannt, an dem nach einer sozialen Raumzeit zu suchen ist: Wenn das Kriterium für das sinnvolle Sprechen von einer sozialen Raumzeit in Anlehnung an den Raumzeitbegriff in Bezug auf die physisch-materielle Welt (vgl.

Minkovsky 1909) ist, dass räumliche und zeitliche Bestimmungen miteinander zusammenhängen, dann kommt für die Suche nach einer sozialen Raumzeit einzig das Feld in Frage, in dem Geschichtlichkeit im Zusammenhang mit sozialen Raumkonstitutionen erforscht wird. Nur hier sind die Bestimmungen hinreichend sozial variabel, um überhaupt eine gegenseitige Abhängigkeit erwarten zu lassen.

		Zeit		
		Chronologie	Geschichtlichkeit	Wahrnehmung von Dauer
Raum	Physischer Raum	Zusammenhang: Länge eines Meters – Dauer einer Sekunde		
	Sozialer Raum		Zusammenhang: Bspw. territoriale Raumkonstitution – lineare Geschichtlichkeit	
	Psychischer Raum			Zusammenhang: Bspw. Erfahrung großer Abstände – verlangsamtes Zeitempfinden

Abb. 5: Der theoretische Ort der sozialen Raumzeit

Die bisherige sozialwissenschaftliche Forschung genügt diesem Anspruch nicht, wo sie versucht, ein Konzept der Raumzeit zu entwickeln. Entweder es wird sozialen Phänomenen mit Konzepten der Chronologie und des physischen Raums nachgegangen (vgl. Hägerstrand 1975), oder es wird zwar auf Basis eines Konzeptes von Geschichtlichkeit, aber im physischen Raum geforscht (vgl.

Levine 1999), oder es wird der soziale Raum in der chronologischen Zeit untersucht (vgl. Sturm 2000, Massey 2005). Mindestens eine der beiden Kategorien (Raum oder Zeit) ist im Rahmen dieser Heuristiken implizit sozial invariant gedacht und kann folglich gar nicht mit der anderen zusammenhängen. Daher gibt es keinen Forschungsstand zur Frage nach der sozialen Raumzeit. Die genannten Ansätze liefern dennoch fruchtbare Ergebnisse, die aber die Frage nach einem Zusammenhang von Raum und Zeit nicht beantworten.

Ob die soziale Konstitution von Geschichtlichkeit und die soziale Konstitution von Raum miteinander zusammenhängen, bleibt zunächst eine empirische Frage. Zur Beantwortung dieser Frage muss ein Gegenstandsbereich bestimmt werden, weil sich die Konstitutionen von Raum und Zeit je nach fokussiertem Handlungs- und Sinnzusammenhang in einem dauernden Wandel befinden. Als Gegenstandsbereich wurden Biographien gewählt, diese zeichnen sich dadurch aus, dass mit ihnen sowohl die Konstitution einer spezifischen geschichtlichen Struktur als auch spezifische Raumkonstitutionen einhergehen. Gleichzeitig sind aber im Fallvergleich je verschiedene Konstitutionsformen zu erwarten.

Auf Basis dieser Vorüberlegungen kann nun ein Design für die empirische Untersuchung sozialer Raumzeit entwickelt werden.

3. Design der Untersuchung

Nun gilt es, ein Untersuchungsdesign zu entwerfen, das die Rekonstruktion von Geschichtlichkeits- und sozialen Raumkonstitutionen im Sinnhorizont von Biographien ermöglicht.

Ausgangspunkt ist die Überlegung, dass für die empirische Suche nach einer biographischen Raumzeit sowohl eine Typologie von Lebensgeschichtlichkeit als auch eine von Lebensraum benötigt wird. So kann überprüft werden, ob eine bestimmte Art und Weise, seine Lebensgeschichtlichkeit zu konstituieren, mit einer bestimmten Art und Weise der Konstitution von Lebensraum zusammenhängt.

Zunächst werden die Grundlagen einer solchen rekonstruktiven Sozialforschung, die in der Tradition der hermeneutischen Wissenssoziologie steht, dargestellt. Anschließend gilt es, einige spezielle Probleme und Voraussetzungen der Biographieforschung und die Methode des narrativ-biographischen Interviews (vgl. Schütze 1983) zu erläutern, um schließlich das Konzept des an der *Grounded Theory* (vgl. Glaser/Strauss 1998 [1967]) orientierten ›theoretischen Samplings‹ zu illustrieren. Grundsätzliche Überlegungen zum Verfahren der Typenbildung bilden den Abschluss des Kapitels.

3.1. Hermeneutische Wissenssoziologie

Die empirische Untersuchung im Rahmen dieser Arbeit rekurriert auf die Theorietradition der hermeneutischen Wissenssoziologie. Wir werden in eine Welt hineingeboren, die durch sinnhafte soziale Institutionen vorstrukturiert ist. Diese institutionelle Ordnung fungiert gegenüber dem Subjekt als »soziohistorisches apriori« (Luckmann 1980: 133), das den Prozess der Sozialisation präfiguriert. Dennoch haben alle sozialen Institutionen einen an die Subjekte gebundenen Ursprung. Die Entstehung solcher sinnhaften sozialen Institutionen, aus denen unsere Alltagswirklichkeit in weiten Teilen besteht, wurde im Rückgriff auf Peter L. Berger und Thomas Luckmann (2001 [1966]) bereits im letzten Kapitel skizziert (vgl. Abschnitt 2.1). Externalisierung, Objektivation und

Internalisierung lassen eine genuin soziale Wirklichkeit in Form von Alltagswissen entstehen.

Die sinnhafte Struktur der Welt ist also immer subjektiv fundiert, obwohl sie uns als äußerlich erscheint (vgl. Schütz 1932 und Schütz/Luckmann 1979: 136 ff.), und bleibt hinsichtlich ihrer Reproduktion, ihrer Wandlung und ihrer Existenz immer an das Bewusstsein der Subjekte gebunden (so wenigreflexiv dieses Bewusstsein im Alltag auch sein mag). Es gibt keinen anderen ontologischen Ort für sinnhafte Strukturen als das Bewusstsein von Subjekten. Damit sind auch die im Rahmen der Heuristik (siehe Kapitel 2) vorgestellten Konzeptionen von sozialem Raum und Geschichtlichkeit subjektgebunden. Diese Auffassung unterscheidet die hermeneutische Wissenssoziologie von eher strukturtheoretischen Ansätzen, aber auch von Bourdieus Auffassung, nach der der Habitus als vermittelndes Prinzip zwischen Struktur und Subjekt jenseits des Bewusstseins angesiedelt ist (vgl. Bourdieu 1982 [1979], und zur Diskussion Schröer 1994).

Unser Wissen um die Alltagswirklichkeit ist das Wissen, das in den sozialen Institutionen aufgehoben ist. Für Menschen ist dieses Wissen aufgrund ihrer instinktmäßigen Unterbestimmtheit (vgl. Gehlen 1956) und ihrer exzentrischen Positionalität (vgl. Plessner 1981 [1928]) überlebenswichtig.

Da unser Instinktapparat nicht ausreicht, um die Welt zu strukturieren, muss biologische Weltoffenheit in eine soziale Weltgeschlossenheit transformiert werden. Auch wenn wir vor Problemen stehen, deren Lösung noch unbekannt ist, wo also die bisherige Struktur sozialer Institutionen nicht ausreicht, um die Situation zu verstehen, rekurrieren wir notwendigerweise auf vertrautes Wissen und gehen davon aus, dass nicht die gesamte Wirklichkeit in der Krise steckt. Selbst in anomischen Situationen kann also von einer »nicht hintergehbaren Bezugnahme auf das gesellschaftlich gemeinsame Handlungsgefüge« (Schröer 1994: 15) ausgegangen werden.

Im Sozialisationsprozess werden die sozialen Institutionen und ihre Strukturen weitergegeben. Von besonderer Bedeutung sind dabei Bezugspersonen, die George Herbert Mead als »signifikante Andere« bezeichnet (1968 [1934]). Das Subjekt erlernt typische Reaktionen auf typische Problemlagen, bekommt so Zugang zum gesellschaftlichen Wissensvorrat und eignet sich Normen, Rollen und Bewältigungsstrategien für Problemlagen an, die sein Überleben in der Gesellschaft sichern.

Hermeneutische Wissenssoziologie zielt darauf ab, die sozialen Institutionen und ihr Gefüge zu rekonstruieren. Diese kommen zwar subjektiv gebrochen, aber einzig und allein in den sinnhaften Handlungsbezügen der Subjekte zum Ausdruck. Daher ist die hermeneutische Wissenssoziologie darauf verwiesen, Subjekte zu untersuchen und den subjektiven Sinn, der ihren Handlungsentwürfen zugrunde liegt, zu rekonstruieren. Vor diesem Hintergrund wird deutlich, dass es sich bei biographischen Raum- und Zeitkonstitutionen um soziale Konstitutionen handelt.

Damit ähnelt dieser Zugang zunächst sehr dem, was alltäglich geschieht, wenn Menschen einander verstehen. Auch im Alltag werden gemeinsame Erfahrungsstrukturen unterstellt, die Voraussetzung dafür sind, andere zu verstehen. Beim sozialwissenschaftlichen Verstehen handelt es sich jedoch um ein Verstehen zweiter Ordnung, das sich vom Alltagsverstehen in einigen wichtigen Punkten unterscheidet: Sozialwissenschaftler_innen deuten vor dem Hintergrund eines speziellen Fachwissens, das zwar auch im Alltäglichen gegründet ist, aber in weiten Teilen professionelles Sonderwissen darstellt. Wichtiger noch ist, dass sozialwissenschaftliches Verstehen in einer Situation praktiziert wird, die von den pragmatischen Bedürfnissen des Alltags absieht, die Sorge um die eigene Existenz ausklammert und dadurch Raum schafft für den Zweifel am Selbstverständlichen. Schließlich müssen die Deutungen dem empirischen Material angemessen sein, sodass eine Überprüfbarkeit der Plausibilität von Interpretationen möglich ist (vgl. Soeffner/Hitzler 1994: 34f.).

Dennoch bleiben auch sozialwissenschaftliche Deutungen immer zweifelhafte Interpretationen, die keine Wahrheit, sondern allenfalls Plausibilität beanspruchen können.

> Der praktische gesellschaftliche Nutzen dieses Unternehmens liegt darin, die Menschen auf die vom Alltagsverstand gemeinhin nicht thematisierten Umstände, Zusammenhänge und Regeln aufmerksam zu machen, in deren Rahmen sie ihr Leben vollziehen. (Soeffner/Hitzler 1994: 35)

Mit dem Theorierahmen der hermeneutischen Wissenssoziologie gehen einige erste methodische Implikationen einher. Um das Allgemeine im Besonderen sichtbar zu machen, ist der Ansatz darauf verwiesen, exemplarisch zu arbeiten. Das heißt, es werden Fallanalysen benötigt, die das Typische und Verallgemeinerbare zu verdeutlichen in der Lage sind. Die gebildeten Handlungstypen sind daher zwangsläufig Idealtypen, anhand deren wiederum der Einzelfall mit seinen Besonderheiten historisch verstanden werden kann. Es wird also darum gehen, idealtypische Konstitutionsformen von Lebensgeschichtlichkeiten und Lebensräumen zu entwickeln. Die Konstruktion solcher Typologien ermöglicht zum einen eine synchrone Übersicht über die gesellschaftliche Ausdifferenzierung von Handlungstypen und zum anderen bei entsprechender Datenlage auch eine diachrone Perspektive auf die Wandlung von Handlungsorientierungen und damit auf den Wandel der Struktur gesellschaftlicher Institutionen (vgl. Soeffner/Hitzler 1994: 39). Aufgrund des weitaus besseren Forschungsstandes zu Konstitutionsformen von Lebensgeschichtlichkeit im Vergleich zu den wenig erforschten Lebensräumen kann eine solche empirisch fundierte diachrone Perspektive einzig für die Entwicklung gesellschaftlich relevanter Geschichtlichkeitstypen in den letzten vier Jahrzehnten angeboten werden (siehe den Exkurs in Abschnitt 4.4). Dagegen muss die Rekonstruktion relevanter Lebensräume zunächst auf die synchrone Perspektive beschränkt bleiben.

Eine Grundannahme dieses sozialwissenschaftlichen Zugangs und im Speziellen auch der Biographieforschung besteht darin, dass Menschen bestrebt sind, Sinnkonsistenz in ihrem Handeln zu stiften, schlicht weil sie sich als *eine* Person sehen.

Peter L. Berger und Thomas Luckmann (2001 [1966]) sehen im Prozess der Biographisierung, in der Wahrnehmung des eigenen Lebens als einer Einheit, einen entscheidenden Grund dafür, warum unterschiedliche Institutionen überhaupt miteinander zu einer institutionellen Ordnung verknüpft werden. Hans-Georg Soeffner und Ronald Hitzler formulieren:

> Sozialwissenschaftliche Hermeneutik beruht auf der Prämisse, dass Menschen versuchen ihrem Handeln einen einheitlichen Sinn zu geben, weil sie grundsätzlich bestrebt sind, mit sich selbst eins zu sein, weil sie ihre Sichtweisen als Teil ihrer selbst betrachten. (1994: 51)

Vor dem Hintergrund dieser Prämisse entsteht der im letzten Kapitel postulierte Gegenstandsbereich ›Biographie‹, der über jeweils eigene Geschichtlichkeits- und Raumkonstitutionen verfügt.

Insgesamt machen diese Überlegungen deutlich, dass biographische Erzählungen ein geeignetes Datenmaterial für die Rekonstruktion sozialer Zeit- und Raumkonstitutionen darstellen. Was im Rahmen von Biographieforschung beachtet werden muss und wie biographische Daten, die die Rekonstruktion von Sinn erlauben, zu erheben sind, ist Gegenstand des folgenden Kapitels.

3.2. Biographieforschung und narrativ-biographisches Interview

Biographieforschung wird im Zusammenhang mit einer Fülle unterschiedlicher Erkenntnisinteressen und aus verschiedenen theoretischen Perspektiven betrieben. Biographisches Datenmaterial kann aus milieutheoretischer, psychoanalytischer oder marxistischer Sicht ausgesprochen aufschlussreich sein.[1] Für das hier intendierte Interesse an der sozialen Konstitution von Raum und Zeit des eigenen Lebens aus der Perspektive einer phänomenologisch fundierten, hermeneutischen Wissenssoziologie bietet sich biographisches Material im Besonderen an:

> Theoretische Orientierungen aus dem Umkreis der phänomenologischen Soziologie und des Interaktionismus gehen davon aus, dass die Menschen ihre sozialen Welten nach relativ einfachen und basalen Regeln wahrnehmen und deuten. Für eine solche Orientierung ist Lebensgeschichte das Material, in dem sich diese basalen Regeln der Lebensweltkonstruktion äußern. Die Lebensgeschichte gilt als ausgezeichnetes Material für eine Untersuchung der fundierenden Deutungsmuster, mit denen die einzelnen Menschen sich und die soziale Welt wahrnehmen, gedanklich und kommunikativ organisieren, und für eine Untersuchung der Prozesse, in denen die Menschen und Gruppen miteinander und gegeneinander diese Konstruktion zustande bringen. (Fuchs-Heinritz 2009: 192)

Das Ziel der Untersuchung ist die Rekonstruktion der Raum- und Zeitkonstitutionen im »Sinnhorizont der Biographie« (Fuchs-Heinritz 2009: 13). Wichtig ist, dass diese Konstitutionen mit dem Prozess des Biographisierens in Zusammenhang stehen und dann deutlich werden, wenn das Leben als Ganzes in den Blick gerät und

1 Vgl. zu einer Übersicht theoretischer Orientierungen, unter denen Biographieforschung betrieben wird, Fuchs-Heinritz 2009: 186ff.

damit auch Fragen der eigenen Identität und des eigenen Charakters aufgeworfen werden. Selbst wenn die Raum- und Zeitkonstitutionen auf dieser Ebene im Alltag nicht permanent präsent sind, so stellen sie doch Orientierungswissen dar, auf das für wichtige biographische Entscheidungen zurückgegriffen wird. Wenn Fragen anstehen, ob ich mit meiner Partnerin oder meinem Partner zusammenziehe oder mich um eine private Alterssicherung bemühe, spielen die Konstitutionen von Lebensraum und Lebensgeschichtlichkeit eine entscheidende Rolle. Hier entfalten sie ihr handlungswirksames Potenzial.

Dass die Individuen ihr Leben als Gesamtheit auf den Begriff bringen können, ist gesellschaftlich nicht voraussetzungslos. Diese Kompetenz hängt mit der Herausbildung der bürgerlichen Gesellschaft zusammen, weil die Dynamisierung gesellschaftlicher Entwicklung und die Herauslösung des Individuums aus ständischen Zwängen es notwendig machen, die Einheit des Lebens aktiv herzustellen. In statischeren Gesellschaften ist davon auszugehen, dass die Einheit des Lebens in wesentlich höherem Maße kollektiv vorgegeben ist und damit die Notwendigkeit, diese Einheit in sprachlicher Interaktion zu thematisieren und herzustellen weitgehend entfällt (vgl. Kohli 1985: 26f.). Darüber hinaus führt die erhöhte (soziale) Mobilität in der bürgerlichen Gesellschaft zur Zunahme von Situationen, in denen sich Fremde miteinander bekannt machen müssen, was mithilfe biographischer Erzählung gut gelingt.

Um das Wissen um Konstitutionen von Raum und Zeit hinsichtlich der Gesamtheit des Lebens zu rekonstruieren, wird im Rahmen dieser Untersuchung durch narrativ-biographische Interviews eine Gesprächssituation hergestellt, die den Prozess der Biographisierung begünstigt. Das narrative Interview wurde von Fritz Schütze (1983) in den methodologischen Diskurs eingeführt. Es zielt darauf, durch einen Stimulus eine Stegreiferzählung hervorzurufen, die sich in dieser Untersuchung auf das Leben der/des Befragten in seinem zeitlichen Verlauf bezieht (narrativ-biographisches Interview). Während der Erzählung werden möglichst wenige Interventionen oder Kommentierungen vonseiten des Interviewers/der Interviewerin gemacht. Die Stegreiferzählung unterliegt somit einzig den kulturellen Normen bezüglich solcher mündlicher Berichte. Hier ist zunächst der Gestaltschließungszwang zu nennen, eine Norm, die besagt, dass begonnene Themen oder Erzählstränge in irgendeiner Weise abgeschlossen werden müssen. Daneben gibt es die gegensätzlichen Zwänge zur Kondensierung und zur Detaillierung. Der Kondensierungszwang beinhaltet, dass die Erzählung in einer begrenzten Zeit abgeschlossen und dabei nachvollziehbar gestaltet werden muss. Der Detaillierungszwang macht es notwendig, im Sinne der Nachvollziehbarkeit Zusatz- und Hintergrundinformationen in die Erzählung einzubeziehen (vgl. Schütze 1983).

Das Vertrauen in die Validität des Erhebungsinstrumentes ›narrativ-biographisches Interview‹ wird dadurch gestärkt, dass der Versuch, beim Erzählen Sinnkonsistenz herzustellen, tendenziell Strategien unterläuft, die Inhalte an Erwartungen bezüglich der sozialen Erwünschtheit anzupassen. Einstellungen und Normen, die eventuell im Rahmen einer Befragung nicht preisgegeben werden, werden häufig im Erzählen thematisiert, um die Nachvollziehbarkeit der biographischen Entscheidungen zu gewährleisten (vgl. Hoffmann-Riem 1984).

Bei der Verwendung von narrativ-biographischen Interviews als empirischem Material muss beachtet werden, dass diese Daten nicht die Rekonstruktion der dargestellten Sachverhalte, sondern ›nur‹ die Rekonstruktion der Orientierungsstrukturen der Subjekte erlauben (vgl. Bohnsack 2008: 102). Was erzählt wird und was geschah, ist nicht identisch. Diese Einschränkung deckt sich jedoch mit dem hier intendierten Erkenntnisinteresse, dem es um Raum- und Zeitkonstitutionen als biographischen Orientierungsstrukturen zu tun ist.

Als Erzählstimulus wird ein klassischer Vorschlag von Gabriele Rosenthal (vgl. 1993: 187) in leicht abgewandelter Form verwendet: »Ich möchte Sie bitten, mir eine Beschreibung Ihres Lebens zu erzählen, all die Erlebnisse, die für Sie wichtig waren. Sie können sich dazu so viel Zeit nehmen, wie Sie möchten.« Eigentlich wird um »Ihre Lebensgeschichte« statt um »eine Beschreibung« gebeten. Das Wort »Lebensgeschichte« ist allerdings sehr stark mit einer linearen Konstitution geschichtlicher Zeit assoziiert. Eine solche Erwartungshaltung sollte den Interviewpartner_innen jedoch möglichst nicht vermittelt werden, denn die Konstitutionsformen biographischer Geschichtlichkeit gilt es im Rahmen des hier intendierten Erkenntnisinteresses zu rekonstruieren. Für das zweite Sample, das zunächst der Rekonstruktion biographischer Lebensräume dient, wird der Erzählstimulus um einen Satz ergänzt: »Insbesondere interessieren mich dabei die Orte, an denen Sie gelebt haben oder die Ihnen wichtig sind, und wie Sie von einem Ort zum anderen gelangt sind.«[2]

An die Erzählung schließt sich eine Nachfragephase an, in der zunächst Unklarheiten der Erzählung angesprochen werden beziehungsweise im Einzelfall auch um Detaillierung einer bestimmten Erzählsequenz gebeten wird, die im Hinblick auf die Fragen nach Raumkonstitution oder Lebensgeschichtlichkeit vielversprechende Interpretationen erwarten lässt. Zum Abschluss des Interviews wird unter Zuhilfenahme eines Leitfadens überprüft, ob in allen Fällen Daten zu Alter, Beruf, Einkommen, Familienstand sowie zu den institutionellen Bedingungen der derzeitigen Lebenssituation (zum Beispiel Art des Beschäftigungsverhältnisses, Transfereinkommen etc.) erfasst wurden. In den meisten Fällen waren diese Angaben jedoch bereits Gegenstand der Erzählung.

3.3. Die Auswahl der Fälle (*Theoretical Sampling*)

Im Rahmen des Forschungsprojektes wurden 24 narrativ-biographische leitfadengestützte Interviews mit einer Dauer von ein bis vier Stunden analysiert. Die Untersuchung arbeitet mit zwei zunächst unabhängigen Samples, die jeweils zwölf Fälle umfassen. Das erste Sample dient der Rekonstruktion biographischer Geschichtlichkeitskonstitutionen und wurde im Raum Leipzig zusammengestellt. Das zweite Sample, das aus dem Rhein-Main-Gebiet stammt, wird zunächst nur im Hinblick auf biographischen Lebensraum ausgewertet.

Die beiden Typologien, die als Ergebnisse der Interpretationen vorgelegt werden, basieren also auf unterschiedlichen Fällen. Dieses Verfahren verhindert, dass bei der Konstruktion der Raumtypen das Wissen um den Zeittypus des jeweiligen Falles vorliegt und Einfluss auf die Interpretation nimmt. Das Wissen, dass beispielsweise drei Fälle zum Zeittyp A gehören, würde vor dem Hinter-

2 Der eigentliche Stimulus, der eine_n Interviewpartner_in zum Erzählen animiert, besteht im ehrlichen Interesse am Leben der betreffenden Person. Erst in Verbindung mit diesem Interesse wird die Aufforderung zu einer ›Beschreibung des Lebens‹ zu einem Stimulus.

grund der Forschungsfrage dazu verführen, diese drei Fälle auch einem gemeinsamen Raumtyp zuzuordnen. Daher gilt es, zunächst unabhängig voneinander Kategorien und Typologien zu entwickeln, die erst in einem zweiten Schritt auf das jeweils andere Sample angewendet werden. Um die Frage nach einem Zusammenhang biographischer Geschichtlichkeits- und Lebensraumkonstitutionen zu beantworten, werden also die Fälle des Zeit-Samples erst später, anhand der unabhängig gebildeten Kategorien zur Erfassung von Lebensraumkonstitutionen, auch einem Raumtyp zugeordnet. Ebenso werden die Fälle des Raum-Samples erst im Hinblick auf ihre Zeitkonstitutionen analysiert, wenn die Kategorien zur Erfassung sowie die möglichen Typen der Konstitution von Lebensgeschichtlichkeit bereits erarbeitet sind. Die empirische Analyse der Geschichtlichkeitskonstitutionen (siehe Kapitel 4) basiert also auf zwölf anderen Fällen als die empirische Analyse des Lebensraums (siehe Kapitel 5). Die Samples werden erst zur Analyse biographischer Raumzeit (siehe Kapitel 6) zusammengeführt, deren Basis alle 24 Fälle bilden. Dieses Verfahren soll die methodische Kontrolle und damit die Plausibilität der Befunde erhöhen.

Die heuristische Rahmung des Projektes (siehe Kapitel 2) informiert darüber, dass unter der Konstitution von Lebensgeschichtlichkeit das Verhältnis von Vergangenheit, Gegenwart und Zukunft des eigenen Lebens zu verstehen ist und dass zur Konstitution von Lebensraum Spacing und Syntheseleistung biographisch relevanter Räume in den Blick genommen werden müssen. Die beiden Heuristiken verfügen über eine große Reichweite (alle Arten von Geschichtlichkeitskonstitutionen und alle Arten von sozialen Räumen lassen sich mit diesen Konzepten beschreiben), aber über wenig empirischen Gehalt. Die Konzepte verraten nicht, mithilfe welcher Kategorien das Verhältnis von Vergangenheit, Gegenwart und Zukunft beziehungsweise wie Spacing und Syntheseleistung zu erfassen sind. Weil die Kategorien zu Beginn der Untersuchung nicht konkret explizierbar waren, wurde ein qualitativer Zugang gewählt, der eine Entwicklung der zentralen Kategorien und die Bestimmung ihrer dimensionalen Ausprägung erst während der Untersuchung erlaubt. Dabei handelt es sich um eine an den Vorgaben der *Grounded Theory* (vgl. Strauss/Corbin 1996 [1990]) orientierte Methodik. Wie sich Lebensgeschichtlichkeit und Lebensraum in Interviews auf vergleichbare Weise ausdrücken, galt es zunächst zu ermitteln.

Im Rahmen der gewählten Methodik wechseln sich die Erhebungs- und Auswertungsphasen ab (vgl. Kelle/Kluge 1999: 81f.). Nach einer ersten Runde der Erhebung und Auswertung kann erneut Datenmaterial erhoben werden, das gezielt bestimmte Faktoren variiert, die sich dem ersten Anschein nach als relevante Kategorien herauskristallisieren. Anschließend wird das gesamte Material einer erneuten Interpretation unterzogen, um das Kategorienschema zu überarbeiten und um mithilfe einer Gruppierung der Fälle erste Ideen für eine Typologie zu entwickeln. Nun folgt eine dritte Runde der Erhebung und Auswertung, in der Fälle gesucht werden, die dazu geeignet scheinen, unsichere Deutungen zu bestätigen oder infrage zu stellen. Darüber hinaus gilt es, Fälle zu finden, die bezüglich der Ausprägung der vorläufig relevanten Merkmale noch nicht im Sample vertreten, also von der bisherigen Typologie eventuell noch nicht abgedeckt sind.[3] Entsprechend einer hermeneutischen Vorgehensweise werden alle Deutungen wieder an das gesamte Material herangetragen, und sowohl das Kategorienschema als auch die Typologie und die konkreten inhaltlichen Interpretationen werden erneut überarbeitet, verfeinert oder auch verworfen. Entscheidend ist, dass auch nach ersten Auswertungsphasen neue Fälle in das Sampling integriert werden können, sodass sich die Suchkriterien im Laufe der Erhebung verfeinern lassen. Die Charakterisierung und Beschreibung der Typen bildet den Schlusspunkt dieses Prozesses.

Um zu möglichst umfassenden Typologien für die Konstitutionsformen von Lebensgeschichtlichkeit und Lebensraum zu gelangen, wird bei der Auswahl der Fälle eine möglichst große Heterogenität angestrebt. Überlegungen zur Repräsentativität des Samples treten entsprechend in den Hintergrund. In Anlehnung an die Strategie des *Theoretical Sampling* werden zunächst Fälle ausgewählt, die im Hinblick auf die Forschungsfrage interessant erscheinen. Die Zusammenstellung des Zeit-Samples fand ihren Ausgangspunkt in fünf narrativ-biographischen Interviews, die von der Künstlergruppe ›niko.31‹ (Jens Fischer, Katja Heinecke, Reinhard Krehl, Silke Steets) zu Recherchezwecken geführt wurden. Die Soziologin Silke Steets erkannte das Potenzial dieses Materials im Hinblick auf eine

3 Zur ausführlichen Darstellung des dreiphasigen *Theoretical Sampling* vgl. Strauss/Corbin 1996 [1990].

Analyse zeitlicher Strukturen und stellte es mir als Startpunkt der empirischen Arbeit zur Verfügung. Es handelt sich dabei um Interviews mit Personen, die spezielle Strukturierungen ihrer Zeitnutzung aufweisen (eine in der linken Szene aktive Scheinstudentin, ein Gelegenheitsarbeiter auf Abruf in der Bauindustrie, eine verrentete Frau, die seit weit über 15 Jahren täglich verwilderte Katzen versorgt, eine selbstständige Altpapier-Zwischenhändlerin und ein selbstständiger Musikclubbetreiber). Nach der Codierung dieses Materials wurden in einer zweiten Samplingphase Fälle gesucht, die Variationen hinsichtlich bestimmter Kategorien darstellen, deren Einfluss auf Geschichtlichkeitskonstruktionen überprüft werden sollte. In dieser Phase wurden, um die Menge an ›frei‹ verfügbarer Zeit zu variieren, Interviews mit zwei Personen in Normalarbeitsverhältnissen und mit einer Studentin geführt, und es wurden zwei Langzeitarbeitslose in unterschiedlichen Lebensaltern befragt.

Schließlich wurden im letzten Schritt zwei junge Mütter mit unter zweijährigen Kindern ausgewählt, um Geschichtlichkeitskonstitutionen unter diesen speziellen Bedingungen jenseits von Erwerbsarbeit zu fokussieren. Diese Fälle schienen geeignet, die bisherigen Interpretationen noch einmal infrage zu stellen.

Anhand des Zeit-Samples zeigte sich, dass für alle Personen im Alter zwischen 25 und 45 Jahren Erwerbsarbeit in der lebensgeschichtlichen Gegenwart thematisch war (auch wenn keine Erwerbsarbeit verrichtet wurde). Die Selbstverortung in Relation zum Erwerbssystem scheint entscheidend für die Konstitution von Lebensgeschichtlichkeit zu sein. Dennoch wird auch bei Personen dieser Altersgruppe Lebensgeschichtlichkeit durchaus unterschiedlich konstituiert. Zu allen drei beschriebenen Typen gehören Fälle aus dieser Altersgruppe. Weil in modernen Gesellschaften Lebensläufe um das Erwerbssystem herum strukturiert werden (vgl. Kohli 1985), ist zu erwarten, dass die dominanten Impulse, die eine Veränderung der Raum- und Zeitkonstitutionen bewirken können, in der Organisation des Erwerbssystems einen zentralen Ausgangspunkt haben. Abgesehen von zwei Fällen, die zu Beginn des Zeit-Samples erhoben wurden, sind daher alle Interviewpartner_innen in einem Alter von 25 bis 45 Jahren, um eine genauere Analyse dieser Impulse sicherzustellen.

Auch bei der Suche nach unterschiedlichen Mustern der Lebensraumkonstitution steht die Heterogenität der Fälle im Zentrum der Aufmerksamkeit. Wieder lassen sich drei Phasen der Fallauswahl unterscheiden. In der ersten Phase wurden Fälle gesucht, von denen vermutet werden konnte, dass sich deutliche Differenzen hinsichtlich ihrer Lebensraumkonstitution zeigen lassen. Im Rahmen dieser Erhebungsrunde fanden Eingang in das Sample: eine Studentin mit Migrationshintergrund, die seit ihrem siebten Lebensjahr in ein und derselben deutschen Stadt wohnt, ein Bewohner einer Hütte im ländlichen Raum, eine Person, die sehr häufig umgezogen ist, und eine Person, die eine ausgeprägte Bindung an Berlin dokumentierte. Die Tragfähigkeit einer ersten kategorialen Beschreibung von Lebensraumkonstitutionen sollte mithilfe einer zweiten Samplingphase erhöht werden. Dazu wurden ein Selbstständiger, der seit über 20 Jahren in derselben Stadt lebt, eine weitere Person mit vielen Wohnortwechseln im Lebenslauf, ein Wagenplatz-Bewohner und eine Frau, die ungern ihr Zimmer verlässt, interviewt. Die aus der Analyse des vorläufigen Samples entwickelten Ansätze einer Typologie wurden durch die Hinzuziehung von vier zufällig ausgewählten narrativ-biographischen Interviews aus dem Archiv »Deutsches Gedächtnis«[4] überprüft und erweitert.

Das Sample weist in seiner Gesamtheit eine große Heterogenität auf. Unter den Fällen sind zehn Frauen und 14 Männer im Alter zwischen 25 und 45 Jahren (die beiden erwähnten Ausnahmen sind 17 und 75 Jahre alt). Drei Personen haben einen Migrationshintergrund, sechs stehen in einem Normalarbeitsverhältnis, drei in einem befristeten Arbeitsverhältnis, vier sind selbstständig, zwei studieren (eingeschrieben sind mehr), fünf leben von Transfereinkommen, und vier schlagen sich mit gelegentlicher Erwerbsarbeit durch. Da Personen mit Transfereinkommen und gelegentlicher Beschäftigung aufgrund ihrer Relevanz für eine vollständige Typologie überrepräsentiert sind, ist das Einkommen im Sample

4 Das Archiv ist angegliedert an die Fernuniversität Hagen und sammelt subjektive Erinnerungszeugnisse aller Art. Im Bestand befinden sich 2700 lebensgeschichtliche Interviews, von denen mir dankenswerterweise einige zur Sekundäranalyse zur Verfügung gestellt wurden.
Durch die Sekundäranalyse empirischen Materials zu Beginn und am Ende des Forschungsprozesses umfasst der Erhebungszeitraum mehrere Jahre. Das stellt jedoch kein Problem dar, weil im Rahmen einer explorativen Studie, die nach einem grundsätzlichen Zusammenhang von Raum und Zeit sucht, kein enges Zeitfenster für die Erhebung notwendig ist.

insgesamt unterdurchschnittlich. Fünf Personen leben im ländlichen Raum, 19 in Städten; dabei besitzen sechs Wohnimmobilien, 17 leben zur Miete, und eine Person wohnt im eigenen Bauwagen auf einem gepachteten Grundstück. Größe und Heterogenität des Samples sollten genügen, um zumindest alle gesellschaftlich relevanten biographischen Raum- und Geschichtlichkeitskonstitutionen zu erfassen.

3.4. Vom Einzelfall zum Typus

Die Konstruktion der Typen basiert im Wesentlichen auf dem Fallvergleich und der Fallkontrastierung (vgl. Kelle/Kluge 1999: 75). Nach einer ersten Einzelfallanalyse werden möglichst unterschiedliche Fälle miteinander verglichen, um die Kategorien zu erarbeiten, die Aufschluss darüber geben können, worin sich biographische Raum- beziehungsweise Zeitkonstitutionen eigentlich unterscheiden. Genau hier zeigt sich die Stärke eines an der *Grounded Theory* orientierten Verfahrens, denn die kategoriale Fassung des Untersuchungsgegenstandes muss zu Beginn der Untersuchung nicht feststehen.

Die Konstitutionen von Lebensgeschichtlichkeit unterscheiden sich beispielsweise hinsichtlich der chronologischen Dauer der Gegenwart. Manche Interviewpartner_innen berichten nur kurze Etappen im Präsens und ordnen Ereignisse in wenigen Monaten bereits der biographischen Zukunft zu.[5] Andere konstituieren einen Zeitraum von mehreren Jahren als lebensgeschichtliche Gegenwart. Eine solche Kategorie wie die ›chronologische Dauer der Gegenwart‹ muss in einem zweiten Schritt dimensionalisiert werden (vgl. Strauss/Corbin 1996: 50 ff.). Das heißt, es werden die Pole der möglichen Ausprägungen bestimmt, und gegebenenfalls wird ein Kontinuum zwischen ihnen gedacht. Bei der ›chronologischen Dauer der Gegenwart‹ ist diese Dimensionalisierung unproblematisch, denn es bietet sich an, einfach die chronologische Zeitbestimmung als Ausprägung zu verwenden. In anderen Fällen kann die Kategorienbildung im Zusammenhang mit der Dimensiona-

5 Eine vollständige Darstellung der Kategorien macht erst im Zusammenhang mit der Analyse des Materials Sinn. Daher findet sich diese Darstellung erst in den jeweiligen empirischen Kapiteln.

lisierung wesentlich komplexer sein. Beispielsweise unterscheiden sich die Konstitutionen von Lebensräumen unter anderem dahingehend, welche Arten von Elementen in die Synthese von Lebensraum eingehen. Manche konstituieren eine Stadt als relevanten Lebensraum aufgrund der Atmosphäre dieser Stadt, andere aufgrund der hier lebenden Freunde. Eine Kategorie, in der diese Differenzen gefasst werden können, lässt sich als ›Aneignung von Raum‹ bezeichnen. Nun empfiehlt es sich, Unterkategorien zu bilden, die verschiedene ›Aneignungsstrategien‹ bezeichnen (zum Beispiel Atmosphären und soziale Bindungen). Hinsichtlich ihrer Ausprägung sind diese Unterkategorien dann zu dimensionalisieren: Welche Atmosphären dienen der Aneignung im Fallvergleich? Ist die Atmosphäre in einem Fall irrelevant, so funktioniert Aneignung von Raum nicht über diese Subkategorie. Genauso muss gefragt werden, welche Arten sozialer Bindungen für den Aneignungsprozess wichtig sind (zum Beispiel familiäre Beziehungen, Freundschaften oder Szenen), um zu einer Dimensionalisierung der Subkategorie ›soziale Bindungen‹ zu gelangen.

Die aus dem Fallvergleich und der Kontrastierung gewonnenen Kategorien sind entsprechend einer hermeneutischen Vorgehensweise an alle Fälle des Samples heranzutragen. Denn die Kategorien und ihre Dimensionen müssen so lange weiterentwickelt werden, bis sie eine Erfassung und kategoriale Beschreibung aller Fälle erlauben.

Anhand der Kategorien und Dimensionen lassen sich die Fälle hinsichtlich ihrer Ausprägungsmuster gruppieren. Es gilt zu fragen, ob bestimmte Ausprägungen bestimmter Kategorien gemeinsam mit bestimmten anderen Ausprägungen zu beobachten sind. Beispielsweise haben die Fälle mit kurzen Gegenwarten konkrete Zukunftsvorstellungen, während bei Fällen mit langen Gegenwarten sehr unscharfe, aber dafür mehrere Zukunftsvorstellungen parallel existieren. Gelingt es, innerhalb der Gruppen mit wiederkehrenden Ausprägungsmustern einheitliche Sinnstrukturen zu rekonstruieren, können diese Gruppen als Typen bezeichnet werden. Entsprechend der wissenssoziologisch-hermeneutischen Perspektive handelt es sich nämlich um Handlungstypen, und die Subjekte stellen sich als Ganze mithilfe ihrer biographischen Raum- und Zeitkonstitutionen sinnhaft in die Welt. Zur Beschreibung eines Typs beispielsweise von Lebensgeschichtlichkeit gehört daher zwingend eine Bestimmung des Sinns eines gefundenen Ausprägungsmusters (vgl. Kelle/Kluge 1999: 81).

Die hier verwendete Methodik kombiniert interpretative Sozialforschung auf Basis hermeneutischer Wissenssoziologie mit Verfahren einer gegenstandsverankerten Theoriebildung (*Grounded Theory*). Daraus ergeben sich Konsequenzen bezüglich der Grundideen Letzterer, die ich abschließend kurz reflektieren möchte.

Der Vorteil der *Grounded Theory* besteht im Angebot eines strukturierten Feldzugangs, auch wenn über die Strukturierung des Feldes selbst wenig bekannt ist. An dieser Stelle werden die methodischen Vorschläge genutzt, um zu Kategorien und Dimensionen zu gelangen, die eine Rekonstruktion biographischer Raum- und Geschichtlichkeitskonstitutionen erlauben. Der Nachteil der *Grounded Theory* besteht in ihrem restriktiven Umgang mit theoretischem Vorwissen. Die in den Theorien vorgenommenen Deutungen sollen das empirische Material nicht überlagern. Die Idee, eine gehaltvolle Theorie nur aus der Empirie zu entwickeln, stößt bei theoretisch komplexeren Forschungsvorhaben an ihre Grenzen. Der Anspruch, alle Kategorien und ihre Dimensionen aus dem Material zu erarbeiten, erweist sich hier als kontraproduktiv. Beispielsweise sind im vorliegenden Forschungsprojekt die Anerkennungssituationen (die Beurteilung der Anerkennung der eigenen Person in der sozialen Welt) einzelner Fälle eine einflussreiche Größe hinsichtlich der Raum- und Zeitkonstitutionen. Wenig sinnvoll erscheint es jedoch, eine Dimensionalisierung einer so komplexen soziologischen Kategorie wie ›Anerkennung‹ aus dem Material zu entwickeln, zumal mit der Konzeption von Axel Honneth (1992) eine hervorragende Bestimmung von Anerkennung und ihren unterschiedlichen Ausprägungen vorliegt, die zur Dimensionalisierung genutzt werden kann.

Die hier beschriebene Vorgehensweise trennt also zwischen zentralen Kategorien, die unmittelbar zur Bestimmung von Raum- und Zeitkonstitutionen führen, einerseits und Subkategorien sowie Hintergrundvariablen, die nur einen Einfluss auf die Konstitutionsformen entfalten oder die Beschreibung der Typen vervollständigen, andererseits. Dabei werden die zentralen Kategorien aus dem Material entwickelt, während vor allem zur Dimensionalisierung von Subkategorien und Hintergrundvariablen theoretisches Vorwissen in Form von soziologischen Konzeptionen in die Deutungsarbeit eingespeist wird.[6] In Bezug auf die *Grounded Theory* lässt sich ein solches Verfahren als *half-grounded* bezeichnen.

6 Die verwendeten Konzeptionen werden zusammen mit den entsprechenden Kategorien und ihren Dimensionen im empirischen Teil der Arbeit vorgestellt.

4. Empirische Zeit

In diesem Kapitel wird auf Basis der narrativ-biographischen Interviews eine Typologie entwickelt, die darüber Aufschluss geben soll, welche unterschiedlichen Formen lebensgeschichtlicher Konstitutionen in der deutschen Gegenwartsgesellschaft anzutreffen sind. Zunächst werden die am Material entwickelten Kategorien zur Erfassung von Lebensgeschichtlichkeit vorgestellt. Anschließend folgt mithilfe von *Clear-Cases*[1] die Darstellung dreier Typen. Ein linearer, ein zyklischer und ein episodischer Typus können unterschieden werden.[2] Durch eine vergleichende Betrachtung der Typen werden ihre Charakteristika geschärft. Das Kapitel wird abgeschlossen mit einem Exkurs, der unter Zuhilfenahme einer Reihe weiterer biographischer Studien versucht, eine diachrone Perspektive auf gesellschaftlich relevante Geschichtlichkeitstypen innerhalb der letzten vier Jahrzehnte zu entwickeln.

4.1. Kategorien zur Erfassung von Lebensgeschichtlichkeit

Im Rahmen der Auswertung des Interviewmaterials wurden drei Kategorien erarbeitet, die einen unmittelbaren Rückschluss auf das Verhältnis von Vergangenheit, Gegenwart und Zukunft des eigenen Lebens zulassen und damit die Rekonstruktion biographischer Struktur erlauben. Hinsichtlich dieser drei Kategorien unterscheiden sich die Aussagen der Interviewpartner_innen sehr deutlich voneinander. Es handelt sich um den Grad der logischen Verknüpfung zwischen Vergangenheit, Gegenwart und Zukunft (1), um den Grad der Konkretion der Repräsentationen von Vergangenheit und Zukunft in der Gegenwart (2) und um die chronologische Ausdehnung der Gegenwart (3). Die Ausprägungen dieser drei Beschreibungsdimensionen biographischer Geschichtlichkeit werden innerhalb des Samples relational ermittelt.

Der Grad der logischen Verknüpfung zwischen Vergangenheit,

1 Bei einem *Clear-Case* handelt es sich um einen Fall, der beispielhaft für einen bestimmten Typus stehen kann.

2 Vgl. auch Weidenhaus (2008).

Gegenwart und Zukunft (1) zeigt an, inwieweit die Vergangenheit als Ursache der Gegenwart und beide als Ursache der Zukunft aufgefasst werden. Im empirischen Material taucht ein solches Ursache-Wirkungs-Verhältnis häufig als das Konstatieren oder Imaginieren der Konsequenzen vergangener oder gegenwärtiger Entscheidungen beziehungsweise Ereignisse auf. Die Häufigkeiten solcher Bezüge differieren vor allem im Rahmen der Beschreibungen gegenwärtiger Lebenssituationen beträchtlich. So werden beispielsweise von einer jungen Mutter, die in Leipzig studiert, im Rahmen der Beschreibung ihrer Lebenssituation immer wieder Verweise auf die Konsequenzen ihrer gegenwärtigen Entscheidungen für ihre Zukunft vorgenommen (zum Beispiel wird der spätere Grad an »Autonomie« des Kindes in Abhängigkeit von der heutigen Erziehung gedacht). Eine andere junge Mutter verzichtet dagegen bei der Beschreibung ihrer Lebenssituation gänzlich auf die Imagination irgendwelcher Wirkungen ihres gegenwärtigen Handelns und reagiert auf die gegen Ende des Berichtes von mir eingeworfene Frage nach der Zukunft mit einem Schulterzucken.

Der Grad der Konkretion der Repräsentationen von Vergangenheit und Zukunft in der Gegenwart (2) beschreibt die Genauigkeit und den Detailreichtum der Konstruktionen von Vergangenheit und Zukunft. Dieser Aspekt wird zwischen den Polen ›verschwommen‹ und ›konkret‹ dimensionalisiert. So sieht beispielsweise eine selbstständige Altpapierzwischenhändlerin ihre Familie in Zukunft von der Abhängigkeit von staatlichen Transfereinkommen befreit (inklusive konkreter Imaginationen von Wohn-, Arbeits- und Vergemeinschaftungsverhältnissen), während der selbstständige Clubbetreiber Frank seine lebensgeschichtliche Zukunft mit den Worten »je nachdem, wo sich da jetzt irgendwie Chancen ergeben, das weiß ich noch nicht genau« als Sammellager unterschiedlichster Möglichkeiten begreift.

Die chronologische Ausdehnung der Gegenwart (3) schließlich bezeichnet die Dauer, die im Rahmen einer Gesamtbetrachtung des Lebens der Gegenwart zugerechnet wird. Die Interviewpartner_innen erleben die Gegenwart als Etappe, die einige Wochen beziehungsweise Monate bis zum Übergang auf die nächste Stufe andauert, oder als eine projektgebundene Zeit, die durchaus viele Jahre umfassen kann, oder auch als ein Meer von Zeit ohne konkrete Grenzen, innerhalb deren immer wieder die gleichen

Handlungsmuster aufgerufen werden. Im Verlauf der Codierung des empirischen Materials fiel immer wieder auf, dass Ereignisse, die chronologisch die gleiche Differenz zum Jetzt aufweisen, ganz unterschiedlich zugeordnet werden können. Während die Wiederaufnahme des Studiums in wenigen Monaten für die eine junge Mutter in der Zukunft liegt, ist die für denselben Zeitraum anberaumte Verpflichtung eines DJs für den Clubbetreiber Frank lebensgeschichtliche Gegenwart. Die Dauer der Gegenwart beziehungsweise die Differenz zwischen Ende der lebensgeschichtlichen Vergangenheit und Beginn der Zukunft kann im Rahmen der Analyse des Interviewmaterials für die allermeisten Fälle ungefähr abgeschätzt werden. Für die eine Mutter ist es beispielsweise der sechsmonatige Zeitraum der kompletten Unterbrechung des Studiums, für eine andere sind es die zwei Jahre des Anspruchs auf Erziehungsgeld (das Kind wurde vor Einführung des Elterngeldes geboren), und für den Clubbetreiber sind es die Jahre, in denen er hauptsächlich und alleinverantwortlich sein Unternehmen führt. Einzig bei einer Gruppe von Personen bereitete die Bestimmung der chronologischen Ausdehnung der Gegenwart Probleme: Diese Personen erzählten während des gesamten Interviews im Präsens. Sie unterschieden zeitstrukturell kaum zwischen Ereignissen, die einen Tag oder zwanzig Jahre zurückliegen. Dieses Phänomen einer entgrenzten Gegenwart wird im Rahmen der entwickelten Typologie (siehe Kap. 4.2.3) noch einmal genauer beschrieben.

Die Kriterien der logischen Verknüpfung sowie der Konkretion von Vergangenheit, Gegenwart und Zukunft und der Dauer der Gegenwart beschreiben also die Struktur von Lebensgeschichtlichkeit. Dieser Ansatz zur Erfassung von lebensgeschichtlicher Struktur verzichtet zunächst einmal auf eine Reihe von Unterscheidungsmerkmalen, die in der Biographieforschung geläufig sind. Da Lebensgeschichtlichkeit im Unterschied zum Lebensraum einen elaborierten Gegenstand der Forschung darstellt, muss die hier vorgeschlagene einfache kategoriale Fassung von Lebensgeschichtlichkeit kurz erläutert werden. Die meisten Typologien zu Lebensgeschichtlichkeit basieren auf wesentlich komplexeren kategorialen Schemata: So werden etwa emotionale Qualitäten von Vergangenheit, Gegenwart und Zukunft (vgl. zum Beispiel Kohr 1992), die Orientierung an Vergangenheit, Gegenwart oder Zukunft (vgl. Fuchs-Heinritz 2000) und der Grad an Verfügungsgewalt über Zukunft (vgl. zum Beispiel Reiter 2003) neben dem Verhältnis von Vergangenheit, Gegenwart und Zukunft als typenbildende Kriterien herangezogen.

Heinz Ulrich Kohr (1992) unterscheidet beispielsweise zwischen einer lustbetonten und einer fatalistischen, passiven Gegenwartsorientierung und verleiht der Erlebnisqualität von Gegenwart damit den Status eines konstitutiven Merkmals im Rahmen seiner Typologie. Werner Fuchs-Heinritz (2000) geht davon aus, dass entweder die Vergangenheit, die Gegenwart oder die Zukunft der geschichtliche Abschnitt ist, an dem sich eine Person maßgeblich orientiert. Wie schon bei Kohr fließen Differenzen hinsichtlich dieser Orientierung in die Typenbildung ein. Herwig Reiter (2003) schließlich unterscheidet lebensgeschichtliche Konstitutionen im Anschluss an Alessandro Cavalli (1988) unter anderem dahingehend, für wie stark eine Person ihren Einfluss auf die Zukunft hält. Sowohl die Konzeptualisierungen als auch der Erkenntniswert all dieser Kriterien für die Biographieforschung leuchtet unmittelbar ein. An dieser Stelle soll aber argumentiert werden, dass die dadurch beschriebenen Differenzen im Vergleich zur Struktur von Vergangenheit, Gegenwart und Zukunft, die im Rahmen von Biographisierungsprozessen konstituiert wird, logisch nachrangig sind.[3]

Das Argument soll mithilfe eines fiktiven Beispiels entwickelt werden: Stellen wir uns zwei Promovenden vor, von denen der eine die einzelnen Schritte im Rahmen der Promotion als Etappen einer Wissenschaftskarriere auffasst, während der andere die gesamte Phase der Promotion als lebensgeschichtliche Gegenwart interpretiert und noch keine Idee davon hat, wie das Leben im Anschluss weitergeht. Aufgrund der unterschiedlichen Konstitution von Lebensgeschichtlichkeit liegt die Verteidigung der Dissertation für den Ersteren relativ weit in der Zukunft (nach einem Auslandsaufenthalt und der Veröffentlichung eines Artikels), während für den Zweiten die Zukunft überhaupt erst nach Abschluss der Promotion beginnt. Nun ist ohne Weiteres vorstellbar, dass beide

3 Zur vertiefenden Diskussion des Verhältnisses der hier vorgeschlagenen Typologie zu den bisherigen Typologien vergleiche den Exkurs in diesem Kapitel. Dort werden die konkreten Ergebnisse der alten Typisierungen für eine historische Hypothese zur Entwicklung der Typen genutzt und daher in die hier entwickelte Typologie übersetzt.

der Zukunft positiv entgegensehen, dass sie sich an der Gegenwart orientieren und dass sie einen eigenen Einfluss auf die Zukunft als durchaus vorhanden einschätzen. Alle diese Aussagen bedeuten aber für den Ersten etwas völlig anderes als für den Zweiten, weil die beiden strukturell etwas anderes mit Gegenwart und Zukunft meinen. Umgekehrt jedoch wird die jeweilige Struktur von Vergangenheit, Gegenwart und Zukunft nicht davon beeinflusst, ob die Zukunft positiv besetzt ist oder nicht beziehungsweise ob sich die Personen an der Gegenwart orientieren oder inwieweit sie die Zukunft für selbst gestaltbar halten. Aufgrund dieser Asymmetrie, so die hier vertretene These, ist die Struktur von Vergangenheit, Gegenwart und Zukunft logisch das vorrangige Differenzkriterium für Lebensgeschichtlichkeit. Damit soll der Erkenntniswert der anderen Differenzierungen keinesfalls infrage gestellt werden, aber sie werden als Binnendifferenzierungen innerhalb einer konstituierten lebensgeschichtlichen Struktur aufgefasst. Die Struktur dieses Rasters ergibt sich aus der Beantwortung der Frage, wann Vergangenheit, Gegenwart und Zukunft stattfinden, wie lange sie dauern, ob sie aufeinander bezogen sind und wie konkret Vergangenheit und Zukunft mental repräsentiert sind.

4.2. Drei Typen von Lebensgeschichtlichkeit

Die Codierung und Dimensionalisierung des empirischen Materials lieferten drei verschiedene, wiederkehrende Ausprägungsmuster der beschriebenen Kategorien, die im Folgenden als spezifische Typen von Lebensgeschichtlichkeit gefasst und beschrieben werden. Entsprechend ihrer zeitstrukturellen Charakteristika werden sie als lineare, zyklische und episodische Biographisierungen bezeichnet. Im Rahmen der folgenden Beschreibungen dienen ausgewählte Fälle der Veranschaulichung der unterschiedlichen Typen lebensgeschichtlicher Konstitutionen.

4.2.1. Der lineare Typ

Der 30-jährige Steffan befindet sich im Referendariat für das Lehramt an Gymnasien in D-Stadt, wo er auch lebt. Er unterrichtet die Fächer Politik und Wirtschaft sowie Geschichte. Steffan führt eine langjährige Liebesbeziehung mit einer Frau, die in einer 30 Kilometer entfernten Stadt wohnt. Es besteht regelmäßiger Kontakt zur Mutter, zum Stiefvater und zum Bruder. Diese Beziehungen werden als »enge Familienbande« charakterisiert.

Steffan strukturiert die Erzählung seiner Lebensgeschichte durch chronologisch aufeinanderfolgende Etappen. Dabei werden die Entscheidungen, die vor allem an den Etappenübergängen anstehen, nicht spontan getroffen, sondern überlegt und geplant. So wird beispielsweise während des Wehrdienstes die Frage nach Studienfach und Studienort in Angriff genommen:

> Und hab' mir in der Zwischenzeit natürlich überlegt: Was will ich studieren. […] Und zwar hatt' ich mich entschieden – ich hatte davor mit 'nem sehr guten Freund von mir […] die Idee, wir gehen zusammen nach H-Großstadt – er wollte Maschinenbau studieren – und ich hatte schon immer die fixe Idee Jura. Und ich hatte für H-Großstadt 'ne Zusage, aber er nicht. Also sind wir nicht nach H-Großstadt gegangen.

Steffan entscheidet sich schließlich für ein Jurastudium in B-Stadt, auch weil die Distanz zu seiner Freundin nicht so groß ist. Durch das planvolle Vorgehen in Bezug auf den eigenen Lebensweg wird die Gegenwart eng mit der Zukunft verbunden. Entsprechend muss eine Änderung der Lebenspläne, wie der Abbruch des Jurastudiums nach einem Jahr, gerechtfertigt werden:

> Ich konnte mit den Leuten, die Jura studieren, nichts anfangen. Man muss sich selbst eingestehen, dass das Blödsinn war, was man sich da selbst vorgestellt und ausgedacht hat. Und im Grunde alle anderen Recht hatten, die dir das davor schon gesagt hatten – unter anderem meine Eltern, die beide Juristen sind – aber ich wusste es besser.

Steffan identifiziert also Umwege und Sackgassen seines biographischen Werdegangs und begründet einen Wechsel der Orientierung. Ein solches Vorgehen ist nur sinnvoll und möglich, wenn er sich um die Konstitution einer generalisierten Richtung seines Lebensweges bemüht. Im Interview finden sich immer wieder Erzählfiguren, in denen die Vergangenheit als eine Ursache für die Gestaltung der gerade erzählten Lebensetappe herangezogen wird. Beispielsweise wird das abgebrochene Jurastudium für die Gestaltung des Lehramtsstudiums relevant:

Und hab' das durchgezogen. […] Zehn Semester – ich hatte ja auch zwei schon durch Jura vertändelt und hab' deswegen ein bisschen Gas gegeben.

Das planvolle Vorgehen, mit dem die jeweilige Gegenwart mit der Zukunft verbunden wird, bezieht sich nicht nur auf Entscheidungen im Hinblick auf den beruflichen Werdegang, sondern findet sich auch im familiären Lebensbereich. Dies lässt sich an einem Beispiel illustrieren, in dem Steffan gegen Ende der Schulzeit der Entscheidung, zum Stiefvater zu ziehen, das Motiv zuweist, die zwischenzeitliche getrennte Beziehung zwischen Mutter und Stiefvater wieder zusammenführen zu wollen:

Und darauf hab' ich mich dann entschieden, noch bevor meine Mutter wieder in die J-straße zieht, noch davor wieder dort einzuziehen. Und hab' dann mit meinem Stiefvater – ich glaub' ein halbes Jahr haben wir dort allein zusammen gelebt. […] Vielleicht, weil ich wollte, dass die Beziehung zwischen denen [Mutter und Stiefvater, G.W.]… also um das so zu festigen. Also, es war eigentlich klar, dass die wieder zusammenziehen, aber jetzt im Nachhinein, dass es vielleicht unterbewusst durchaus 'ne Rolle gespielt hat, zu sagen: ›Dann geh' ich schon mal einfach den Schritt vor‹.

Als ein zentrales Merkmal linearer Konstitution von Lebensgeschichtlichkeit lässt sich also eine starke logische Kopplung von Vergangenheit, Gegenwart und Zukunft konstatieren, wodurch der Lebensgeschichtlichkeit eine Richtung gegeben wird, die es auch erlaubt Umwege (wie das Jurastudium) zu identifizieren.

Als lebensgeschichtliche Gegenwart fungiert die gerade zu absolvierende Etappe, die sprachlich klar von der Zukunft und der Vergangenheit zu unterscheiden ist:

Erstmal Abschluss des Referendariats. Dann hab' ich mir vorgestellt, weiter in der Wohnung hier zu leben. […] Aber mein Ziel ist auf jeden Fall, relativ flott eine Eigentumswohnung hier in D-Stadt zu finden und auch hier zu bleiben. Ich hab' nicht vor mich irgendwie woanders zu bewerben. […] Ich seh' keinen Grund, hier wegzugehen. Also sagen wir mal: Es zieht mich nichts so an, dass ich sagen würd', ich lass das jetzt alles hinter mir.

Die chronologische Ausdehnung der Gegenwart lässt sich also in diesem Fall auf zwei Jahre datieren, was im Fallvergleich einen relativ kurzen Zeitraum darstellt. Genau wie bei der Darstellung der Vergangenheit ist die Konkretion der Zukunftsvorstellungen aufgrund der planenden Aneignung relativ hoch. Entscheidend für solche Planungen sind als stabil gewertete institutionelle Rahmenbedingungen, die Steffan in den guten Aussichten für eine Anstellung als Lehrer im Nahraum vorfindet. Die Relevanz dieser Bedingungen wird deutlich, wenn er sich in Gedanken mit Lebenssituationen auseinandersetzt, in denen solche Bedingungen nicht gegeben sind:

Ich möchte nicht in der Haut stecken von jemandem, wo jetzt alles abgebrochen wird. Das muss ein Scheißgefühl sein. Wenn man also weggehen muss.

Zur Vergemeinschaftung bei einem linearen Biographisierungsmodus muss neben den starken, meist familiären Bindungen auch die Wichtigkeit eines Freundeskreises erwähnt werden, den alle Linearen im Interview thematisieren.[4] So erwähnt Steffan mehrfach den Freundeskreis in D-Stadt, der einen weiteren Grund für den Umzug zu seinem Stiefvater darstellte:

Und es hatte auch damit zu tun, dass ich zum damaligen Zeitpunkt meinen Lebensmittelpunkt im B-Viertel hatte und auch mein gesamter – bis jetzt noch – Freundeskreis da ist.

Diese Relevanz sozialer Bindungen auf der Ebene von Freundschaft wird auch in der Erzählsequenz, die sich auf das Jurastudium in B-Stadt bezieht, deutlich:

Da ging's mir echt dreckig. Ich hatte da keine richtigen Freunde.

Zusammenfassend lässt sich festhalten, dass sich der lineare Biographisierungsmodus durch eine enge logische Koppelung zwischen Vergangenheit, Gegenwart und Zukunft auszeichnet, dass sich eine vergleichsweise kurze, klar definierte lebensgeschichtliche Gegenwart konstatieren lässt und dass die Konkretion der Vergangenheit und Zukunft im Fallvergleich hoch ist. Die lineare Strukturierung von Lebensgeschichtlichkeit ist dabei angewiesen auf als stabil gewertete institutionelle Rahmenbedingungen, die eine planende Aneignung der Zukunft ermöglichen, und geht sowohl mit starken sozialen Bindungen meist auf familiärer Ebene als auch mit ausgeprägt freundschaftlichen Beziehungen einher.

4 Die Dimensionalisierung der Kategorie ›Soziale Bindungen‹ wird im Rahmen des Vergleichs der verschiedenen Typen vorgestellt (siehe Abschnitt 4.3.2).

Ebenfalls als Referenz für den linearen Typus biographischer Geschichtskonstruktion soll der Fall der 23-jährigen Judith aus L-Stadt dienen. Die Studentin der Journalistik und Kulturwissenschaften wohnt mit ihrem sechs Monate alten Kind in einer Plattenbausiedlung nahe der Innenstadt und lebte zum Zeitpunkt des Interviews von Erziehungsgeld.

Die zeitliche Struktur ihrer Biographie sieht einen etappenhaften Aufbau ihrer Bildungskarriere vor, in den auch die Entwicklung ihrer Kleinstfamilie eingebunden ist *(»Wir zwei sind eine Familie«)*. Im Interview wurden die Konsequenzen und die Entstehungszusammenhänge der wichtigen biographischen Entscheidungen thematisiert. So stand vor der gewollten Schwangerschaft fest, dass sie das Kind alleine erziehen möchte und dass der bestmögliche Zeitraum für die Versorgung eines Säuglings und Kleinkinds im Studium liegt. Dabei war für Judith zum einen relevant, dass die Uni studierenden Müttern eine beträchtliche Anzahl an Urlaubssemestern gewährt, ohne sie gleichzeitig am Scheinerwerb zu hindern, und zum anderen, dass zukünftige Arbeitgeber ihrer Einschätzung nach das »Risiko« einer weiteren Schwangerschaft geringer einschätzen würden, wenn sie bereits ein Kind hat. So versucht Judith, weder den Bafög-Anspruch durch eine Überziehung der Regelstudienzeit noch ihre Karrierechancen zu gefährden.

Nachdem sich Judith vier Monate ausschließlich um das Kind gekümmert hat, befindet sie sich nun in einer Phase, in der sie zweimal wöchentlich wieder die Uni besucht, während das Kind von ihren Eltern betreut wird. In der nächsten Phase (Beginn circa fünf Monate später) ist vorgesehen, das Kind halbtags in einer Krippe unterzubringen, während sie ihre wöchentliche Studienzeit weiter ausdehnt. Ein Abschluss des Studiums und der Einstieg in das Berufsleben, zunächst als Zeitschriftenjournalistin, ist für das Alter von 27 Jahren vorgesehen. Sie imaginiert auch ein zukünftiges, eher partnerschaftliches Verhältnis zu ihrem Sohn, für das eine autonomiestärkende Erziehung die Grundlage bilden soll.

In Judiths Erzählungen wird die Vergangenheit immer wieder als Ursache und Verständnisgrundlage der Gegenwart und Zukunft thematisiert und taucht von daher vergleichsweise häufig und konkret auf. Nicht nur ihre gegenwärtige Situation als Studentin mit Kind wird als Resultat der Vergangenheit betrachtet, auch der Wunsch zur Gründung einer Familie wird in weiten Teilen als Konsequenz eines damals problematischen Verhältnisses zu ihren eigenen Eltern gedeutet. Vergangenheit, Gegenwart und Zukunft werden von Judith logisch sehr eng miteinander verbunden. Gleichzeitig sind nicht nur die Beschreibungen der Vergangenheit in hohem Maße konkret, sondern auch die Zukunftsbilder, die zumeist als Zielvorstellungen thematisiert werden (Verhältnis zum Kind, erster Job usw.). Im Vergleich mit den anderen Personen des Samples ist die chronologische Ausdehnung der Gegenwart relativ kurz. Judith fasst zum Zeitpunkt des Interviews die Phase, seit sie die Universität wieder besucht (circa zwei Monate) bis zur nächsten Ausweitung des Engagements für ihr Studium (in circa fünf Monaten), als lebensgeschichtliche Gegenwart auf. Der vorherige Abschnitt mit Vollzeitbetreuung des Kindes und der nachfolgende mit angestrebter Krippenbetreuung werden sprachlich klar der Vergangenheit beziehungsweise der Zukunft zugeordnet. Die Gegenwart umfasst also ungefähr sieben Monate, wenn Judith die Geschichte ihres Lebens fokussiert.

Die Linearität ihrer Lebensgeschichtlichkeit ergibt sich aus den aufeinander aufbauenden Charakteren von Vergangenheit, Gegenwart und Zukunft. Auch wenn Judith nicht von einem Gesamtziel ihres Lebens spricht, so gibt sie über konkrete Etappenziele ihrem Leben eine Richtung, weil spezifische Anschlüsse an die Gegenwart vorgesehen sind.

Die Konstitution von Linearität steht nicht nur bei Judith, sondern bei allen Fällen mit linearem Biographisierungsmodus in einem engen Zusammenhang mit gesellschaftlich anerkannten Berufs- und/oder Bildungskarrieren. Rein ›privat‹ oder gruppenspezifisch gedachte ›Entwicklungsgeschichten des Ich‹ wurden von keiner der interviewten Personen entwickelt.

4.2.2. Der zyklische Typ

Der zyklische Biographisierungsmodus lässt sich am Beispiel von Enrico illustrieren. Der leidenschaftliche Angler ist 42 Jahre alt, geschieden und lebt mit seiner Freundin zusammen. Nach der Schule wanderte er 1983 aus Kuba in die DDR aus. Eigentlich wollte er in Kuba Meeresbiologie studieren, aber »dazu braucht man gute Beziehungen«. Er arbeitete von 1983-1992 als Lokführer im Tagebau. Seitdem ist er im Wechsel arbeitslos oder arbeitet bei Bauunternehmen, die saisonal oder kurzzeitig Arbeitskräfte einstellen. Im Interview versucht er die chronologische Ausdehnung der ersten Phase seiner Arbeitslosigkeit anzugeben:

Wie lang' war das gewesen: Erstmal ein halbes Jahr gedauert bloß und dann wieder auf'm Bau fünf, sechs Jahre und wieder arbeitlos und wieder auf'm Bau und immer hin und her und das Ganze so seit '92 hier alles auf'm Bau.

Sein Einkommen »reicht zum Überleben, nicht zum Leben«. Er wohnt in einer günstigen Mietwohnung eines in die Kommune L-Stadt eingemeindeten Dorfes, das sich nahe der Autobahn in einer suburbanen Landschaft befindet. Neben der sporadischen Arbeit pflegt er einen Schrebergarten, schreibt an einem Buch, züchtet Sittiche und angelt.

Die Arbeit in der Bauindustrie wird häufig sehr kurzfristig per Telefon organisiert. Der Bauunternehmer fragt bei Enrico für einzelne Tage innerhalb der kommenden Woche an. Enrico selbst organisiert auch die sonstigen Tätigkeiten in hohem Maße spontan. Häufig ist morgens unklar, ob der Bauunternehmer noch anruft oder ob Enrico angeln geht, den Schrebergarten pflegt oder lieber schreibt. Dabei ist das Set an möglichen Tätigkeiten jedoch klar definiert und insgesamt so umfangreich, dass die zur Verfügung stehende Zeit problemlos ausgefüllt ist.

Enrico thematisiert seine lebensgeschichtliche Zukunft im Rahmen des Interviews mit keinem Wort. Auch die Vergangenheit wird als solche kaum kenntlich gemacht. Kurze Sätze zum Lebenslauf wie die Information zur Auswanderung oder die Beschäftigung im Tagebau bilden die Ausnahme. Erzählt werden meist Erlebnissequenzen im Präsens, von denen unklar bleibt, wann sie stattgefunden haben. Eine Geschichte reiht sich in assoziativer Kopplung an die nächste Geschichte. Beispielhaft ist eine Sequenz des Interviews, die damit beginnt, dass der Kellner an den Tisch kommt (das Interview wurde in einem Café geführt), um nach Getränkewünschen zu fragen. Enrico nimmt dies zum Anlass, von seiner »Weinsammlung« zu erzählen, kommt über das Thema Alkohol zu einer Geschichte über die Erlebnisse an Silvester 2000 und erzählt im Anschluss von seinen Sittichen, bei denen er jeden Jahreswechsel verbringt, damit sie sich beim Feuerwerk nicht so ängstigen. Enrico erzählt Geschichten – keine Geschichte. Eine chronologische Strukturierung seiner Erzählung ist dabei nicht erkennbar und für Enrico auch offensichtlich unbedeutend, wie eine Sequenz des Interviews belegt, in der versucht wurde, den Beginn seines Buchprojektes zu datieren:

I: Wann hast du angefangen mit dem Buch?
E: Oh, wann hab' ich angefangen mit dem Buch – ist schon lange her. Das ist ... Das Buch hab' ich im Kopf drinnen. Ich weiß, wie das Ende geht und alles – ich habe alles hier drinnen. Und es vergeht kein Tag, wo ich irgendwie – irgendwie ein paar Minuten denke ich an das Buch. [...] Seit jeher wollt' ich ein Buch schreiben, ich weiß nicht warum.
I: Du schreibst das Buch sozusagen, seit du in Deutschland bist.
E: Nee – Ja, ja – Nee, so wie ich gekommen bin ungefähr, das ist ein bisschen Phantasie, ein bisschen Realität ist dabei. Das ist hier halb und halb.

Wenn er von seinem Leben berichten will, spielen nahezu ausschließlich die erwähnten Handlungsmuster eine Rolle, denen gemein ist, dass sie in absehbarer Zeit unverändert von vorne beginnen. So nimmt Enrico eine Vielzahl von Kreisläufen als seinen Lebensinhalt wahr. Die Erwerbsarbeit beginnt nach der Verwendung des Geldes für den Konsum von Neuem, die Pflege des Schrebergartens folgt eher einem Jahresrhythmus, und das Angeln steht nach dem Zurücksetzen der Fische wieder am Anfang. Weil keine der für ihn wichtigen Handlungssequenzen die Ausgangsbasis späterer Handlungen verändern soll, kann Enrico auf die Konstitution einer lebensgeschichtlichen Zukunft vollkommen verzichten und die gesamte Sequenz der Gegenwart seines Lebens zuordnen. Entsprechend bekommt die Erzählung, insbesondere dann, wenn die für ihn kontemplativen Praktiken wie das Angeln fokussiert werden, den Klang einer ewig währenden Gegenwart:

Aber ich warte doch auf mich selber. Ich geh' angeln, um abzuschalten. Ich schalte sofort aus. Ich denk' an gar nichts. Ich tu mich konzentrieren, regenerieren – ich weiß nicht. [...] Da bin ich weg.

Häufiges Thema seiner Geschichten ist die Gestaltung seiner Wohnung oder des Gartengrundstücks. Die Analyse dieser Sequenzen wird im sechsten Kapitel bei der Rekonstruktion der relevanten Lebensräume fortgesetzt. An dieser Stelle ist wichtig, dass Enrico hauptsächlich auf Basis der starken sozialen Bindung zu seiner Lebenspartnerin vergemeinschaftet ist. Freundschaften und Bekanntschaften spielen eine untergeordnete Rolle:

Ich pflege keine Kontakte, weil … wie gesagt… das ist ja das. Wenn die zu mir kommen, sind sie willkommen bei mir. Aber ich pflege bei ganz wenig Leuten Freundschaften.

Dass ihn eine größere Zahl sozialer Kontakte eher belastet, dokumentiert auch eine Sequenz, die seinen Umgang mit Telefonen thematisiert. Am liebsten würde er auf ein Mobiltelefon verzichten, muss jedoch für den Arbeitgeber erreichbar sein:

Deswegen lauf' ich hier auch rum mit 'nem Handy. Ich bin kein Handymensch. Nee, mir hat das Ganze hier noch nie gefallen. […] Ich bin irgendwie gegen die Entwicklung hier, ich weiß nicht. […] Dann hab' ich zweimal die Handynummer gewechselt, weil zu viele Leute hatten meine Nummer. […] Ich mag so was nicht, wenn jemand mich anruft hier pausenlos. Auch zu Hause – ich habe prinzipiell zu Hause Anrufbeantworter an.

Menschen, zu denen keine starken sozialen Bindungen bestehen, werden für ihn aber immer wieder dann wichtig, wenn sie ihm gegenüber Anerkennung zum Ausdruck bringen, wie beispielsweise der Vermieter, der »vollkommen zufrieden« mit den Umbauten an der Wohnung ist, oder die Nachbarn auf dem Schrebergartengelände, die ihn erst nach und nach aufgrund seiner Bauarbeiten anerkennen. Eine explizite Thematisierung der Anerkennungsverhältnisse findet sich in allen Interviews mit Zyklikern. Diesen Umstand gilt es im Rahmen der raumzeitlichen Betrachtungen (siehe Kapitel 6) noch einmal aufzugreifen.[5]

Zum Abschluss dieser Fallanalyse soll eine typische Interviewsequenz verdeutlichen, dass Lebensgeschichtlichkeit bei Zyklikern nicht mithilfe einer Trennung oder Verknüpfung von Vergangenheit, Gegenwart und Zukunft konstituiert wird, sondern dass hinter einem oberflächlichen Nacheinander von Ereignissen etwas wie eine ewige Gegenwart aufscheint:

Geh' ich ans Fenster, stelle meine Pulle Wasser da hin, Aschenbecher – die Leute begucken. [Halbsatz unverständlich, G.W.] Gucke, wer zu schnell fährt – wer zu langsam fährt – gucke, wer mich grüßt, weil viele Leute wissen, wo ich wohne hier. Grüßen schon – find' ich okay. Bleib' ich fast 'ne Stunde am Fenster. Frühstück' nebenbei, und dann geht's weiter das

5 Auch die Dimensionalisierung der Kategorie ›Anerkennung‹ wird im Rahmen des Vergleichs der verschiedenen Typen vorgestellt (siehe Abschnitt 4.3.2).

Leben. Wenn A. [seine Lebensgefährtin, G.W.] dann rauskommt – stört mich auch nicht. Sie macht aber schnell, damit der [er selbst, G.W.] ja nicht abhaut – angeln gehen. Weil sie weiß ja, wenn sie nicht rauskommt, geh' ich angeln.

Diese chronologische Ausdehnung der Gegenwart über die Lebenszeit hinweg lässt sich auch im Fall von Karl, einem Mitte 40-jährigen langzeitarbeitslosen Industriearbeiter, beobachten. Ein zentrales Thema seines Lebens sind beinahe tägliche, stundenlange Fahrradfahrten, deren Inhalte allesamt im Präsens berichtet werden und bei denen der Zuhörer keinen Anhaltspunkt bekommt, um zu bestimmen, ob die berichteten Ereignisse gestern oder vor mehreren Jahren stattfanden. Tatsächlich, so stellte sich auf mehrfache Nachfrage heraus, orientiert sich die Erzählung in keiner Weise an der Chronologie. Die seit Jahren stattfindenden und auch in der kommenden Zeit immer von neuem beginnenden Fahrten gehören allesamt zu einer über die Lebenszeit ausgedehnten Gegenwart.

Die Bezeichnung ›Zykliker‹ ist daher nicht so zu verstehen, als ob die Zukunft in die Vergangenheit zurückführen würde, sondern ein Zykliker befindet sich zu einem gegebenen Augenblick an einer definierten Stelle einer Handlungssequenz, die sich wiederholen wird, aber in toto und inklusive aller Wiederholungen in der lebensgeschichtlichen Gegenwart verankert ist. Von daher sind die Konkretion von Vergangenheit und Zukunft sowie der logische Zusammenhang zwischen Vergangenheit, Gegenwart und Zukunft bei Zyklikern nicht sinnvoll bestimmbar, weil sich die Struktur der Lebensgeschichtlichkeit eher als ein Meer von Gegenwart beschreiben lässt, in dem Vergangenheit und Zukunft versinken.

In den sehr persönlichen Geschichten und Anekdoten von Enrico und Karl wird von daher auch nicht wie bei Steffan oder Judith eine Geschichte des Werdens des Ichs erzählt, sondern das Mit-sich-selbst-identisch-Sein über alle Zeit hinweg dokumentiert. Karl macht glauben, dass er während der über 20 Jahre zurückliegenden Militärzeit bei der Nationalen Volksarmee derselbe grundehrliche und zuverlässige Mann war, als den er sich heute sieht.

Ein weiterer Fall mit zyklischer Geschichtlichkeitskonstitution ist die Mitte 70-jährige (einer der beiden Fälle jenseits der Altersgrenzen zwischen 25 und 45) Anna, die seit weit über 15 Jahren täglich verwilderte Katzen füttert, ihnen Winterquartiere baut und für ihre Gesundheit sorgt. An diesem Fall lässt sich die ungeheure Stabilität illustrieren, die Zykliker generieren. Anna hat in den letzten 15 Jahren nicht an einem einzigen Tag die Fütterung der Katzen versäumt. Keine Wetterlage und keine Krankheit waren in der Lage, sie davon abzuhalten, Futter zu besorgen, es zuzubereiten, die Futterstellen in der Umgebung ihrer Wohnung zu kontrollieren, zu füllen und sich einen Überblick zu verschaffen, ob alle Katzen wohlauf sind.

4.2.3. Der episodische Typ

Noch ein drittes Muster des Verhältnisses von Vergangenheit, Gegenwart und Zukunft lässt sich in mehreren Fällen rekonstruieren. Ein gutes Beispiel für die Konstitution dieser geschichtlichen Struktur ist die Art und Weise der Biographisierung von Frank. Er ist Anfang dreißig und betreibt eine Diskothek (er nennt sie Club, um sich von normalen, rein kommerziell orientierten Diskotheken abzugrenzen), in der elektronische, meist tanzbare Musik unterschiedlicher Stilrichtungen gespielt wird.[6]

Frank hat Abitur gemacht und war in Jura eingeschrieben, ohne dieses Studium weiterzuführen. Inzwischen ist er in einem Fernstudiengang für Politikwissenschaften und Veranstaltungsmanagement immatrikuliert, ohne sich bis zum Zeitpunkt des Interviews mit dem Material auseinandergesetzt zu haben. Im Laufe des Interviews wurde mehr und mehr deutlich, dass Frank derzeit nicht aktiv studiert:

> Hab' auch einen Riesenstapel Zeugs [leise lachend] hier irgendwo liegen und noch keine Zeit gehabt, mich da reinzufuchsen.

Begonnen hat seine Aktivität als Organisator von Veranstaltungen 1991 in einer Clique von zehn männlichen Jugendlichen, die Tech-

6 Der Begriff ›Club‹ ist aus rechtlicher Perspektive an eine persönliche Mitgliedschaft gebunden, und die clubeigenen Orte sind nicht öffentlich. Obwohl Elemente einer solchen Struktur auch hier zu finden sind (so ist der ›Club‹ beispielsweise von außen fast nicht zu erkennen), sind diese Bedingungen zunächst nicht erfüllt. Der Begriff ›Club‹ wird aber gerade in einer Szene, die sich für elektronische Musik interessiert, in einem weiteren Bedeutungsumfang verwendet und macht dann eine Aussage über Musik, Publikum und Atmosphäre des Veranstaltungsortes. In dieser Bedeutung wird ›Club‹ im Folgenden verwendet.

nomusik hörten. Zu ihrem Bedauern existierten aber keine Veranstaltungen, bei denen diese Musik gespielt wurde. So beschlossen sie, die entsprechenden Events selbst zu organisieren. Aus diesem Engagement entwickelte sich über die Jahre ein zunächst illegaler Club, dessen alleiniger selbstständiger Geschäftsführer Frank inzwischen ist und aus dessen Einnahmen er seinen Lebensunterhalt bestreitet.

Das Besondere an Franks Art, ein geschichtliches Raster für seine Biographie zu entwerfen, ist, dass Vergangenheit und Zukunft ganz klar von der Gegenwart getrennt sind, aber gleichzeitig für ihn gegenwärtig kaum eine Rolle spielen. Für Frank beginnt die lebensgeschichtliche Gegenwart mit dem Moment, in dem der Club seinen Lebensmittelpunkt bildet. Die Vergangenheit, wie beispielsweise das Jurastudium, scheint für ihn etwas ganz anderes zu sein, das die Gegenwart nicht beeinflusst und auch in keiner Weise konkreter beschrieben wird. Diese Phase seines Lebens wird mit folgenden Worten abgehandelt:

> Ich hab mal acht Semester Jura studiert, ähm, dann war ich mal vier Semester in BWL eingeschrieben, war ich aber nie da.

Frank verspürt offenbar nicht die geringste Notwendigkeit, den Abbruch der Studiengänge vor sich oder anderen zu rechtfertigen.

Ähnlich verfährt er mit der Zukunft: Für Frank liegt die Zukunft jenseits des Clubs. Er ist sicher, dass seine Zeit als Clubbetreiber enden wird und er dann etwas gänzlich anderes tut. Nur hat er keine konkrete Vorstellung, worum es sich dabei handelt. Im Interview spielt er in wenigen Minuten die verschiedensten Varianten durch. Für den Fall, dass der in einer ehemaligen Ofensetzerei untergebrachte Club aufgrund von Neubaumaßnahmen weichen muss, überlegt Frank, ob er einen Umzug organisiert oder ›abtaucht‹:

> Da müsst' ich ja, glaub, erst mal ein Jahr mich verpissen und das verarbeiten.

Oder sich etwas anderes sucht:

> Vielleicht wär's auch die Möglichkeit, sich mal komplett umzuorientieren und zu sagen, okay, Lebensabschnitt beendet, jetzt machen wir was Neues, ja, pff.

Aber auch ohne Einwirkungen von außen wird sich sein Leben irgendwann grundlegend verändern. Neben der Option, sein Fernstudium doch noch aufzunehmen, hält Frank es für möglich, in die Kommunalpolitik einzusteigen:

Denn eigentlich würd' ich schon gern mal gucken, in die Politik noch zu gehen.

Oder auch ins Ausland zu gehen:

Kann auch sein, dass ich, dass ich vielleicht mal in einer, weiß nicht, Nicht-Regierungsorganisation mal ein paar Jahre im Ausland bin.

Seine Zukunft ist die Nicht-mehr-Club-Zeit, von der Frank gegenwärtig nicht weiß, wann sie beginnen wird und was sie für ihn bereithält. Sicher aber scheint zu sein, dass diese Zeit anbrechen wird. Sie ist nur in geringem Maße konkretisiert und scheint, chronologisch betrachtet, nicht unmittelbar bevorzustehen. Frank wird zu gegebener Zeit relativ spontan in eine neue lebensgeschichtliche Gegenwart eintauchen. Dies dokumentiert die Aussage, mit der er die Erzählung der unterschiedlichen Zukunftsvorstellungen abschließt:

Je nachdem, wo sich da jetzt irgendwie Chancen ergeben, das weiß ich noch nicht genau.

Auch im Alltag bevorzugt Frank eine eher ungeplante, sich spontan an den jeweiligen Kontexten orientierende Strukturierung der Zeit:

Okay. Ich mach jeden Tag zwei Stunden das, zwei Stunden das, zwei Stunden das, von da bis da geh ich Mittag essen – das geht nicht. Das ist auch gut so. Das ist auch genau das, warum ich halt keinen Job irgendwo mache, wo ich angestellt bin.

Im absoluten Zentrum seiner Aufmerksamkeit steht die Gegenwart. Sie ist hinsichtlich ihrer chronologischen Ausdehnung zu einer Dauer von mehreren Jahren ›aufgeblasen‹, weil sie unmittelbar an das Clubprojekt gekoppelt ist. Gleichzeitig scheint diese Gegenwart aber an der Schwelle zur lebensgeschichtlichen Zukunft zugunsten einer neuen Gegenwart wie eine Seifenblase zerplatzen zu können. Die geschichtliche Struktur von Franks Leben lässt sich rekonstruieren als Aneinanderreihung von einzelnen in sich abgeschlossenen Episoden, die untereinander fast ohne Verbindung bleiben. Deutlich wird die logische Unabhängigkeit der einzelnen Episoden, wenn beachtet wird, dass für Frank eine vordringliche gegenwärtige Aufgabe, die im Interview lange thematisiert wird, darin besteht, zu entscheiden, ob der Club in Richtung einer stilistisch breiteren Angebotspalette entwickelt werden soll.[7] Diese Grundsatzentscheidung hat aber eben keinerlei Bedeutung für und Einfluss auf die lebensgeschichtliche Zukunft, sondern betrifft einzig die Gestaltung der lebensgeschichtlichen Gegenwart. Daher möchte ich diese Konstitutionsform von Lebensgeschichtlichkeit als ›episodisch‹ bezeichnen.

Insgesamt lassen sich somit drei Typen von lebensgeschichtlicher Konstitution unterscheiden. Der lineare Typ gibt seinem Leben über einen etappenhaften Aufbau eine Richtung, wobei die einzelne Etappe die chronologische Ausdehnung der Gegenwart bestimmt. Es existiert die konkrete Imagination einer Zukunft, sodass das Leben folgerichtig von der Vergangenheit über die Gegenwart in die Zukunft geführt wird. Der episodische Typ sieht das Leben eher als Aneinanderreihung kaum verbundener Projekte, deren chronologische Ausdehnung die Dauer der Gegenwart bestimmt (tendenziell sind diese Episoden länger als die Etappen der Linearen). Er ist sich bewusst, dass die Gegenwart enden wird, doch weiß er nicht, was die Zukunft bringt. Vieles ist vorstellbar – wenig konkret. Es gilt, im richtigen Moment eine Chance zu erkennen und zu ergreifen. Der zyklische Typ erfährt das Leben als ausgefüllt von sich wiederholenden Alltagsroutinen, die allesamt immer wieder von vorne beginnen. Innerhalb dieses Rahmens erlebt er eine Vielzahl kleiner und großer Geschichten, die sein Leben ausmachen. Er konstituiert keine biographische Zukunft oder Vergangenheit, sondern erlebt sich als über alle Zeit hinweg mit sich selbst identisch.

7 Beim Club handelt es sich um einen anderen Sinnzusammenhang und damit um einen anderen Gegenstandsbereich als bei der Biographie (siehe Abschnitt 2.4.2). Daraus folgt, dass die Geschichtlichkeit des Clubs anders konstituiert sein kann (in diesem Fall linear) als die des Lebens.

4.3. Biographie und Lebensgeschichtlichkeit

Der Prozess des Biographisierens bringt unterschiedliche Strukturen von Lebensgeschichtlichkeit hervor. Diese Typen von Lebensgeschichtlichkeit haben gemeinsam, dass sie auf je spezifische Weise Unsicherheit kompensieren können, indem sie einen speziellen Umgang mit einem unbekannten Nachher generieren. Vor dem Hintergrund dieser Überlegung lässt sich eine allgemeine These zur Entstehung von Lebensgeschichtlichkeit in Biographien formulieren. Diese beiden Aspekte, die Kompensation von Unsicherheit und die allgemeine These zur Entstehung lebensgeschichtlicher Struktur, sind Gegenstand des ersten Abschnitts in diesem Kapitel, der in allgemeiner Form klären soll, warum und wie es überhaupt zu einer Konstitution von Lebensgeschichtlichkeit kommt.

Der zweite Abschnitt beinhaltet eine vergleichende Betrachtung der Typen im Hinblick auf zwei Kategorien. Die einzelnen Typen unterscheiden sich sehr deutlich hinsichtlich der ›sozialen Bindungen‹, die präferiert werden, und hinsichtlich der ›Anerkennungssituationen‹, in denen sich die Fälle der jeweiligen Typen befinden. Eine genauere Betrachtung dieser beiden Hintergrundvariablen wird das Bild der einzelnen Typen vervollständigen.

4.3.1. Geschichtlichkeitskonstitution in Biographien

Im Folgenden geht es darum, ganz allgemein zu ermitteln, warum wir eine Struktur von Vergangenheit, Gegenwart und Zukunft für unser Leben konstituieren. Alle Konstitutionsformen von Lebensgeschichtlichkeit finden einen konkreten Umgang mit einem unbekannten Nachher. Daher lässt sich die Tatsache, dass die Konstitution von Lebensgeschichtlichkeit überhaupt stattfindet, im Anschluss an Dux als anthropologische Notwendigkeit im Sinne einer Bewältigung der Angst vor einer gänzlich ungewissen Zukunft (genauer: vor einem unbekannten Nachher) interpretieren (vgl. Dux 1989: 191 ff.). Aus dieser Perspektive stellen die unterschiedlichen Konstitutionsformen von Lebensgeschichtlichkeit strukturell unterschiedliche Bewältigungsstrategien von Unsicherheit dar. Die Linearen versuchen, Zukunft durch Planung und Prognose berechenbar zu machen. Es handelt sich um eine klassisch moderne Strategie, die Niklas Luhmann als »Defuturisierung der Zukunft«

bezeichnet (Luhmann 1990: 130). Die Zukunft bleibt als neue, von der Gegenwart unterschiedene Zeit erhalten, aber der Grad ihrer Unbekanntheit wird durch planende Aneignung gesenkt. Die Zykliker dagegen überschreiben die Zukunft durch die Ausdehnung der Gegenwart. Die Lebenszeit wird in Form sich wiederholender, immer von neuem beginnender Handlungsmuster mental repräsentiert. Die Zukunft hört auf als etwas anderes, Unbekanntes zu existieren; diese radikale Bewältigungsstrategie vernichtet Zukunft. Im Falle episodischer Biographisierungen schließlich bleibt die Zukunft zwar erhalten, aber auch weitgehend unbekannt. Die Methode zur Kompensation von Unsicherheit basiert auf einer abgeschwächten Relevanz der Zukunft. Die Fokussierung auf ein gegenwärtiges Projekt hält die Zukunft chronologisch und mental auf Abstand und ermöglicht so die Verdrängung als zentrale Strategie zum Umgang mit der ungewissen Zukunft. Mit Blick auf die Empirie lässt sich an dieser Stelle ergänzen, dass die biographische Zukunft bei episodischen Biographisierungstypen ein Themenfeld darstellt, das in den narrativen Interviews relativ schnell und zielstrebig verlassen wurde.

Nun wird eine allgemeine These zur Entstehung von lebensgeschichtlichen Konstitutionen formuliert: Nach dem ›Warum‹ soll nun ebenso allgemein das ›Wie‹ der Konstitution von Lebensgeschichtlichkeit beleuchtet werden. Die These lautet, dass wir die geschichtliche Struktur unseres Lebens einerseits den vorgefundenen institutionellen Rahmenbedingungen anpassen und anderseits gleichzeitig bestimmte Strukturierungen zu präferieren scheinen, schlicht weil wir sie für uns als passend empfinden. Die Anpassung an institutionelle Rahmenbedingungen lässt sich beispielsweise am Fall Steffans zeigen, dessen lebensgeschichtliche Gegenwart am Zeitraum des Referendariats orientiert ist und dessen Zukunftspläne die typischen Karrierewege von Lehrer_innen berücksichtigen (siehe Abschnitt 4.2.1). Ein solcher Bezug auf die gesellschaftlichen und institutionellen Rahmenbedingungen findet sich jedoch nicht nur bei linearer Lebensgeschichtlichkeit. Das Beispiel Franks zeigt, dass diese Orientierung auch bei episodischer Biographisierung eine wichtige Rolle spielen kann, denn er hält es für möglich, dass seine Gegenwart dadurch endet, dass die Behörden den Pachtvertrag seines Clubs nicht verlängern (siehe Abschnitt 4.2.3).

Eine unmittelbare Ableitung der Typen von Lebensgeschichtlichkeit aus den institutionellen Rahmungen der jeweiligen Lebenssituation ist allerdings nicht möglich. So können die institutionellen Bedingungen für selbstständige Kleinunternehmer in einem Fall mit episodischer Biographisierung (vgl. Frank) einhergehen, in einem anderen jedoch als Element eines linearen Lebensentwurfs gedeutet werden, wobei die Geschichtlichkeit der Unternehmung im letzteren Fall so eng mit der persönlichen Geschichtlichkeit gekoppelt wird, dass die Unternehmung den Charakter eines Lebenswerkes erhält (dies ist beispielsweise bei der Altpapierzwischenhändlerin im Sample der Fall). Neben der Anpassung lebensgeschichtlicher Struktur an institutionelle Rahmungen scheint auch eine Präferenz für bestimmte Strukturen eine Rolle zu spielen. Manche versuchen, ihre Zukunft dezidiert zu planen, andere haben eine Affinität zu einer Haltung, in der sie sich eher treiben lassen und schauen, was auf sie zukommt.

Vor diesem Hintergrund scheint die angemessene theoretische Figur zur Erklärung der Entstehung spezifischer Lebensgeschichtlichkeiten die von George Herbert Mead für die Entstehung von Identität entwickelte Konzeptualisierung eines Vermittlungsprozesses zwischen internalisierten und häufig institutionalisierten Erwartungshaltungen der sozialen Umwelt (Anpassungsleistung) und individuellen, teilweise unreglementierten Motiven (persönliche Präferenz) zu sein (vgl. Mead 1968 [1934], sowie zur Übertragung des Konzeptes auf Geschichtlichkeit Neckel 1988). Der Modus der Biographisierung lässt sich so als Teilbereich von Identität verstehen; zur (Re-)Produktion des Selbst gehört eine spezifische Konstitutionsform von Lebensgeschichtlichkeit.[8]

8 Die Verwendung dieses klassischen Konzeptes von Identität mag zunächst verwundern. Es sei jedoch darauf verwiesen, dass bereits Mead Identitätsbildung als permanenten dynamischen Vermittlungsprozess versteht und dass Goffman (1971), der basierend auf Meads Überlegungen die Aufrechterhaltung von Identität in alltäglicher Kommunikation untersucht, Aspekte dieses Identitätskonzeptes betont, die heute als »Performativität« (vgl. zum Beispiel Butler 1991) bezeichnet werden würden. Der hier verwendete klassische Begriff von Identität kann also keinesfalls als veraltet gelten.

4.3.2. Die Typen von Lebensgeschichtlichkeit im Vergleich

Im Folgenden werden die Typen hinsichtlich der Ausprägung zweier Kategorien, der ›sozialen Bindungen‹ und der ›Anerkennungssituationen‹, verglichen. In Bezug auf diese beiden Hintergrundvariablen unterscheiden sich die einzelnen Typen derart auffällig, dass von einer genaueren Analyse eine Schärfung der Konturen der Typologie erwartet werden kann. Die präferierten sozialen Bindungen und die gesellschaftliche Anerkennungssituation scheinen sehr eng mit der Konstitution von Lebensgeschichtlichkeit verknüpft zu sein.

Zunächst wird die Analyse unterschiedlicher Formen sozialer Bindungen vorgestellt. Die Kategorie ›soziale Bindungen‹ lässt sich unter Rückgriff auf die Konzeptualisierungen von Mark Granovetter (1973) und Roland Hitzler (2001) dimensionalisieren. Granovetter differenziert zwischen starken und schwachen sozialen Bindungen. Starke Bindungen zeichnen sich durch auf Dauer gestellten häufigen Kontakt der durch sie verbundenen Personen aus. Im Rahmen dieser intensiven Beziehungen entsteht ein starker gegenseitiger Einfluss der Akteur_innen aufeinander, sodass Normendurchsetzung und solidarisches Verhalten erwartet werden können.[9] Diese Netzwerke vermitteln eine relativ hohe Sicherheit im Falle existenzieller Notlagen, neigen aber zu Geschlossenheit, weil die Anzahl starker Bindungen, die bedient werden können, begrenzt ist. Eine häufige Form starker Bindungen sind familiäre Beziehungen. Schwache Bindungen lassen sich alltagssprachlich als Freundschaften[10] oder Bekanntschaften bezeichnen und können von kürzerer Dauer als die starken Bindungen sein. Sie sind in der Lage, soziale Distanzen zu überwinden, und ermöglichen so soziale Mobilität. Das empirische Material ließ allerdings zwei Formen schwacher sozialer Bindungen erkennen, die im Rahmen dieser Untersuchung zu trennen sind. Für einen Teil der Interviewpartner_innen sind Freundeskreise biographisch hoch relevant, während für andere eine Orientierung an szeneförmiger Vergemeinschaftung

9 Netzwerke starker Bindungen weisen als wesentliche Merkmale Transitivität (hat A eine starke Bindung zu B und C, so hat mit hoher Wahrscheinlichkeit auch B eine starke Bindung zu C) und Redundanz des Informationsflusses auf.

10 Bei einigen Freundschaften handelt es sich um starke soziale Bindungen. Diese sind jedoch wesentlich seltener und im Interviewmaterial leicht zu erkennen.

wichtig ist. Bei Szenen handelt es sich um »thematisch fokussierte kulturelle Netzwerke von Personen, die bestimmte materiale und/oder mentale Formen der kollektiven Selbststilisierung teilen und Gemeinsamkeiten an typischen Orten und zu typischen Zeiten interaktiv stabilisieren und weiterentwickeln« (Hitzler 2001: 20). Die Vergemeinschaftung in Szenen geht nicht mit herkömmlichen Verbindlichkeitsansprüchen einher, außerdem verfügen Szenen über nur geringe Schwellen beim Ein- beziehungsweise Austritt. Sie sind Zusammenschlüsse hochgradig individualitätsbedachter Einzelner und überlassen von daher die Chancen wie die Risiken existenzieller Sorge den einzelnen Akteur_innen (vgl. Hitzler 2001: 18). Insgesamt arbeitet die Untersuchung also mit drei Ausprägungen sozialer Bindungen: starke soziale Bindungen (familiäre Bindungen sowie enge, lange Freundschaften), schwächere soziale Bindungen (Freundeskreise), schwache soziale Bindungen (Bekanntschaften/Szenen).

Die Codierung der biographisch relevanten sozialen Bindungen erbrachte überraschend eindeutige Ergebnisse im Hinblick auf die einzelnen Typen: Die Zykliker thematisieren beinahe ausschließlich Kontakte zu Familienmitgliedern oder sehr enge Freundschaften im Rahmen ihrer Erzählung, während Episodische beinahe ausschließlich über szeneförmige Vergemeinschaftung sprechen. Lineare schließlich thematisieren alle sowohl familiäre Bindungen als auch Freundeskreise. Einzig die Vergemeinschaftung in einer Szene wurde von keinem der Fälle mit linearer Geschichtlichkeitskonstitution berichtet.[11]

Diese divergierenden Formen sozialer Bindungen im Typenvergleich lassen sich deuten, wenn die ›Anerkennungssituation‹ als ein spezifischer Aspekt von Identitätskonstitution im Hinblick auf ihre Relevanz für Geschichtlichkeitskonstitutionen analysiert wird.

George Herbert Mead konzeptualisiert Identitätsbildung von vornherein als Prozess gegenseitiger Anerkennung zwischen Individuum und Gesellschaft (vgl. 1968 [1934], vgl. auch Honneth 1992). Durch die Berücksichtigung allgemeiner Erwartungshaltungen sind Identitäten immer ein Stück weit Anleihen der Gesellschaft. Durch die Nutzung dieser Anleihe bringt sich Anerkennung ge-

11 Dies bedeutet im Übrigen nicht, dass Lineare grundsätzlich nicht in Szenen vergemeinschaftet wären, sondern nur, dass diese Vergemeinschaftung (so vorhanden) aus einer biographischen Perspektive nicht relevant ist.

genüber der Gesellschaft zum Ausdruck, für die im Gegenzug die eigene Anerkennung erwartet wird. Zur Dimensionalisierung dieser Kategorie müssen die verschiedenen Formen von Anerkennung (Liebe, Recht, Solidarität) berücksichtigt werden. Die Verweigerung solidarischer Anerkennung ist weit weniger existenzbedrohend als die Verweigerung rechtlicher Anerkennung. Die Analyse der Selbstbeschreibungen gesellschaftlicher Anerkennungssituationen und des Umgangs mit ihnen vertieft das Verständnis spezifischer lebensgeschichtlicher Konstitutionen entscheidend.

Im Falle linearer Biographisierungen sind die Bildungs- und Karriereziele gesellschaftlich anerkannt. Diese Anerkennung wird als überzeitlich und damit auf Dauer gestellt wahrgenommen. Sie funktioniert somit als Hintergrundfolie der Selbstvergewisserung, ›auf dem richtigen Weg‹ zu sein.

Zykliker dagegen fühlen sich gesellschaftlich abgewertet. In den Interviews finden sich durchweg kleine Geschichten, in denen Dritte ihnen gegenüber Anerkennung zum Ausdruck bringen. Solche Geschichten tauchen bei Fällen mit anderen Formen von Lebensgeschichtlichkeit nicht auf, schlicht weil sie nicht notwendig sind. Durch den Bezug auf ihre Alltagsroutinen und die wenigen, aber engen sozialen Bindungen versuchen sie einen positiven Selbstbezug herzustellen, wobei lose Kontakte als potenzielle Gefahrenquellen für diese Konstitutionen in Erscheinung treten. Im Rahmen zyklischer Biographisierungen lassen sich Anerkennungskämpfe trotz empfundener Missachtung vermeiden, weil starke soziale Bindungen auf dem Anerkennungsprinzip ›Liebe‹ basieren, das impliziert, um seiner puren Existenz willen anerkannt zu sein. Hier liegt ein Schlüssel zum Verständnis der fast ausschließlichen Bezugnahme auf starke soziale Bindungen.

Bei episodischen Biographisierungen hängt die Anerkennungssituation mit dem gegenwärtigen Projekt zusammen. Der Clubbetreiber Frank verhilft seinem Projekt und damit seiner gegenwärtigen lebensgeschichtlichen Episode wider zahlreiche ordnungspolitische Hürden, bis hin zu einer polizeilichen Räumung, zusammen mit der örtlichen Techno- und linken Szene zu rechtlicher Anerkennung.

Aus dieser Analyse lässt sich ableiten, welche Voraussetzungen die unterschiedlichen Typen hinsichtlich der Strukturierung der sozialen Welt benötigen. Am anspruchsvollsten sind lineare Biographisierungen, weil sie stabile institutionelle Rahmenbedingungen benötigen, auf die gesellschaftliche Anerkennung der Lebensziele angewiesen sind und sich sowohl mit starken wie mit schwächeren sozialen Bindungen vergemeinschaften müssen. Bei episodischer Geschichtlichkeit kann auf die Stabilität institutioneller Rahmenbedingungen verzichtet werden, weil eine Neuorientierung jederzeit möglich erscheint. Eine lose Vergemeinschaftung in Szenen, welche die Anerkennung des gegenwärtigen Projektes sicherstellt, scheint hier auszureichen. Bei zyklischen Konstitutionsformen schließlich wird der sozialen Welt kaum vertraut. Diese Menschen verlassen sich fast ausschließlich auf starke soziale Bindungen und sich selbst.

Die unterschiedlichen Geschichtlichkeitskonstitutionen erzeugen aber auch differenzierte soziale Dynamiken, weil sie mit spezifischen Formen der Vergemeinschaftung einhergehen. Menschen mit zyklischen Geschichtlichkeitskonstitutionen verfügen kaum über schwache soziale Bindungen. Daher bestehen sehr wenige Berührungspunkte mit dem öffentlichen Leben im Allgemeinen. Die Personen wirken zurückgezogen und unauffällig und sind im Alltag gestützt durch ihre wenigen starken, meist familiären sozialen Bindungen. Die materielle Versorgung, gesichert durch gelegentliche Jobs oder Transferzahlungen, liegt auf niedrigem Niveau und lässt diese Gruppe auch aus ökonomischer Perspektive nicht auffällig in Erscheinung treten, weil die zur Verfügung stehenden geringen Mittel fast ausschließlich in den Konsum von Verbrauchsgütern fließen, die einzig das Überleben sichern. Das Leben mit zyklischer Geschichtlichkeitskonstitution findet jenseits einer Welt beschleunigter sozialer Veränderungsprozesse statt und nimmt aus dieser Welt wenige Impulse auf.

Personen mit linearen Repräsentationen der eigenen Geschichte sind ebenso mit starken wie mit schwachen Bindungen vergemeinschaftet. Darin spiegelt sich einerseits die Tendenz zur Reproduktion stabiler sozialer Verhältnisse, auf die diese Art der Konstruktion persönlicher Geschichtlichkeit in Form stabiler Rahmenbedingungen angewiesen ist, andererseits verweist die Vergemeinschaftung mit schwächeren Bindungen auf die Möglichkeit einer zielgerichteten, nachhaltigen Dynamik sozialer Verhältnisse. Allerdings scheint der beobachtbare Versuch des sozialen Strukturaufbaus an erodierende Voraussetzungen hinsichtlich der Stabilität institutioneller

Bedingungen geknüpft, die eine planende Aneignung der Zukunft überhaupt erst ermöglichen.

Das Übergewicht schwacher sozialer Bindungen in interessenbezogenen Vergemeinschaftungsformen wie Szenen bei Personen mit episodischen Zeitkonstruktionen reproduziert beschleunigten sozialen Wandel. Von aufgebauten sozialen Strukturen kann nach Abschluss des jeweiligen Projektes oder einer Änderung der Interessen nicht erwartet werden, dass sie weiter bestehen oder sich transformieren. Eher muss davon ausgegangen werden, dass sie wieder verschwinden. Das Leben mit episodischen Biographisierungen ist für die Individuen mit hohen Flexibilitätsanforderungen und in einigen Fällen mit der Bereitschaft zur Aufnahme immer neuer Anerkennungskämpfe verbunden. Diese Umstände sind geeignet, bei den betroffenen Personen Stress zu erzeugen.

Gerade zyklische Repräsentationen der eigenen Geschichtlichkeit führen bei den betroffenen Personen zu einer Abtrennung der eigenen Lebenswelten von anderen gesellschaftlichen Entwicklungen. Dass diese Trennung nicht gleichgesetzt werden kann mit einer Unzufriedenheit bei Personen mit zyklischen Biographisierungen, halte ich für einen wichtigen empirischen Befund. Während etwa die Hälfte der Zykliker den vorherrschenden Gemütszustand als depressiv bezeichneten und eher apathisch wirkten, verstehen sich diejenigen mit routinisierten kontemplativen Praktiken im Alltagsleben als glückliche Menschen. Diese Untersuchung öffnet den Blick auf Entschleunigungsprozesse bei gleichzeitig gelingender Lebensbewältigung und einem erfüllten Alltag. Unter den Bedingungen existenzieller Sicherung des Lebensunterhalts und einer Emanzipation von Anerkennungsbedingungen, die einen erfolgreichen Verlauf der Erwerbsbiographie fordern und ein verlangsamtes Lebenstempo einzig für das Rentenalter legitimieren, gelingt es Menschen mit zyklischen Biographisierungen, als sinnhaft empfundene Handlungsmuster zu entwickeln, die zu einem hohem Grad an Zufriedenheit in ihrem Alltag führen und über den speziellen Konstruktionstypus persönlicher Geschichtlichkeit Nachhaltigkeit versprechen. Lebensqualität wird versucht durch eine dem niedrigen Einkommen angepasste Anspruchsstruktur bei geringem Einsatz materieller Ressourcen zu realisieren. Problematisch bleibt aufgrund der schwierigen Anerkennungsverhältnisse, unter denen diese Biographien geschaffen werden müssen, die Trennung der so entstandenen Lebenswelten, ablesbar an dem Verzicht auf schwache soziale Bindungen, von allen anderen gegenwärtigen sozialen Entwicklungen.

Eine Analyse der Typen im Hinblick auf weitere Kategorien wie Alter, Geschlecht oder sozio-ökonomischer Status wird erst vorgenommen, wenn die Samples zu Zeit und Raum im sechsten Kapitel zusammengeführt werden. Die größere Fallzahl wird dann eine bessere Fundierung der Befunde ermöglichen.

4.4. Exkurs: Historische Wandlungen gesellschaftlich relevanter Formen von Lebensgeschichtlichkeit

Dieser Exkurs verfolgt zwei Ziele: Zum einen soll die hier entwickelte Typologie und die These einer Heterogenisierung lebensgeschichtlicher Strukturen mithilfe der Betrachtung weiterer Studien zu Lebensgeschichtlichkeit plausibilisiert werden. Zum anderen kann vor dem Hintergrund dieser Betrachtungen eine historische Hypothese zur Entwicklung der einzelnen Typen seit den 1970er Jahren formuliert werden. Dazu ist es jedoch notwendig, in einem ersten Schritt die Übersetzung der sich immer wieder wandelnden Zugänge zu Lebensgeschichtlichkeit und den daraus abgeleiteten, immer wieder neuen Typenbezeichnungen in die hier entwickelte Typologie transparent zu machen.

Die Idee, dass im Rahmen der Konstruktion von Biographien eine geschichtliche Struktur des eigenen Lebens konstituiert wird, ist nicht neu. Daher liegen eine Reihe empirischer Untersuchungen vor, die es ermöglichen, ein Bild der Veränderung gesellschaftlich relevanter Formen lebensgeschichtlicher Konstitutionen innerhalb der letzten vier Jahrzehnte zu zeichnen.[12]

Um bezüglich der historischen Entstehung der unterschiedlichen Typen von Lebensgeschichtlichkeit eine Hypothese zu entwickeln, bietet sich der Vergleich mit diesen Studien an.[13] Teilweise werden

12 Dieser Exkurs basiert in weiten Teilen auf dem Artikel »Modi der Biographisierung« (Weidenhaus 2008).

13 Diese diachrone Perspektive kann leider nur für Konstitutionsformen von Lebensgeschichtlichkeit eingenommen werden. Für Lebensräume liegen entsprechende Daten nicht vor.

jedoch im Rahmen der betrachteten Untersuchungen mehr als nur Formen von Lebensgeschichtlichkeit betrachtet. Daher werden die in den jeweiligen Studien erarbeiteten Typen einzig im Hinblick auf die Konstitutionsform von Lebensgeschichtlichkeit analysiert. Infolgedessen können und sollen die nachfolgenden Ausführungen den zitierten Studien hinsichtlich ihres Erkenntnisumfangs nicht gerecht werden. Alle Arbeiten thematisieren aber explizit das Verhältnis von lebensgeschichtlicher Vergangenheit, Gegenwart und Zukunft und geben deshalb Auskunft über empirische Strukturen von Lebensgeschichtlichkeit zu spezifischen Zeiten. In einem ersten Schritt wird die Übersetzbarkeit der empirischen Befunde in die hier entwickelte Typologie diskutiert, um anschließend die historischen Wandlungen zu beschreiben.

Seit den 1990er Jahren hat sich im soziologischen Diskurs eine Hypothese durchgesetzt, die besagt, dass Menschen ihre Lebensgeschichte strukturieren, indem sie sich an der Vergangenheit, der Gegenwart oder der Zukunft orientieren. Die Typen von Lebensgeschichtlichkeit, die unter dem Label ›Zeitorientierungen‹ verhandelt werden, sind dann entsprechend ›vergangenheitsorientiert‹, ›gegenwartsorientiert‹ oder ›zukunftsorientiert‹.[14] Es wird also behauptet, Menschen strukturierten ihre Lebensgeschichte, indem sie sich entweder an der Vergangenheit, der Gegenwart oder der Zukunft orientieren. So plausibel dieser Zugang auf den ersten Blick erscheinen mag, so wenig vermag eine solche Typologie auf den zweiten Blick zu überzeugen. Auf Basis der empirischen Analyse bin ich vielmehr überzeugt, dass Vergangenheit, Gegenwart und Zukunft in ein spezifisches relationales Verhältnis gesetzt werden, innerhalb dessen beispielsweise die Vergangenheit den gleichen hohen Stellenwert für einen Menschen besitzen kann wie die Zukunft. Das relationale Verhältnis von Vergangenheit, Gegenwart und Zukunft des eigenen Lebens, das die Menschen konstruieren,

14 Dieses Konzept geht auf Philip Zimbardo (1990) zurück und stellt einen Import aus der Psychologie dar. Es wurde entsprechend den Anforderungen psychotherapeutischer Praxis entwickelt. Im Rahmen dieser praktischen Arbeit muss es strukturell darum gehen, den Klienten eine lineare Auffassung ihrer eigenen Biographie zu vermitteln, damit sie die Ursachen ihrer Probleme erkennen und ihre Zukunft verändern können (vgl. Seidl 2009). Diese Perspektive verführt jedoch dazu, alle anderen Geschichtlichkeitskonstitutionen zu pathologisieren und Linearität implizit zur Norm zu erheben (vgl. Weidenhaus 2010).

muss in seiner Gesamtheit betrachtet werden. Wie die empirische Rekonstruktion von Lebensgeschichtlichkeit in diesem Kapitel gezeigt hat, suchen sich Menschen nicht einfach eine der drei geschichtlichen Zeitformen aus, um sich an ihr zu orientieren. Daher tauchen bei der Anwendung einer solchen Typologie immer wieder zwei Probleme auf.

Das erste Problem zeigt sich darin, dass Vergangenheitsorientierung offensichtlich mit Zukunftsorientierung gemeinsam auftritt (vgl. Heinz-Ulrich Kohr 1992, auch D'Allesio 2003). Die Typen scheinen sich systematisch zu überschneiden. Je weniger trennscharf solche Typologien sind, desto weniger verraten sie aber über die Strukturierung der sozialen Welt. Die Ursache dieser Problematik sehe ich darin, dass die Logik linearer geschichtlicher Struktur nicht erkannt worden ist. Wer linear biographisiert, macht sowohl seine Vergangenheit als auch seine Zukunft hochgradig relevant. Die Vergangenheit ist die Zeit, mithilfe deren diese Menschen ihr So-und-nicht-anders-geworden-Sein erklären, die sie zu dem gemacht hat, was sie sind, die Zukunft ist die Zeit, in der konkrete biographische Ziele angesiedelt sind, die es zu erreichen gilt. Die Rekonstruktion linearer Lebensgeschichtlichkeit erklärt also den ansonsten verwirrenden Zusammenhang von Vergangenheits- und Zukunftsorientierung.

Das zweite Problem ergibt sich daraus, dass die Gruppe der Gegenwartsorientierten so heterogen ist, dass über ihren Weltbezug und damit über ihr Denken und Handeln fast nichts mehr ausgesagt werden kann (vgl. Kohr 1992). Wenn einem Typus aber kein Sinn zugeordnet werden kann, weil diese Menschen in Bezug auf Norm- oder Handlungsorientierungen oder auf sozialstrukturelle Variablen nichts verbindet, stellt sich die Frage, warum dieser Typus überhaupt konstruiert wird. Auch dieses Problem ist einfach zu lösen: Sowohl episodisch als auch zyklisch biographisierende Menschen sind gegenwartsorientiert. Sie gehören dennoch zu ganz unterschiedlichen Typen: Zykliker kennen gar nichts anderes als eine ewige Gegenwart, während die Gegenwart bei Episodischen ein Lebensabschnitt ist, der vor einiger Zeit begann und auch wieder enden wird. Erstere stellen also gewissermaßen das Verhältnis von Ich und Welt still, wohingegen Letztere in der Lage sind, sich vor dem Hintergrund einer als hoch dynamisch empfundenen Welt immer wieder ›neu zu erfinden‹. Die Weltbezüge bei zyklischer und episodischer Lebensgeschichtlichkeit sind also geradezu gegensätzlich, obwohl beide Typen als gegenwartsorientiert bezeichnet werden können.

Insgesamt scheint also das Konzept von Zeitorientierungen, das die Typen vergangenheitsorientiert, gegenwartsorientiert und zukunftsorientiert postuliert, für eine soziologische Analyse wenig geeignet, und die entsprechenden Befunde der empirischen Studien müssen in die hier entwickelte Typologie übersetzt werden.

Darüber hinaus fließen häufig auch emotionale Qualitäten von Vergangenheit, Gegenwart und Zukunft in die Typenbildungen mit ein, was eine Vergleichbarkeit der Studien erschwert. So werden beispielsweise die Fälle, die hier als Zykliker beschrieben werden, regelmäßig unterschiedlichen Zeittypen zugeordnet, je nachdem, ob sie mit der Gestaltung ihres Alltags zufrieden sind oder nicht (vgl. zum Beispiel Kohr 1992, Brose et al. 1993, Fuchs-Heinritz 2000). Aus meiner Sicht hilft eine Hierarchisierung, welche die Struktur von Vergangenheit, Gegenwart und Zukunft als oberstes Differenzkriterium konzeptualisiert und alle weiteren Unterschiede entsprechend als Binnendifferenzierungen innerhalb eines Typus beschreibt, die Komplexität des Forschungsgegenstandes zu reduzieren. Damit vereinfacht sie eine angemessene Interpretation der Befunde. Dass die Zykliker hinsichtlich ihrer Lebenszufriedenheit in zwei Gruppen unterschieden werden können, hat gerade nichts mit der Zeitstruktur ihrer Biographisierungsbemühungen zu tun (Zykliker sind nicht per se depressiv), sondern kann interpretiert werden als ge- oder misslungene Emanzipation vom Anerkennungssystem Erwerbsarbeit. Bei einer a priori vorgenommenen Aufteilung der Zykliker in zwei Typen wird die Frage, warum eigentlich ein Teil derjenigen, die in einer dauernden Gegenwart leben, zufrieden ist und ein anderer Teil eher depressiv, überhaupt nicht gestellt.[15] Diese zusätzlichen Differenzierungen lassen sich aber zum Vergleich mit der hier vorgestellten Systematisierung genau wie Differenzierungen entlang spezifischer Verfügungsgewal-

15 Ähnliches gilt für die Differenzierung zwischen zufriedenen Linearen und Personen mit negativ verlaufenden Karrieren, die ihr Leben als ›*sad story*‹ erzählen. Zunächst einmal strukturieren beide Personengruppen ihre Lebensgeschichtlichkeit linear. Dass manche mit dieser ›Linie‹ zufrieden sind und andere eher unglücklich, ist im Hinblick auf die Form von Lebensgeschichtlichkeit zweitrangig.

ten über die Zukunft (vgl. Cavalli 1988) und den Überlegungen zu Zeitorientierungen relativ problemlos extrapolieren.

Nun können im zweiten Schritt die Wandlungen gesellschaftlich relevanter Biographisierungsmodi in den Blick genommen werden. Der Referenzpunkt dieser historischen Betrachtung liegt um das Jahr 1970 in Deutschland. Zwar liegen keine empirischen Untersuchungen zu Biographisierungen aus dieser Zeit vor, aber es wird davon ausgegangen, dass es sich bei dieser Zeit um eine (kurze) historische Phase hochgradig standardisierter Lebensläufe handelt. Im gleichzeitigen Wissen um historisch-gesellschaftlichen Wandel einerseits und die Vorhersehbarkeit der eigenen Zukunft anderseits konzeptualisieren die Theoretiker ein lineares Zeitbewusstsein (vgl. Rammstedt 1975) als gesellschaftlich dominante Konstruktionslogik des Verhältnisses von Vergangenheit, Gegenwart und Zukunft. Der Lebenslauf selbst ist seit Beginn der Moderne mehr und mehr zur Institution geworden.

Wichtig in Bezug auf die These vom institutionalisierten Lebenslauf im Zusammenhang mit dem hier intendierten Erkenntnisinteresse ist, dass dieses von Martin Kohli (1985) konzeptualisierte Regelsystem nicht nur einen sequenziellen, am chronologischen Alter orientierten Ablauf verschiedener Lebensphasen (Vorbereitungs-, Aktivitäts- und Ruhephase) vorsieht, sondern sich gleichzeitig auf die »Strukturierung lebensweltlicher Horizonte beziehungsweise Wissensbestände« bezieht, »innerhalb deren sich die Individuen orientieren und ihre Handlungen planen« (Kohli 1985: 3). Damit bekommt der institutionalisierte Lebenslauf eine Doppelbedeutung, denn er ist sowohl als institutionalisiertes Ablaufprogramm zu verstehen, das an der Rationalität und den Individualisierungsprozessen innerhalb eines kapitalistischen Erwerbssystems orientiert ist, als auch als subjektive Konstruktion, die biographische Vergangenheit, Gegenwart und Zukunft ins Verhältnis setzt (vgl. Kohli 1985: 20). Die Institutionalisierung des Lebenslaufs erzeugt das Bild vom eigenen Leben als einem eigenverantwortlich zu gestaltenden Gesamtprojekt, innerhalb dessen langfristige Planung vonnöten ist (vgl. Kohli 1985: 11). Kohli verdeutlicht diesen Umstand anhand der Veränderungen der literarischen Gattung der Autobiographie am Ende des 18. Jahrhunderts (vgl. Kohli 1985: 12). Während zuvor schlicht äußere Ereignisse aneinandergereiht wurden, wird nun eine teleologische Entwicklungsgeschichte des ›Ich‹ konzipiert und dargelegt (lineare Biographisierung). Im Laufe der Moderne wurde der institutionalisierte Lebenslauf zum Beispiel durch die allgemeine Schulpflicht und gesetzliche Rentenversicherungen mehr und mehr verrechtlicht. Der normativ bindende Charakter der Normalbiographie ist darüber hinaus auf den Feldern erkennbar, die zwar nicht unmittelbar gesetzlich geregelt sind, auf denen aber der Zugang implizit oder explizit über das chronologische Alter geregelt wird, wie beispielsweise im Falle von Neueinstellungen in vielen Berufen oder von Altersbeschränkungen für Stipendien und nicht zuletzt der Forderung nach einem ›lückenlosen‹ Lebenslauf in nahezu der gesamten Erwerbsarbeitswelt. In der Aufrechterhaltung sozialer Kontrolle sieht Kohli eine der entscheidenden logischen Ursachen für die Institutionalisierung des Lebenslaufs. Denn die Individuen wurden herausgelöst aus einer verbindlichen sozialen Ordnung, die über das mittelalterliche Ständesystem gegeben war, und die Selbstdisziplinierung bildet das funktionale Äquivalent zu den früheren äußeren Zwängen (vgl. Kohli 1985: 15). Ein weiterer Grund ist in der Rationalisierung des Wirtschaftens zu suchen, denn im Sinne der Organisation der Produktion werden »sachfremde Orientierungen« aus den Produktionsprozessen ausgeschlossen und auf vorgelagerte (Bildung) und nachgelagerte (Rente) Lebensphasen abgewälzt (vgl. Kohli 1985: 14).

Kohli kommt zu dem Befund, dass zwischen 1970 und 1985 eine Destandardisierung des Lebenslaufes zu verzeichnen ist. Die Altersvarianzen der biographisch relevanten Ereignisse und Entscheidungen nehmen wieder zu. Die Destandardisierung wird von Kohli allerdings als die Institution stützend interpretiert und nicht als strukturelle Trendwende im Sinne einer Deinstitutionalisierung des Lebenslaufs aufgefasst. Vielmehr sei im Zuge des Individualisierungsprozesses, der im Anschluss an Norbert Elias (1939) und Michel Foucault (1977) auch als die Umformung von Fremd- in Selbstzwänge zu verstehen ist, die Selbststeuerung des Individuums inzwischen so weit fortgeschritten, dass das »chronologische Korsett« des institutionalisierten Lebenslaufes aufgeweicht werden könne, ohne dass die Institution einen Schaden nehme (vgl. Kohli 1985: 22 ff.). Die Abweichung Einzelner stärke sogar die Institution, weil sie als ›Ausstieg‹ einen unmittelbaren Bezug zum ›Normalen‹ herstellt. Auf Basis der Analyse sozialstruktureller Daten erneuert Kohli seine These in einer Untersuchung aus dem Jahr 2000. Zwar seien weiterhin Destandardisierungstendenzen vor allem durch die Zunahme von Teilzeitarbeit zu verzeichnen. Diese sei allerdings auf die zunehmende Erwerbsbeteiligung von Frauen zurückzuführen und somit eher als Verallgemeinerung des institutionalisierten Lebenslaufes zu interpretieren (vgl. Kohli 2000).

Folgt man Kohli insoweit, dass lineare Biographisierungen um 1970 (zumindest für Männer) gesellschaftlich dominant waren, so fällt zunächst eine andere sozialstrukturelle Trendwende ins Auge, die sich zu dieser Zeit ereignete. Im Laufe der 1970er Jahre werden große Teile der Bevölkerung nachhaltig aus dem Erwerbsleben ausgeschlossen (historisch nicht zum ersten Mal, vgl. Jahoda et al. 1975 [1933]). Berufsbezogene Wissensbestände vieler Industriearbeiter_innen werden wertlos, sodass für viele (gerade etwas Ältere) keinerlei Aussicht besteht, in der Erwerbsarbeitswelt wieder Fuß zu fassen. Auf dem Territorium der heutigen Bundesrepublik sind seit dem Höchststand 1970 mindestens 4,6 Mio. Arbeitsplätze in Industrie und verarbeitendem Gewerbe mit eher niedrig qualifizierter Arbeit verloren gegangen.[16] Was wirtschaftlich als Entstehung und nachfolgend als Anstieg von Sockelarbeitslosigkeit bezeichnet wird, bedeutet für immer mehr Menschen Langzeitarbeitslosigkeit. In dieser Situation hat eine lineare, an Erwerbsarbeit orientierte Perspektive auf das eigene Leben keinen Sinn mehr, weil die objektive Grundlage weitreichender Planung in Form verlässlicher institutioneller Rahmenbedingungen fehlt. Zyklische Konstitutionsformen von Lebensgeschichtlichkeit werden gesellschaftlich relevant und in sozialwissenschaftlichen Studien beschrieben (vgl. zum Beispiel Fischer 1982).

Die Linearen und die Zykliker bilden die zwei großen Gruppen in der empirischen Biographieforschung Anfang der 1980er Jahre. Orientiert an der Typisierung von Formen der Geschichtlichkeit, die Otthein Rammstedt (1975) vorlegte, entwickelt Ruth Fischer im Rahmen der Shell-Jugendstudie 1982 einen Fragebogen, der die unterschiedlichen Formen des biographischen Zeitbewusstseins quantitativ erfassen soll (vgl. Fischer 1982). Die Ergebnisse für zyklisches Zeitbewusstsein und lineares Zeitbewusstsein mit offener Zukunft decken sich mit den Befunden bezüglich linearer und zyklischer Biographisierungen der hier vorgestellten Fallstudie. Eine

16 Eigene Berechnungen auf Basis der Langen Reihen des statistischen Bundesamtes.

hohe Lebenszufriedenheit findet sich bei jungen Erwachsenen mit linearen Biographisierungen, die in optimistischer Erwartung eine Bildungs- oder Berufskarriere planen. Die Zykliker (entsprechen der Skala für zyklisches Zeitbewusstsein) mögen Einfachheit und sind eher naturverbunden. Gleichzeitig finden sich bei ihnen gehäuft negative Utopien (Atomkrieg, Umweltzerstörung).

Einen bisher nicht beschriebenen Typus stellen Personen mit einem linearen Zeitbewusstsein mit geschlossener Zukunft dar. Solche Personen verknüpfen zwar Vergangenheit, Gegenwart und Zukunft ihres Lebens zu einer linearen Struktur, die aber schicksalhaft vorgegeben ist und nicht beeinflusst werden kann. Auch in der Shell-Studie sind hohe Werte auf dieser Skala sehr selten und fast ausschließlich bei religiösen Jugendlichen zu finden, die an eine Vorbestimmung durch Gott glauben. Solche Personen fehlen in der hier vorgestellten Studie aufgrund der geringen Fallzahl. Umgekehrt findet sich in der Shell-Studie von 1982 keine Entsprechung für den hier postulierten episodischen Geschichtlichkeitstyp.

Ab Ende der 1980er Jahre geraten die linearen Biographisierungen auch innerhalb der Erwerbsarbeitswelt unter Druck, denn die Arbeit wird durch befristete Verträge, Zeitarbeit und Projektorientierung in immer mehr Bereichen für immer kürzere Zeitspannen organisiert. Eine Folge davon ist, dass das Vertrauen in die Planbarkeit der eigenen Biographie sinkt. Über den Zeitpunkt hinaus, bis zu dem das gesellschaftliche Erwerbssystem die gegenwärtigen materiellen Bezüge sichert, ist Lebensplanung für manche kaum mehr möglich. Episodische Biographisierungen entstehen, ihre Charakteristika werden immer konkreter herausgearbeitet, und sie werden nach und nach als eigenständiger Biographisierungstypus aufgefasst.

In der Shell-Jugendstudie von 1992 entwickelt Heinz-Ulrich Kohr ein erweitertes Messinstrument für Zeitorientierungen von Jugendlichen, das die an Rammstedts Überlegungen orientierten Operationalisierungen der 1982er-Studie mit den Operationalisierungen von Alessandro Cavalli und Philip Zimbardo kombiniert (vgl. Kohr 1992, Cavalli 1988, Zimbardo 1990). Die entscheidende Neuerung dieses Ansatzes ist die auf die qualitative Studie von Cavalli zurückgehende Entdeckung der ›destrukturierten Zukunft‹. »Die Zukunft ist nicht die Zeit der Ernte, in der die Früchte der gegenwärtigen Mühe reifen werden, sondern eher ein Lagerraum, in dem noch viele mögliche Gegenwarten gestapelt sind.« (Cavalli

1988: 395) An dieser Stelle tauchen erstmals die Konturen episodischer Biographisierungen in der Forschung auf, die dann allerdings in der Interpretation von Kohr aufgrund der Gegenwartsorientierung mit den Zyklikern zu einem Typus zusammengefasst und einzig gegenüber den Linearen abgegrenzt werden.

Schon bald aber werden episodische Biographisierungen als eigenständiger Typus in den Untersuchungen beschrieben. Hanns-Georg Brose, Monika Wohlrab-Sahr und Michael Corsten untersuchen in einer qualitativen Studie (59 Fälle) von 1993 die Veränderung von biographischen Zeitperspektiven in Zusammenhang mit Zeitarbeit, die eine immer gewichtigere Rolle auf dem Arbeitsmarkt spielt (vgl. Brose et al. 1993). Die Autor_innen gehen davon aus, dass die Umstrukturierungen der Arbeitsorganisation (zum Beispiel projektorientierte Teamarbeit) und der Beschäftigungsverhältnisse (zum Beispiel Zeitarbeit) zu »nicht-mehr-linearen« biographischen Zeitperspektiven führen (Brose et al. 1993: 54). Unter biographischer Zeitperspektive verstehen die Autor_innen »die Verknüpfung von lebensgeschichtlicher Vergangenheit und Zukunft in einer jeweiligen Gegenwart« (Brose et al. 1993: 170) und damit das, was hier als Konstitution biographischer Geschichtlichkeit gefasst wird. Die Autor_innen der Studie konstatieren, dass diejenigen biographischen Zeitperspektiven, die strukturell zu Zeitarbeit passen, eine »Brechung teleologischer Vorstellungen der lebensgeschichtlichen Entwicklung« (Brose et al. 1993: 323) beinhalten und einen Ausstieg aus der Normalbiographie darstellen.

Um die Jahrtausendwende wird darüber hinaus ein empirisches Phänomen erfasst, das die Koppelung zyklischer Biographisierungen mit eher depressivem, apathischem Lebensstil unterläuft. Aktive, selbstbestimmte Zeitaneignung bei Langzeitarbeitslosigkeit rückt in den Fokus einiger Forscher_innen. In einer Zeit, in der die Gewerkschaften von ihrer Forderung nach Umverteilung der Arbeit mehr und mehr Abstand nehmen und Vollbeschäftigung öffentlich als Illusion bezeichnet werden darf, wird gelingendes Leben ohne Erwerbsarbeit denkbar. Seit dieser Zeit bildet sich in Deutschland eine Bürgerbewegung, getragen vor allem von Arbeitslosengeld-II-Bezieher_innen, die für die Anerkennung eines Lebens in Erwerbslosigkeit und häufig für ein bedingungsloses Grundeinkommen streitet (vgl. zum Beispiel ›Die glücklichen Arbeitslosen‹ von 1997 oder die ›Initiative für selbstbestimmte Arbeit‹ von 2005).

Auch in der sozialwissenschaftlichen Forschung findet diese Entwicklung ihren Niederschlag. Im Jahr 2000 wird in einer weiteren Shell-Jugendstudie unter der Überschrift »Biographische Planung und Zeiterleben« ein neuerlicher Versuch der Analyse biographischer Zeitperspektiven vorgenommen (Fuchs-Heinritz 2000). Im Unterschied zur 1992er-Studie und im Gegensatz zur These von Kohli wird hier in Bezug auf die qualitative Studie von Hanns-Georg Brose zum einen eine Skala »Commitment auf Widerruf« als eigenständiger Typus episodischer Biographisierung beschrieben und zum anderen eine Skala »Eigenzeit« eingeführt, die zyklische Biographisierung nicht mehr mit dem Nimbus des Scheiterns und der Apathie assoziiert (Fuchs-Heinritz 2000). Ein Mensch, der »Eigenzeit« konstituiert, versucht,

> trotz unübersichtlicher und schwer beeinflussbarer – möglicherweise sogar bedrohlicher – gesellschaftlicher Verhältnisse sein ›Ding‹ [zu] machen oder auch eine Insel [zu] suchen und eine Nische für sich [zu] finden. Dies kann in einer a-chronischen Ruhe-/Glücksvorstellung seinen Ausdruck finden: ruhiges Leben versus angespanntes Leben (in Deutschland), aber auch – ohne Emigration – sich an ›zeitlos beständigen‹ Orientierungen (Familie haben; vor dem Kamin sitzen) festmachen. (Fuchs-Heinritz 2000: 36; vgl. auch Nowotny 1989)

Auffällig ist hier die Betonung starker sozialer Bindungen und kontemplativer Praxis im Zusammenhang mit gelingender zyklischer (a-chronischer) Biographisierung. Zu ähnlichen Ergebnissen gelangte bereits Gottfried Engbersen 1993 in einer breit angelegten Studie für eine Teilgruppe holländischer Langzeitarbeitsloser (Engbersen 1993).

Nach der Jahrtausendwende liegt der Fokus sozialwissenschaftlicher Biographieforschung eindeutig auf nicht-mehr-linearen Biographisierungsmodi, bei denen planerische Aneignung der Zukunft extrem erschwert ist, sodass sie den Betroffenen als fragmentiert erscheint. Zwei jüngere, rein qualitative Studien liegen für junge Erwachsene in Österreich (Reiter 2003) und Italien (Leccardi 2005) vor. Beide Arbeiten betonen eine starke Unsicherheit hinsichtlich der biographischen Perspektiven von jungen Menschen. In Abgrenzung zu Kohlis These konstatiert Herwig Reiter für die im Fokus der Untersuchung stehenden benachteiligten jungen Österreicher:

Das Faktum, dass die Normierungen des institutionalisierten Lebenslaufs, der bestimmte Elemente wie Ausbildung und Erwerbstätigkeit in eine bestimmte chronologische Reihenfolge bringt, den Erfahrungen dieser jungen Menschen nicht angemessen ist, führt folglich zu einer Klassifizierung als ›biographische Unsicherheit‹. (Reiter 2003: 275 [Übersetzung G.W.])

Diese Unsicherheit führt zu einem verstärkten Gegenwartsbezug der Biographisierungsbemühungen, der sich Reiter zufolge als episodischer Biographisierungsmodus in Form von aneinandergereihten, unverbundenen Gegenwarten Geltung verschafft. Carmen Leccardi kommt zu sehr ähnlichen Befunden für ein Sample junger Erwachsener aus der Mailänder Gegend. Sie interpretiert die Fragmentierung von Biographien darüber hinaus vor dem Hintergrund einer Beschleunigungstheorie der Moderne (vgl. Rosa 2005), welche die unübersichtlichen zukünftigen Lebensverhältnisse als Effekt einer zunehmenden Geschwindigkeit sozialen Wandels auffasst.

Mit Blick auf diese qualitativen Studien kritisieren Mark Elchardus und Wendy Smits, dass diese Ansätze Konstitutionen von Lebensgeschichtlichkeit nicht im repräsentativen Maßstab erfassten (vgl. Elchardus/Smits 2006). Die qualitativen Zugänge ermöglichten keine historische Vergleichbarkeit, die in den Interpretationen aber vorgenommen würden, und führten zu einer Überbetonung von Sonderfällen. Im Rahmen einer repräsentativen Umfrage in Belgien zu den idealen Zeitpunkten biographischer Übergänge (zum Beispiel Auszug aus dem Elternhaus, Beginn von Erwerbsarbeit) ermitteln die Autor_innen die vorgefundenen Varianzen hinsichtlich des Lebensalters in den Antworten und vergleichen diese mit den Varianzen aus früheren Umfragen. Hätte eine Deinstitutionalisierung des Lebenslaufs stattgefunden, so das Argument, müssten die Varianzen über die Zeit angestiegen sein. Da ein solcher Anstieg nicht nachweisbar ist – als ideales Lebensalter für die Übergänge werden nach wie vor sehr ähnliche Werte genannt –, wird gefolgert, dass das Ideal einer Normalbiographie erhalten geblieben ist. Es stellt sich aber die Frage, inwieweit dieses Ideal als handlungsleitend aufgefasst werden kann. Es ist durchaus vorstellbar, dass im Sinne einer »Subversion der Institution« (Brose 2003) die Vorstellung vom idealen Lebenslauf kontrafaktisch erhalten bleibt, ohne dass sich die Akteure erfolgskontrolliert um die Einlösung bemühen.

Bezüglich der Diskussion um eine (De)Institutionalisierung des Lebenslaufs lässt sich gegenüber Kohli nicht nur zeigen, dass nicht-lineare Biographisierungsmodi existieren und zumindest qualitativ erfasst werden können, sondern auch, dass ein entscheidender funktionaler Baustein seiner These ins Wanken geraten ist. Der institutionalisierte Lebenslauf ist nämlich explizit an die Rationalität des Erwerbssystems gekoppelt. Diese Rationalität erfordert inzwischen aber auf Basis gestiegener Produktivität die massenhafte Freisetzung von Arbeitskräften im erwerbsfähigen Alter und zwingt somit zu Ruhephasen im Erwerbsalter, die einzig aufgrund kontrafaktisch geltender Idealisierungen nicht so bezeichnet werden dürfen – wobei die normative Bindungskraft dieser Idealisierungen nachzulassen scheint. Dadurch wird die Möglichkeit eröffnet, über gelingendes Leben im erwerbsfähigen Alter ohne Erwerbsarbeit nachzudenken (vgl. das Manifest *Die glücklichen Arbeitslosen* 1997).

Zusammenfassend lässt sich folgende Hypothese zum Wandel der Biographisierungsmodi formulieren: Nachdem um 1970 der lineare Biographisierungsmodus dominierte, gewann im Laufe der kommenden Jahrzehnte der zyklische Modus vor dem Hintergrund steigender Sockelarbeitslosigkeit immer mehr an Bedeutung. Ab den 1990er Jahren gerät der lineare Modus auch innerhalb der Erwerbsarbeitswelt unter Druck, weil die Bedingungen für eine planende Aneignung der Zukunft durch die Flexibilisierung der Arbeit erodieren – episodische Formen von Lebensgeschichtlichkeit entstehen. Gegenwärtig scheint die Landschaft gesellschaftlich relevanter Biographisierungsmodi aufgefächert, wobei inzwischen alle Varianten als flexibler Mensch (episodisch), als vernünftiger Zukunftsplaner (linear) oder als glücklicher Arbeitsloser oder sporadisch Arbeitender (zyklisch) offensiv im Diskurs vertreten werden.

Hinsichtlich der Frage nach Vollständigkeit der hier vorgestellten Typologie kann festgestellt werden, dass auch in den einschlägigen Studien mit einer Ausnahme keine weiteren Strukturen von Lebensgeschichtlichkeit konzeptualisiert wurden, vorausgesetzt, es werden die vorgeschlagenen Kategorien in Anschlag gebracht. Bei der Ausnahme (vgl. Rammstedt 1975) handelt es sich um eine seit den 1980er Jahren in Vergessenheit geratene spezifische Form linearer Biographisierungen, nämlich solche mit geschlossener Zukunft. Zu fragen ist, ob dieser Biographisierungsmodus vor dem Hintergrund einer stärkeren religiösen Bindung bestimmter Milieus nicht auch wieder an gesellschaftlicher Relevanz gewinnt. Der lineare Biographisierungsmodus mit geschlossener Zukunft kann nicht als historisch charakterisiert werden, weil die Zukunft nicht von einer internen zeitlichen Dynamik bestimmt wird, sondern einzig von einer Festlegung im Ursprung (keine logische Abhängigkeit der Zukunft von der Gegenwart). Die Linearität konstitutiert sich über die etappenhafte Struktur. Die Besonderheit ihrer Konstruktion basiert auf dem Modus der Unsicherheitsabsorption durch die logische Figur einer vergangenen Zukunft. Relevant scheint der lineare Biographisierungsmodus mit geschlossener Zukunft einzig im Zusammenhang mit dem Glauben an Vorherbestimmung (ein solcher Fall war jedoch empirisch nicht auffindbar). Erweitert um diesen speziellen Typus von geschlossener Linearität, scheint die vorgestellte Typologie vollständig zu sein.

Insgesamt scheint entgegen der Hypothese einer einheitlichen Entwicklungslinie eher eine Beschreibung der Wirklichkeit angemessen, in deren Rahmen die Dominanz der linearen Geschichtlichkeitskonstitution aus zwei völlig unterschiedlichen Richtungen gleichzeitig unter Druck gerät. Gelingt die Defuturisierung der Zukunft durch planende Aneignung eines unbekannten Nachher nicht mehr, kann die Zukunft entweder mithilfe zyklischer Biographisierung zerstört oder durch episodische Biographisierung verdrängt werden.

4.5. Fazit

Im Rahmen des Prozesses der Biographisierung konstituieren wir auch eine geschichtliche Struktur für unser Leben, indem wir Vergangenheit, Gegenwart und Zukunft in ein spezifisches Verhältnis setzen. Grundsätzlich bewältigen wir dadurch die Angst vor einem gänzlich unbekannten Nachher. Es lassen sich zwei Quellen identifizieren, aus denen sich die Konstitution von Lebensgeschichtlichkeit speist. Zum einen legen uns die institutionellen Rahmungen unserer Lebenssituation, die wir als Erwartungshaltungen generalisierter Anderer internalisieren, bestimmte Geschichtlichkeitskonstitutionen nahe. Zum anderen präferieren wir bestimmte Geschichtlichkeitskonstitutionen, schlicht weil sie uns unserem

Wesen angemessen erscheinen. Es handelt sich um unreglementierte Impulse, die einer soziologischen Analyse letztlich verborgen bleiben.

Auf Basis der Kategorien ›chronologische Dauer der Gegenwart‹, ›Konkretion von Vergangenheit und Zukunft‹ und ›Verknüpfung von Vergangenheit, Gegenwart und Zukunft‹ lassen sich drei Konstitutionstypen von Lebensgeschichtlichkeit bestimmen.

Der lineare Typ gibt dem Leben über einen etappenhaften Aufbau eine Richtung und versucht, sich die Zukunft planend anzueignen. Die Unsicherheitsbewältigung des linearen Typs basiert auf einer Strategie, die die Zukunft berechenbar macht. Dabei sind die Linearen auf stabile institutionelle Rahmenbedingungen angewiesen. Durch die Anerkennung dieser Bedingungen können sie auch eine Anerkennung ihrer Person erwarten. Sie vergemeinschaften sich gleichzeitig mit engen sowie mit schwächeren sozialen Bindungen und erzeugen dadurch sowohl Stabilität als auch Dynamik in ihrem Leben.

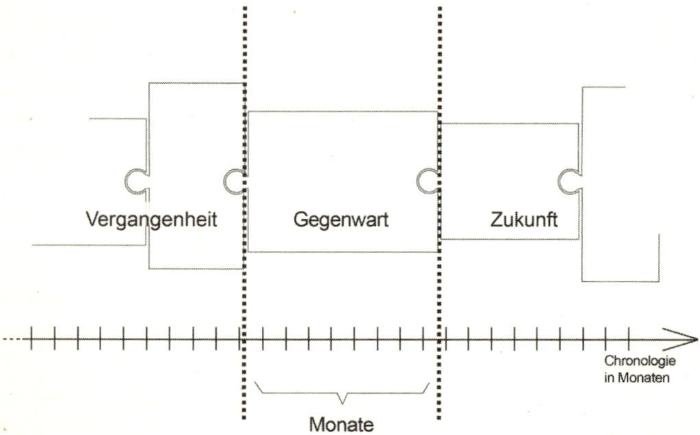

Abb. 6: Lineare Geschichtlichkeitskonstitution
(mit chronologischer Dauer der Gegenwart)

Bei zyklischen Konstitutionen von Lebensgeschichtlichkeit wird die Gegenwart über die gesamte Lebenszeit ausgedehnt. Sich wiederholende Handlungsmuster generieren eine Struktur des immer

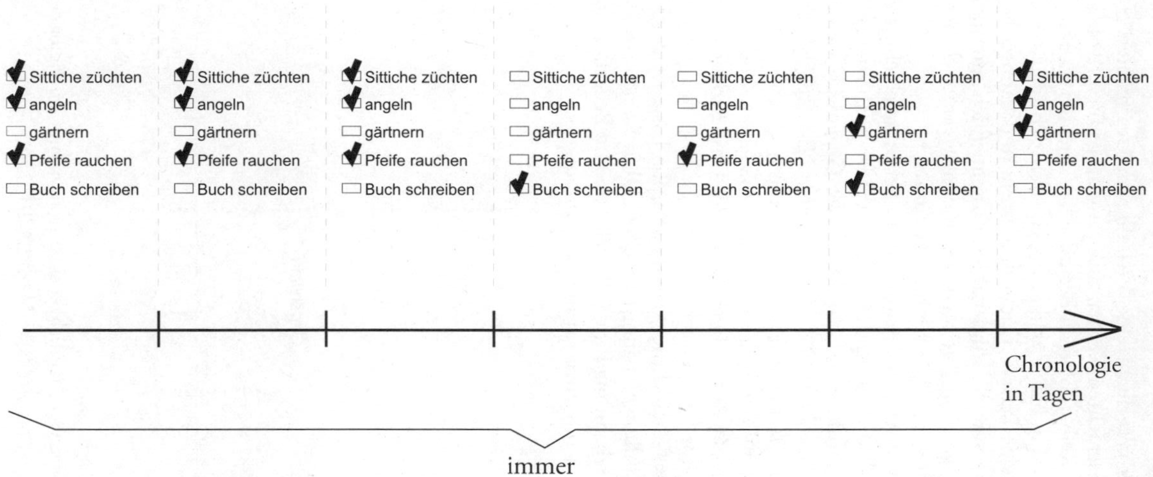

Abb. 7: Zyklische Geschichtlichkeitskonstitution
(mit chronologischer Dauer der Gegenwart)

Gleichen, innerhalb deren eine Vielzahl von Geschichten erlebt wird. Diese Geschichten werden assoziativ aufgerufen, wobei die chronologische Reihenfolge, in der diese Geschichten stattfanden, keinerlei Bedeutung hat. Zykliker imaginieren sich über alle Zeit hinweg als dieselbe Person. Dadurch hört ein unbekanntes Nachher auf zu existieren. Sie sind nahezu ausschließlich mit starken sozialen Bindungen vergemeinschaftet und erzeugen so Sicherheit in tendenziell prekären Anerkennungssituationen.

Im Falle episodischer Konstitution von Lebensgeschichtlichkeit wird Lebenszeit durch weitgehend voneinander unabhängige Gegenwartsblasen strukturiert. Die Dauer der Gegenwart ist durch die Dauer des jeweiligen Projektes definiert. Bei sich bietender Gelegenheit gilt es, unvorhersehbare Chancen zu ergreifen. Die Personen sind auf die jeweilige Gegenwart fokussiert, wodurch die Zukunft mental auf Abstand gehalten wird. Unsicherheit kann so durch Verdrängung kompensiert werden. Die Vergemeinschaftung bei episodischer Geschichtlichkeitskonstitution basiert auf schwachen sozialen Bindungen häufig in Szenen. Diese Szenen gewähren solidarische Anerkennung für das Projekt, und im Bedarfsfall kann zusammen mit den Szenen für die Anerkennung des Projektes gekämpft werden.

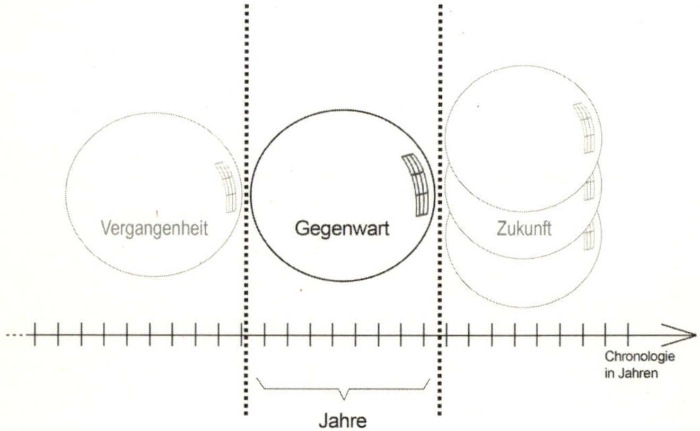

Abb. 8: Episodische Geschichtlichkeitskonstitution (mit chronologischer Dauer der Gegenwart)

5. Empirischer Raum

In diesem Kapitel werden die Ergebnisse der empirischen Untersuchung zu Lebensräumen vorgestellt. In den biographischen Erzählungen meiner Interviewpartner_innen werden auch bestimmte Lebensräume thematisiert und miteinander in Verbindung gebracht. Diese aus einer biographischen Perspektive als relevant erscheinenden Lebensräume und ihre Strukturierung gilt es im Folgenden zu rekonstruieren. Zunächst werden die am Material entwickelten Kategorien vorgestellt, die zur Rekonstruktion von Lebensräumen gebildet wurden. Im zweiten Schritt werden anhand von *Clear-Cases* drei verschiedene Typen biographischer Lebensraumkonstitution illustriert. Die Konturen der Typologie werden durch die Betrachtung weiterer Fälle des Samples geschärft. Im letzten Schritt der Analyse wird zunächst ein allgemeines Modell zur Entstehung biographischer Lebensräume angeboten, und abschließend werden die Charakteristika der einzelnen Typen im Vergleich herausgearbeitet. Ein Fazit fasst die wichtigsten Ergebnisse dieses Kapitels noch einmal zusammen.

5.1. Kategorien zur Erfassung von Lebensräumen

Das empirische Material lässt zwei große Themenfelder erkennen, die zum Gegenstand werden, wenn die Interviewpartner_innen die Räume ihres Lebens thematisieren. Es handelt sich zum einen um Aneignungsstrategien (1) von Räumen und zum anderen um die Verhältnisse zwischen den einzelnen für sie relevanten Räumen, also um Raummuster (2). Mithilfe der beiden thematischen Felder ›Aneignungsstrategien‹ und ›Raummuster‹ lassen sich die strukturellen Merkmale der verschiedenen Lebensräume aus meiner Sicht angemessen erfassen. Allerdings muss eine Reihe sehr heterogener Kategorien gebildet werden, um ein Bild der Aneignungsstrategien und der Raummuster zeichnen zu können. Zusammengehalten werden die Felder durch die jeweils gleiche Perspektive: Im Falle von Aneignungsstrategien geht es darum, welche Arten von Räumen als relevante Lebensräume thematisiert werden und welche Qualitäten diese Räume aufweisen, damit sie für Menschen relevant werden. Im Fallvergleich zeigen sich sowohl große Unterschiede hinsichtlich der Räume, die thematisiert werden, wenn die Gesamtheit des eigenen Lebens im narrativ-biographischen Interview fokussiert wird, als auch hinsichtlich der Qualitäten, die dafür sorgen, dass diese Raumkonstitutionen relevant sind. Beispielsweise halten einige Menschen die Konstitution eines ›Zuhauses‹ für relevant in ihrem Leben, andere nicht. Bei Menschen, in deren Leben Städte wichtig sind, zählt für einige die Atmosphäre dieser Städte, für andere ist dagegen wichtig, dass sich dort ihr Freundeskreis befindet. Welche einzelnen Räume aus welchen Gründen als relevante Lebensräume thematisiert werden, wird jeweils für die einzelnen Fälle unter der Überschrift ›Aneignungsstrategien‹ analysiert. Bei Raummustern geht es um das Verhältnis, das die verschiedenen für den Einzelnen relevanten Lebensräume untereinander haben. Unter dieser Überschrift werden also die Relationen mehrerer relevanter Räume thematisiert, nicht mehr die einzelnen Räume. Allerdings geht es nur um das Verhältnis der Räume, die innerhalb eines narrativ-biographischen Interviews thematisiert werden, also zu einem einzigen Fall gehören. Beide Themenfelder und ihre kategoriale Fassung wirken notwendigerweise im Rahmen der folgenden Vorstellung von außen gesetzt. Sie sind jedoch aus dem Material entwickelt (siehe Abschnitt 3.4), sodass ihre Angemessenheit erst im Zusammenhang mit der Darstellung der Fälle im nächsten Abschnitt beurteilt werden kann. Doch zunächst zu den Kategorien, mit denen ein Bild der Aneignungsstrategien und der Raummuster erstellt wird.

Aneignungsstrategien (1) geben darüber Auskunft, welche Räume mithilfe welcher Strategien zu den eigenen Lebensräumen werden. Räumliche Aneignung dient dazu, sich Lebenswelten zu erschließen.[1] In Raumaneignungsprozessen werden gesellschaftliche Bedeutungen von Raumkonstitutionen erschlossen und eigene Positionierungen zu ihnen vorgenommen (vgl. Deinet/Reutlinger 2005). Damit sagen Aneignungsstrategien auch etwas darüber aus, welche Räume aus welchen Gründen nicht zu relevanten Lebensräumen werden, wie gleichsam die ›Abeignung‹ von Räu-

1 Anthropologischer Hintergrund ist das Fehlen einer naturgegebenen artspezifischen Umwelt des Menschen (vgl. Plessner 1981-1985 [1928] und Abschnitt 7.1).

men funktioniert. Mehr noch, vor dem Hintergrund der sozialen Konstitution von Räumen handelt es sich bei der Analyse von Aneignungsstrategien meist gleichzeitig um eine Rekonstruktion der Syntheseleistung bei Raumkonstitutionen. Hierbei ist die Frage entscheidend, welche Elemente der Welt zu einem Raum zusammengefasst werden. Die relevanten Lebensräume werden häufig erst im Zusammenhang mit ihrer sinnhaften Aneignung überhaupt synthetisiert (zur Konstitution von Räumen durch Syntheseleistung im Löw'schen Sinne siehe Abschnitt 2.3.2).

Aus dieser Perspektive ließe sich das Themenfeld ›Aneignungsstrategien‹ auch als ›Konstitution relevanter Lebensräume‹ bezeichnen. Der hier gewählte Titel fokussiert stärker auf die Differenzen, die auftreten können, wenn verschiedene Personen ihre Lebensräume mit den gleichen Begriffen bezeichnen. So werden beispielsweise bestimmte Straßenzüge einer Stadt in einem Fall aufgrund ihres kulturellen Angebots und ihres ›Flairs‹ zu einem relevanten Lebensraum, zu einem Stadtviertel, das auf Basis dieser Präferenzen zu einem sozialen Raum zusammengefasst wird. In einem anderen Fall findet die Konstitution eines Stadtviertels als relevanter Lebensraum statt, weil hier der Freundeskreis zu finden ist. In beiden Fällen werden also Stadtviertel konstituiert und als ›Viertel‹ thematisiert. Sie werden jedoch sehr unterschiedlich angeeignet.

Die Analyse des Interviewmaterials ließ einige zentrale Kategorien hervortreten, die genauer über die Strategien von Aneignung Auskunft geben. Den Interviewpartner_innen sind ganz unterschiedliche Aspekte bei der Konstitution ihrer Lebensräume wichtig. So wird in einem Fall Wert darauf gelegt, dass die Entfernung zu Personen, zu denen enge familiäre Bindungen bestehen, zu Fuß in kurzer Zeit bewältigt werden kann. In einem anderen Fall dagegen ist entscheidend, dass in einem Lebensraum »interessante Leute« auftauchen, mit denen man sich »eigentlich ganz gut verstehen könnte«, ohne dass diese Personen tatsächlich gekannt werden. Im zweiten Fall wird die räumliche Nähe zu Familienmitgliedern eher problematisiert, und es werden vorzugsweise Städte als Wohnorte gewählt, die eine erhebliche Distanz zu den Wohnorten beispielsweise der Eltern aufweisen. In beiden Fällen sind es jedoch soziale Bindungen, mit denen die Konstitution der relevanten Lebensräume unter anderem zusammenhängt. Soziale Bindungen in ihren unterschiedlichen Ausprägungen sind also eine zentrale Unterkategorie von ›Aneignung‹, die betrachtet werden muss, um die räumlichen Strukturierungen des Lebens zu verstehen.[2]

Wie bereits angedeutet, ist für einige Personen das Flair – die Atmosphäre[3] – bestimmter Räume bedeutend, um sie sich anzueignen. In einigen Interviews tauchen permanent Verweise auf solche Qualitäten auf. In anderen Interviews fehlen sie vollständig. Stattdessen können dann Aspekte der Verfügungsgewalt und der Kontrolle über Räume ein entscheidendes Kriterium für die Aneignung sein. Solange beispielsweise die Besitzverhältnisse des bewohnten Hauses nicht endgültig zu den eigenen Gunsten geklärt sind, wird aus diesem Haus kein Zuhause. Mit den beiden Komplexen ›Atmosphäre‹ und ›Kontrolle‹ beziehungsweise ›Verfügungsgewalt‹ sind zwei weitere Unterkategorien benannt, die für die Konstitution und Aneignung von Lebensräumen entscheidend sein können.

Weiterhin ist für die Aneignung von Räumen entscheidend, welche Handlungsoptionen in ihnen geboten werden. Für einige Personen sind beispielsweise spezifische kulturelle Angebote zentral. Von hoher oder höchster Priorität sind häufig Optionen auf dem Arbeitsmarkt, die an bestimmten Orten gegeben sind. Welche Handlungen hier möglich sind, kann darüber entscheiden, ob dieses ›Hier‹ zu einem relevanten Lebensraum avanciert.

Eine fünfte Kategorie stellen identitäre Koppelungen dar. So kann beispielsweise ein Selbstverständnis als Deutscher oder Deutsche den geographischen Raum der Bundesrepublik zu einem Heimatland machen, wobei möglicherweise jeder Vorstellung von Auswanderung mit großer Skepsis begegnet wird. Biographische Sinnkonstruktionen können auf Zugehörigkeiten basieren, die über die Staatsangehörigkeit oder die Verbundenheit mit Herkunftsländern im Falle der Migration territorial fixiert sind (vgl. Apitzsch 2002). Die Konstitution von Heimatländern kann jedoch auch im Falle von Migration oder zurückliegender Migration der Eltern einen wichtigen räumlichen Bezugspunkt darstellen, der für die Lebensraumkonstitution von entscheidender Bedeutung ist, selbst wenn dieses Heimatland noch niemals betreten wurde (vgl. Breckner 2005). Solche Raumkonstitutionen können zum Beispiel

2 Zur Dimensionalisierung sozialer Bindungen wird das in Kapitel 4 entwickelte Schema mit starken, schwächeren und schwachen sozialen Bindungen verwendet.

3 Der Begriff Atmosphäre wird hier in seiner alltagssprachlichen Verwendung benutzt und bezeichnet die Emotionen, die Räume in Menschen auslösen.

als imaginäre Fluchtpunkte im Alltag durchaus von Relevanz sein. Von identitären Koppelungen soll im Zusammenhang mit der Konstitution von Lebensräumen dann gesprochen werden, wenn ein stabilisiertes Selbstverständnis im Rahmen der Konstruktion von Identität verräumlicht wird, also gleichsam mit der Konstitution eines sozialen Raums verbunden ist.

Die Bestimmung von Aneignungsstrategien erfordert somit die Analyse von mindestens fünf Kategorien, nämlich von sozialen Bindungen, Atmosphären, Raumkontrolle/Verfügungsgewalt, Handlungsoptionen und identitären Koppelungen. Diese Liste erhebt nicht den Anspruch auf Vollständigkeit. Es handelt sich um diejenigen Kategorien, die aus dem Material interpretiert werden konnten. Sie scheinen für die Aneignung und Konstitution von Lebensräumen einen hohen Stellenwert zu besitzen.

Das Raummuster (2) beschreibt ein relationales Verhältnis mehrerer für das Leben der Interviewpartner_innen relevanter Räume. Im Hinblick auf die Kategorie ›Raummuster‹ gilt es zu erforschen, wie die Verhältnisse zwischen den verschiedenen relevanten Lebensräumen einer Person beschaffen sind. Auch hier wurden mehrere Kategorien ermittelt, um ein möglichst umfassendes Bild des Musters relevanter Lebensräume zu erstellen.

Zunächst wird erst einmal schlicht die Anzahl dieser Räume bestimmt. Hinsichtlich der Menge an Räumen, die im narrativbiographischen Interview thematisiert werden, zeigen sich deutliche Unterschiede zwischen den einzelnen Fällen. Während einzelne Personen im Grunde einen einzigen Lebensraum konstituieren, sprechen andere von einer Fülle an Räumen, in denen sich ihr Leben abspielt.

Weiterhin unterscheidet sich die physisch-räumliche Streuung von Lebensräumen deutlich im Fallvergleich.[4] In manchen Fällen liegen die relevanten Räume physisch dicht beieinander, während sie in anderen Fällen Hunderte von Kilometern voneinander entfernt sein können.

Die Differenzen hinsichtlich der Streuung machen offensichtlich, dass auch Mobilität einen entscheidenden Einfluss auf die

4 Hier wird einmal mehr deutlich, wie wichtig die Differenzierung zwischen physischem und sozialem Raum ist (siehe Abschnitt 2.3). Bei der Subsumption des physischen unter den sozialen Raum lassen sich Angaben zur erdräumlichen Verteilung sozialer Räume nicht sinnvoll vornehmen.

Etablierung von Raummustern hat. Ob und wie die Distanzen zwischen den Lebensräumen überbrückt werden, ob es bevorzugte Arten der Mobilität gibt, all das geht in die Entstehung von Raummustern mit ein.

Schließlich können relational die unterschiedlichen Maßstabsebenen erfasst werden, auf denen relevante Lebensräume angesiedelt sind. Dabei ist die Frage entscheidend, ob unterschiedliche Lebensräume im Rahmen einer Biographisierung miteinander verglichen werden oder nicht. Die maßstäblichen Ebenen, auf denen die Räume eines Falls liegen, können sehr unterschiedlich sein: Handelt es sich bei zwei relevanten Lebensräumen beispielsweise um die Konstitution eines Zuhauses und einer Region als Heimat, so leisten diese Räume Unterschiedliches für die Biographie, stabilisieren möglicherweise unterschiedliche Aspekte der Identität und liegen daher nicht auf derselben Ebene. Ein Vergleich zwischen der Wohnung, die das Zuhause darstellt, und der Region wird in einem solchen Fall nicht vorgenommen. Handelt es sich bei zwei relevanten Lebensräumen in einem anderen Fall dagegen um zwei Städte, so können diese durchaus miteinander verglichen werden und sogar in einem Konkurrenzverhältnis stehen, denn beide sollen beispielsweise Handlungsoptionen eröffnen. Sie liegen dann auf derselben maßstäblichen Ebene und können ebendeshalb hierarchisiert werden, weil sie unterschiedlich viele oder unterschiedlich gute Handlungsmöglichkeiten eröffnen. In manchen Fällen werden nur Räume auf derselben Maßstabsebene im Interview thematisiert, in anderen Fällen liegen alle relevanten Lebensräume auf unterschiedlichen maßstäblichen Ebenen. Relevante Lebensräume, die meine Interviewpartner_innen miteinander vergleichen, liegen also auf einer Ebene. Wo dagegen Lebensraumkonstitutionen nebeneinander thematisiert werden, ohne dass sie verglichen werden oder miteinander in Konkurrenz stehen, haben wir es aller Wahrscheinlichkeit nach mit Räumen auf unterschiedlichen Ebenen zu tun.

Zur Analyse von Raummustern werden also die folgenden am Material erarbeiteten vier Kategorien herangezogen: die Anzahl der Räume, die physisch-räumliche Streuung, die Mobilität und die Maßstabsebenen der relevanten Lebensräume. Auch diese Liste kann aufgrund des kleinen Samples keine Vollständigkeit beanspruchen, ermöglicht es aber, die auftretenden Unterschiede hinsichtlich der Muster von Lebensräumen in dieser Studie zu erfassen.

Eine weitere Möglichkeit, Räume zu relationieren, besteht in der Konstitution von Grenzen (siehe Abschnitt 2.3.2). Dadurch kann beispielsweise ein relevanter Lebensraum, über den ein hohes Maß an Verfügungsgewalt besteht, von einer Außenwelt abgegrenzt werden. Für einige meiner Interviewpartner_innen ist eine klare Bestimmung der Grenze einer für sie relevanten Raumkonstitution ganz entscheidend, während andere explizit offene Räume präferieren. Die Letzteren zeigen keinerlei Interesse an einer exklusiven Verfügungsgewalt über Räume. Ihre Raumkonstitutionen bleiben hinsichtlich ihrer physisch-räumlichen Ausdehnung unbestimmter und damit flexibler. Die Erfassung von Grenzkonstitutionen kann nicht eindeutig der Oberkategorie ›Aneignung‹ oder ›Raummuster‹ zugeordnet werden. Zwar relationieren Grenzen Räume, was auf ihre Bedeutung für die Strukturierung mehrerer Räume verweist, zugleich dienen die Grenzkonstitutionen aber in einigen Fällen auch der Aneignung oder Abeignung von Räumen. In jedem Fall gilt es, auch Grenzkonstitutionen bei der Rekonstruktion von Lebensräumen zu berücksichtigen.

Genau wie bei der empirischen Betrachtung von Lebensgeschichtlichkeit lassen sich auch bei der Analyse von Lebensräumen immer wieder ähnliche Ausprägungen der benannten Kategorien und damit typische Aneignungsstrategien sowie Raummuster beobachten. Bestimmte Aneignungsstrategien tauchen gemeinsam mit bestimmten Raummustern auf. Diese wiederkehrenden Merkmalsausprägungen bilden die Basis einer Typologie von Lebensräumen, die es nun anhand von ausgewählten Fallbeispielen vorzustellen gilt.

5.2. Drei Typen von Lebensräumen

Ich möchte drei Fälle vorstellen, die große Differenzen hinsichtlich der Räume aufweisen, die von den Interviewpartner_innen für ihr Leben als relevant erachtet werden. Auf der Suche nach Unterscheidungskategorien erweist sich dieses Vorgehen (die Suche nach maximalen Differenzen) als sinnvoll, weil so gleichsam die Ränder des Forschungsfeldes abgesteckt werden können. Die anderen Fälle besetzen dann Zwischenpositionen in diesem Feld, lassen sich aber mithilfe des gebildeten kategorialen Raums umfassend beschreiben. Die Auswahl der *Clear-Cases* basiert also auf der Analyse des gesamten Samples. Es handelt sich um die Fälle, welche die größte Nähe zu den drei idealtypischen Konstruktionen aufweisen, mit denen die unterschiedliche Strukturierung von Lebensräumen anschaulich gemacht werden kann.

5.2.1. Der Netzwerk-Typ

Der Mitte 30-jährige Cornelius ist wissenschaftlicher Mitarbeiter an einem sozialwissenschaftlichen Institut. Sein Leben ist geprägt von immer wiederkehrenden Umzügen zwischen deutschen Städten, die ein Netz für ihn relevanter Räume maßgeblich in Form von Städten und Stadtvierteln hinterlassen haben. Die Stationen seines Lebens sind ein Dorf im Rhein-Main-Gebiet, G-Stadt, H-Großstadt,[5] Berlin und schließlich D-Stadt wieder im Rhein-Main-Gebiet. Daneben spielt F-Großstadt als Ort seiner Freizeitgestaltung eine Rolle. Der Umzug von H-Großstadt nach Berlin findet nach dem Auslaufen einer befristeten Stelle statt und wird mit den Worten vorbereitet: »Jetzt bin ich arbeitslos – jetzt geh' ich nach Berlin.« Er rechnet auch weiterhin mit solchen Ortswechseln, denn: »Mir geht's halt auch eigentlich so, dass mir nach ein paar Jahren in 'ner Gegend die Decke auf'n Kopf fällt.« Stadtcharakterisierungen sind zentraler Bestandteil seiner Art und Weise, räumlich in der Welt zu sein.

Aneignung beim Netzwerk-Typ

Bei Cornelius kommt ›Zuhause‹ als Beschreibung des eigenen Wohnortes nicht vor. Selbst das eigene Wohnen wird unterhalb des Levels von Wohngemeinschaften nicht thematisiert. Wohnen

5 Die Anonymisierung der Städtenamen erfolgt nach folgendem Schema: Was die Interviewpartner_innen als Dorf bezeichnen ist ein Dorf, unabhängig von Stadtrechten. Städte werden in Großstädte und Städte unterschieden, und zwar nach Gesichtspunkten, die sich durchgängig im Material finden lassen, aber der offiziellen Nomenklatur zuwiderlaufen. Meine Interviewpartner_innen unterscheiden nicht zwischen Städten mit 80000, 100000 oder 200000 Einwohner_innen. Großstädte haben für sie eine Einwohnerzahl von mindestens 300000 oder 400000. Ab dieser Größe spielt es auch keine Rolle mehr, ob es sich um eine Millionenstadt handelt oder nicht. Berlin wird aufgrund seiner Größe nicht anonymisiert.

bedeutet zuallererst, in einer Stadt beziehungsweise einem Stadtteil zu sein und dann in einer WG unterzukommen. Wie man in einer Wohngemeinschaft unterkommt, ist im Übrigen ein wichtiges Kriterium zur Beurteilung von Städten, und die unterschiedlichen WG-Märkte werden dezidiert beschrieben. Dabei werden solche WG-Märkte präferiert, bei denen ein großer Anteil der Zimmer an unbekannte oder nur flüchtig bekannte Personen vergeben wird. Von diesen ›offenen WG-Märkten‹ werden solche unterschieden, bei denen viele Wohngemeinschaften von Freund_innen und gewachsenen Vergemeinschaftungsstrukturen gebildet werden. Cornelius fühlt sich eher wohl in Räumen, die von schwachen sozialen Bindungen charakterisiert sind. Er lebt am liebsten, wo eine kreative, an elektronischer Musik interessierte Szene versammelt ist. Ein Begriff von ›Zuhause‹ und ›Heimat‹ findet sich einzig bei der Charakterisierung von Lebensentwürfen, die als Kontrastfolie zum eigenen dienen und offensichtlich wenig Anziehungskraft auf ihn ausüben. Ein Begriff wie »*Basis*« trifft eher auf die für ihn zentralen Räume zu:

Aber dass ich eben eigentlich versuche, mir Berlin als 'ne Basis aufrechtzuerhalten, selbst wenn ich nicht dort wohne. Das ist eigentlich das Einzige, was ich für mich als gangbar sehe. Was anderes kannste machen, wenn du Familie und Kinder hast und dann sowieso vom Job nicht mehr nach Hause willst, weil dann der Heimatstress kommt.

Zur Sonderstellung, die Berlin unter seinen Lebensräumen einnimmt, später mehr. Viel wichtiger jedenfalls als ein Konzept von Zuhause ist für Cornelius das Leben in Städten. Er trampt nach dem Zivildienst durch Deutschland, um eine Stadt zum Studieren zu finden. Die Atmosphäre ist dabei entscheidend:

M-Stadt war mir nach einem Abend klar, dass ich diese Stadt zum Kotzen finde, und G-Stadt war mir irgendwie ganz sympathisch. Da bin ich da dann halt in G-Stadt geblieben.

Kurz darauf konkretisiert er die Beschreibungen zunächst von M-Stadt und dann von G-Stadt, wobei er Wert auf die Beschreibung der Gefühle legt, welche die Städte in ihm auslösen:

Industriestadt. Einfach so'n industrieller Charakter. Auch wenn du da in die Innenstadt kommst, dann ist mit großem Pomp dargestellt, dass das ja die traditionelle historische Altstadt sei, und von dieser historischen Altstadt siehst du dann 'n Schloss und 'ne Straßenstruktur, aber die Gebäude dieser Straßenstruktur sind dann halt diese modernen fünfstöckigen Karstadtkaufhäuser und so. Und einfach widerlich. Ich wusste, das ist nicht mein Ding. Und ich mein, G-Stadt fand ich ganz sympathisch, hab mich dann halt an die Uni eingeschrieben, und das war dann ... Also, G-Stadt ist ja relativ extrem, von wegen Unistadt also ungefähr so groß wie hier, allerdings mit 'ner ökonomisch verwaisten Innenstadt.

Nach dem Studium in G-Stadt zieht Cornelius nach H-Großstadt. Bei der Beschreibung dieser Stadt konkretisiert sich, über welche Atmosphäre eine Stadt beziehungsweise ein Stadtviertel für Cornelius verfügen sollte, damit eine Aneignung gelingen kann:

Okay, auf jeden Fall, es hat sich dann halt ein Job in H-Großstadt angeboten, und bin dann am Anfang erst ma' gependelt von G-Stadt, konnt' mir von daher halt auch in Ruhe 'n bisschen H-Großstadt angucken und muss sagen, H-Großstadt ist ja eigentlich erst mal 'ne ganz angenehme Stadt. [Hier folgt eine Beschreibung der Cliquenstruktur von H-Großstadt, G.W.] Und andererseits war H-Großstadt eigentlich echt ganz schick, weil das hat ja so'n bisschen 'ne Struktur wie Berlin, also dass du 'ne Menge Stadtteile hast, die jeweils einen ganz eigenen Charakter haben und eben auch ihr eigenes Zentrum. Und ich bin dann da halt im L-Viertel gelandet, so'n bisschen Multikulti-Alternativ-Stadtteil und das war mir erst mal so von der Umgebung her sehr sympathisch.

Berlin schließlich ist das atmosphärische Highlight und zeichnet sich gegenüber H-Großstadt und allen anderen Städten wie folgt aus:

Und was mich da [in H-Großstadt, G.W.] auch angekotzt hat, was mich seit jeher ziemlich genervt hat, das war auch in den anderen Städten und Orten vorher, das war, dass so ein Weggehen und Nachtleben eigentlich immer nach Terminplan und nicht nach innerem Rhythmus passiert. Also dass ich gucken muss: Da und da ist was, und dann hab' ich gefälligst fit und präsent zu sein und hab' Lust zu haben loszuziehen. Und ja – im Hinterkopf schwebte halt die ganze Zeit Berlin dabei. So als ein Ort, an dem das eben anders ist. Wo du weggehst, wann du Bock hast.

Hier wird deutlich, dass Berlin wegen des kulturellen Angebots weitgefächerte Handlungsoptionen zur Verfügung stellt, die Cornelius die Aneignung dieses Raums erleichtern. Das Berliner Nachtleben verfügt zu einem bestimmten Zeitpunkt über den

»weltweit angesagtesten Club«, der im Gegensatz zu F-Großstadt-Clubs über »freundliche Typen an der Kasse« und über »freundliche Türsteher« verfügt. Die Kontrastfolie F-Großstadt zeichnet sich dagegen aus durch:

Diese volle Durchkommerzialisiertheit des Nachtlebens. Dass quasi alles, was nichts kostet, schon fast illegal ist. Und dann eben auch diese Türsteher-Affinität. Also es ist ein ekelhaftes Milieu.

Neben den Optionen aufgrund des kulturellen Angebots Berlins, das in zeitlicher Perspektive maximale Flexibilität zulässt, lässt sich an diesem Zitat auch etwas zu Cornelius' Einstellung bezüglich der Kontrolle von Räumen ablesen. Er selbst thematisiert die eigene Verfügungsgewalt über Räume an keiner Stelle im Interview. Durch seine Präferenz für das ›Leben auf der Straße‹ im öffentlichen und halböffentlichen Raum würde ein Anspruch auf Kontrolle kaum Sinn ergeben. Er kritisiert jedoch darüber hinaus auch die Kontrollansprüche Dritter in solchen Räumen. Offene Zugänge scheinen ihm wichtig.

Bezüglich der Verräumlichung sozialer Bindungen haben schwache soziale Bindungen wie Bekanntschaften im eigenen Lebensraum den Vorrang. Wieder ist es die Stadt Berlin, die am ehesten bietet, worauf er Wert legt:

Wo du umgeben bist... ja... von eher relevanten Leuten, dass du dir, wenn du auf die Straße gehst, denkst: Ja hier sind um mich rum noch Leute, wo ich denke, mit denen könnte ich mich eigentlich ganz gut verstehen, und nicht auf die Straße gehst und erst mal so in ein Möglichst-nicht-bemerkt-Werden verschwindest, um erst an Orten wieder Leute zu treffen, wo du merkst, ja das ist mein relevantes Umfeld.

Dagegen scheint die räumliche Nähe zu Mitgliedern der eigenen Familie, namentlich zu den Eltern, weniger attraktiv:

Na ja, und dann nach dem Zivildienst war eigentlich klar: Ich will aus der Gegend weg. Dabei war für mich eigentlich klar, das muss ein Stück weit weg sein. Also, wenn ich jetzt gesagt hätte, ich studier' in F-Großstadt [circa 30 Kilometer entfernt], dann hätten meine Alten gesagt: Ja, dann kannste ja weiter bei uns wohnen.

Relevante Lebensräume werden von Cornelius also vorzugsweise konstituiert, wo eine Vielzahl von Menschen in diese Konstitution eingehen kann, die durch schwache soziale Bindungen und szeneförmige Vergemeinschaftung mit ihm verbunden sind. Die Präferenz für solche Räume kann jedoch mit dem Anspruch kollidieren, im Nahfeld eine interessante, vorzugsweise wissenschaftliche Tätigkeit zu finden. Dieser Anspruch an einen funktionalen Charakter des Lebensraums erzeugt ein Spannungsverhältnis mit den anderen Ansprüchen:

> … und so viele Orte für mich ja nun auch nicht akzeptabel waren … ich mein, du kannst dir vorstellen, als ich dann zum Beispiel 'ne interessante Stellenausschreibung gesehen hab', auf irgend so 'nem kleinen Kaff, also so 'n Nebencampus in 'nem Zwanzigtausend-Einwohner-Kaff südlich von S-Großstadt oder so was… Das wär' zwar interessant gewesen, und du musst bedenken, so nach anderthalb Jahren Bewerbungen fragt man sich ja auch so: Inwieweit kann man sich die eigenen Ansprüche eigentlich erlauben… Das sind dann schon sehr seltsame Konflikte. Wo ich eigentlich feststellte, dass einerseits so dieses Ständig-dem-Job-Hinterherziehen, egal wohin, überhaupt nicht mehr geht, und andererseits für Jobs, die einen irgendwie interessieren, dann halt auch eventuell auf so 'n Ding müsste. Und es war dann halt schon 'ne ziemliche Spannung erst mal.

Cornelius versucht, diese Spannung mit einer speziellen Strategie zu lösen, die ich unter der Kategorie Raummuster vorstellen werde. Wichtig ist zunächst, dass die Spannung zwischen zwei Aneigungsstrategien entsteht: Zum einen sollen relevante Lebensräume Optionen für interessante hochqualifizierte Arbeit bieten, zum anderen sollen Optionen zur Freizeitgestaltung vorhanden sein, und die Atmosphäre sollte Cornelius zusagen.

Die Aneignung der relevanten Lebensräume lässt sich bei Cornelius wie folgt zusammenfassen: Ihm ist die Atmosphäre von Städten und Stadtvierteln wichtig. Dort gehen die für ihn interessanten Leute in die Raumkonstitution ein, mit denen er jedoch keine engen Bindungen eingehen muss. Ein reichhaltiges kulturelles Angebot eröffnet ihm wichtige Handlungsoptionen, die idealerweise so mannigfaltig sind, dass ein Terminkalender überflüssig wird. Er bevorzugt offene Räume, deren Zugang wenig kontrolliert ist. Der Wunsch nach interessanter Arbeit im Umfeld kann allerdings zu einem Problem hinsichtlich der räumlichen Strukturierung seines Lebens führen. Die Lösungsstrategie, mit der dieses Problem angegangen wird, basiert auf der Organisation mehrerer unterschiedlicher Lebensräume. Diese Strategie wird unter der Kategorie Raummuster im Folgenden analysiert.

Raummuster beim Netzwerk-Typ

Die Lebensräume von Cornelius bilden strukturell ein Netzwerk von Städten. Diese räumliche Organisation nimmt er durchaus als etwas Spezielles wahr:

> Also für mich ist dies eigentlich ein vollständiger Bruch zwischen 'nem Bekanntenkreis, der so wie ich lebt und quer durch Deutschland verteilt ist und mal hier und mal dort was macht, und den Leuten, die hier geblieben sind und die inzwischen dann in F-Großstadt oder sonstwo in der Nähe wohnen, verheiratet sind, Häuser bauen, Kinder haben.

Dieser Lebensstil ist verbunden mit häufigen Umzügen, die vor allem der Tatsache geschuldet sind, dass die Raumkonstitutionen, wenn überhaupt, dann nur auf Zeit Optionen zum Arbeiten beinhalten:

> Ich hab' es seltsamerweise immer für völlig normal gehalten, und ich stell' fest, dass es in meinem Umfeld überhaupt nicht normal ist, dass ich den Job da eigentlich priorisiert hab'. Also dass für mich immer eigentlich völlig klar war, dass ich so spezifische Kompetenzen, Interessen usw. hab', dass ich niemals davon ausgehen kann, in meinem Nahfeld 'nen Job zu finden. Und es von daher eigentlich immer völlig normal war weiterzuziehen.

Diese hohe Mobilität allein als Zugeständnis an den Arbeitsmarkt zu interpretieren führt jedoch in eine falsche Richtung, denn »mir geht's halt auch eigentlich immer so, dass mir nach ein paar Jahren in 'ner Gegend die Decke auf'n Kopf fällt«. Die Mobilität stößt jedoch im Alltag an Grenzen. Die Vorstellung zu pendeln, schlimmstenfalls mit dem Auto, ist konnotiert mit den negativen Erfahrungen in der Zeit als junger Erwachsener:

> Ich meine, du musst bedenken, es war ein tierischer Aufwand jedes Mal wegzukommen. Weil jedes Mal, wenn ich wegwollte, hieß das, ich muss ins Auto steigen und ich muss erstmal 30 Kilometer fahren, und das wollte ich eben einfach loswerden.

Vor diesem Hintergrund erfährt Cornelius das Leben in den Städten als Befreiung. Hier beschrieben am Beispiel des Wohnens in der historischen Altstadt von G-Stadt:

… dass ich mich außerhalb dieser historischen Innenstadt eigentlich nicht mehr rausbewegt hab. Wenn dann eben, dann mit dem ICE raus. Das war eben im Bezug zu vorher – ich war von dieser ganzen Autofahrerei, von diesem jedes Mal, um überhaupt loszukommen, Ins-Auto-steigen-Müssen, so angekotzt, dass ich es einfach prima fand, mich in Gegenden zu bewegen, wo ich komplett, mein komplettes Leben zu Fuß führen kann – oder eben im ICE.

In dem Netzwerk relevanter Lebensräume nimmt Berlin aufgrund seiner für Cornelius speziellen Aneignungschancen eine Sonderstellung ein. Vor dem Hintergrund seiner hohen Mobilität und der Priorisierung von Arbeitsgelegenheiten entwickelt er ein spezielles Konzept zur räumlichen Organisation seines Lebens, das dieser Sonderstellung gerecht werden soll, indem es die Lebensräume funktional differenziert:

Dacht' ich mir dann als Konzept, zu versuchen, einfach dem Job immer ein bisschen hinterherzuziehen und andererseits mir Berlin als Zweitpräsenz aufrechtzuerhalten. Also einfach mich drum zu kümmern, auch in Zeiten, wo man nicht Berlin ist, sich da die Netzwerke aufrechtzuerhalten – regelmäßig dort zu sein.

Das Muster, das sich aus Cornelius' Lebensräumen ergibt, kann also als Netzwerk beschrieben werden, in dem Berlin den wichtigsten Raum darstellt. Im Fallvergleich kommen in Cornelius' Erzählung eine Fülle relevanter Räume auf gleicher Maßstabsebene (Städte oder Stadtviertel) vor, die vergleichsweise weit verstreut sind. Diese Räume werden hinsichtlich ihrer Handlungsoptionen und ihrer Atmosphären permanent miteinander verglichen und entsprechend hierarchisiert. Die mit der weiten Streuung verbundene Notwendigkeit der physisch-räumlichen Distanzüberbrückung wird vorzugsweise mit dem Zug bewältigt. Innerhalb der Räume wird dagegen Verdichtung bevorzugt.

Fazit

Die zentralen Elemente der Konstitution von Lebensraum beim Netzwerk-Typ sind also hohe Mobilität bei weiter physisch-räumlicher Streuung einer Vielzahl einzelner relevanter Räume. Angeeignet und konstituiert werden diese Räume über ihre Atmosphäre, die Verräumlichung schwacher sozialer Bindungen und auf Basis der weitgefächerten Optionen, die diese Räume bieten. Kontrolle und Verfügungsgewalt über die Räume spielt eine geringe oder gar keine Rolle. Die Räume liegen auf der gleichen Maßstabsebene, das heißt, die Städte oder Stadtviertel (manchmal auch Ballungsräume) unterliegen zunächst einmal den gleichen Ansprüchen. Sie können aber gerade deshalb funktional differenziert und hierarchisiert sein. Zentrale Räume, in diesem Beispiel die Stadt Berlin, können im Rahmen dieses Musters den Status einer ›Basis‹ erlangen, nicht etwa den von ›Zuhause‹ oder einer ›Heimat‹. Räume auf anderen maßstäblichen Ebenen, wie die eigene Wohnung oder Nationalstaaten, werden nicht thematisiert, was den Netzwerk-Typ deutlich von allen anderen Typen unterscheidet. Die Konstruktion von Grenzen für diese Räume ist wenig ausgeprägt. Entsprechend unterscheiden sich die relevanten Lebensräume allesamt von Raumkonstitutionen wie einem ›Zuhause‹, das über die Abgrenzung von der Umwelt Stabilität und Sicherheit verspricht.

5.2.2. Der konzentrische Typ

Nathalie stammt aus einer russlanddeutschen Familie, die 1988 aus Kasachstan in die Bundesrepublik aus- beziehungsweise zurückwanderte. Zu diesem Zeitpunkt war sie sechs Jahre alt. Sie ist heute 28 Jahre alt und studiert ein sozialwissenschaftliches Fach im siebten Semester. Sie wohnt und studiert in D-Stadt. Ein BWL-Studium in F-Großstadt hat sie zuvor abgebrochen. Aufgrund ihrer Familiengeschichte ist Deutschland als Nationalstaat ein wichtiger Bezugspunkt ihres Lebens, und gleichzeitig fühlt sie sich als D-Städterin. Der mit Abstand wichtigste Ort ist jedoch das von der Familie selbst gebaute Haus in der Stadt, in dem sie nach der Trennung der Eltern und dem Auszug des Bruders gemeinsam mit ihrer Mutter und ihrer Großmutter lebt.

Aneignung beim konzentrischen Typ

Entsprechend der Unterschiedlichkeit der für Nathalie relevanten Lebensräume (Zuhause, Stadt und Nationalstaat liegen nicht auf der gleichen maßstäblichen Ebene) werden unterschiedliche Strategien zur Aneignung dieser Räume genutzt. Im Folgenden werden die Strategien entlang der räumlichen Differenzierung vorgestellt.

Das Haus, in dem Nathalie wohnt, wird im Interview meist als »*Zuhause*« bezeichnet. Die Aneignung funktioniert im Wesentlichen über starke soziale Bindungen zur Mutter und zur Großmutter, die im selben Haus leben. Es ist der Raum der Familie. Die Bedeutung des Hauses wird von Nathalie selbst mehrfach in Verbindung gebracht mit der Bedeutung der Beziehung zur Mutter. Auf die Frage, ob sie während des zwischenzeitlichen Studiums in F-Großstadt mit dem Gedanken gespielt hat, dorthin zu ziehen, zumal sie durch das Pendeln belastet wird, antwortet sie:

Kurz. Aber das war wirklich nur ein ganz, ganz kurzer Gedankengang, weil bis heute ist es so, dass ich nicht auszieh' wegen meiner Mutter.

Darüber hinaus spielt die Verfügungsgewalt über diesen Raum eine wichtige Rolle. Diese beginnt bereits mit der Entstehung des Hauses selbst, denn die Familie eignet sich das Haus bereits in der Bauphase durch den unmittelbaren eigenen Zugriff an:

Wir haben das Haus selbst gebaut – mit Hilfe natürlich – aber eigentlich fast 100 Prozent von uns, ja. Mit Hilfe von Verwandtschaft, so wie das auch in Russland üblich ist. Da kommt schon auch die Kultur immer wieder hoch. Da lässt man nicht bauen – da baut man selber, damit man genau weiß, was man hat.

Das Thema der Verfügungsgewalt über das Haus wird im Interview immer wieder aufgegriffen. Nach der Trennung der Eltern entsteht ein sieben Jahre dauernder Konflikt bezüglich der Besitzansprüche an dem Haus, der sowohl die Mutter als auch Nathalie hochgradig belastet. Auf die herausragende Bedeutung des Hauses verweist eine Erzählsequenz, die eigene, inzwischen überstandene psychosomatische Beschwerden in diesem Kontext thematisiert. Diese Sequenz wird abgeschlossen mit den Worten:

Und jetzt ist es auch endlich so, dass das Haus uns gehört!

In der Zeit unklarer Besitzverhältnisse werden weder von der Mutter noch von Nathalie irgendwelche Investitionen in das Haus getätigt oder Reparaturen durchgeführt. Solange diese Frage nicht abschließend geklärt ist, wird aus dem Haus kein ›Zuhause‹. Die Strategien, mit denen das Haus als Zuhause angeeignet wird, sind also starke soziale Bindungen und Verfügungsgewalt.

Nathalie versteht sich darüber hinaus als D-Städterin. Auch die Stadt hat sie sich als einen relevanten Lebensraum angeeignet:

Wir sind '88 angekommen – noch vor der Wende. Ich weiß noch, wir sind hier in D-Stadt angekommen. Also ich bin eigentlich D-Städterin, würd' ich sagen – also nicht geborene, aber ich bin D-Städterin.

Das Entscheidende an der Stadt ist jedoch nicht eine besondere Atmosphäre wie im Fall von Cornelius, sondern einzig die Qualität eines konkreten Freundeskreises in der Stadt. Gelingt der Aufbau eines solchen Freundeskreises, dann kann auch die Stadt angeeignet werden. Ein solcher Freundeskreis prägt das Verhältnis zu D-Stadt:

Und dadurch fühl' ich mich in D-Stadt vor allem auch durch meine Kommilitoninnen sehr, sehr wohl.

Die Qualität der Freundschaft zu diesen Kommilitoninnen zeichnet sich dadurch aus, dass sowohl privat wie auch bei der Arbeit für das Studium Vergemeinschaftung stattfindet. Dieser Anspruch lässt sich unter anderem an einem Zitat deutlich machen, das den problematischen und letztendlich gescheiterten Versuch beschreibt, sich F-Großstadt als Studienort anzueignen, während sie weiterhin in D-Stadt wohnt:

Und ich hab' mich dann auch reingesetzt und hab auch gleich Anschluss gefunden – nette Kommilitonen. Mit denen ich dann auch gut feiern gehen konnte, aber wenn sich's dann aufs Lernen beschränkt hat, dann war das keine gute Idee, weil dann jeder so für sich so sein Ding gemacht hat. Und ich bin nicht gut auf dieser Universität zurechtgekommen. Ich hab mich da unwohl gefühlt – mit dem ganzen Campus – mit den Professoren. Meine Kommilitonen haben auch da ihr Ding gemacht.

Während also Nathalies familiäre Integration mit einer großen Bedeutung des Zuhauses einhergeht, korrespondiert die Bedeutung der Stadt offensichtlich mit der Integration in einen konkreten Freundeskreis. Soziale Bindungen auf einer anderen Ebene als der familiären Vergemeinschaftung ermöglichen die Aneignung der Stadt als Lebensraum. Diese Bindungen in Form von Freundschaften sind stärker als im Fall von Cornelius, der sich Städte über Bekanntschaften und szeneförmige Vergemeinschaftung aneignet.

Schließlich spielt vor dem Hintergrund der Erfahrung als Migrantin für Nathalie auch die Integration in einen Kulturkreis eine wichtige Rolle, die eine räumliche Entsprechung in der Relevanz des Nationalstaates findet. Nathalies Perspektive changiert hier zwischen ihrer eigenen (am Anfang und Ende des Zitats) und der Perspektive ihrer Mutter:

Wir waren dort Ausländer, und hier sind's – waren's wir zwar auch noch und sind's bis heute noch immer irgendwie, aber trotzdem, sie [die Mutter, G.W.] sagt: Wir sind deutschstämmig – wir sind Deutsche, ja. Und deshalb: Das ist unser Land. Wir kehren nur dahin zurück, wo wir herkommen. Und auch wenn wir dann natürlich ein paar Schwierigkeiten gehabt... Wir gehören hierher.

Das Wort »hier« taucht im Übrigen immer wieder im Interview auf und bezieht sich in etwa zwei Dritteln der Fälle auf Deutschland und ansonsten auf die Stadt. Die Aneignung des Nationalstaates vollzieht sich über eine Koppelung mit der kulturellen Identität. So wird in der Familie nach der Ankunft in Deutschland Nathalies Erzählung zufolge kein Russisch mehr gesprochen, obwohl die Eltern noch kein Deutsch können.

Wie bereits erwähnt, taucht die Atmosphäre von Räumen im Gegensatz zu Cornelius in Nathalies Erzählungen nahezu nicht auf. Ein einziges Mal wird eine zwischenzeitliche Mietwohnung in einem D-Städter Stadtteil mit dem Attribut »schön« versehen:

Nach zwei Jahren haben wir uns dann im K-Viertel eine Wohnung geholt in so 'nem dreistöckigen schönen Familien-, also dreistöckigen Wohnhaus.

Fortgesetzt wird diese Sequenz mit der Erklärung zur Entscheidung für diese Wohnung, die davon geleitet war, dass sich die Wohnung in unmittelbarer räumlicher Nähe zum Wohnort der zweiten Großmutter befand, und eben nicht von der Schönheit der Wohnung. Die weitere Analyse der Sequenz wird daher unter der Kategorie Raummuster fortgesetzt.

Zusammenfassend lässt sich zur Aneignungsstrategie festhalten, dass das eigene Haus als Zuhause über starke familiäre Bindungen und über die Verfügungsgewalt bezüglich des Raums angeeignet wird, während die Stadt als Lebensraum mithilfe von Freundschaften, also sozialen Bindungen auf anderer Ebene, zum relevanten Raum wird und der Nationalstaat durch seine Koppelung mit der kulturellen Identität Relevanz besitzt.

Zentral sind für Nathalie drei auf unterschiedlichen Ebenen liegende Räume in ihrem Leben, die sich umeinander legen wie Wellen um einen ins Wasser geworfenen Stein. Das Haus als Zuhause, die Stadt als Raum der freundschaftlichen sozialen Beziehungen und der Nationalstaat als Verräumlichung kultureller Identität bilden die wichtigen räumlichen Referenzen. Die Räume legen sich in diesem Fall nicht nur hinsichtlich ihrer Maßstabsebene umeinander, sondern auch in der physisch-materiellen Welt. Allerdings wird das eigene Zuhause mit den Wohnorten von Familienmitgliedern in Beziehung gesetzt, die nicht im eigenen Haus wohnen beziehungsweise wohnten:

> Dann aber war es so, dass wir uns 'ne Wohnung geholt haben, und sie [die zweite Großmutter, G.W.] hat 'ne eigene Wohnung ganz in der Nähe, ein, zwei Straßen weiter gehabt speziell in so 'nem betreuten Wohnen für ältere Leute. Und deshalb haben wir uns auch entschieden, diese Wohnung zu nehmen, weil sie wirklich gleich um die Ecke ist. Und so hatten wir immer sehr guten Kontakt und hatten immer ganz kurze Wege.

Die Personen, zu denen weitere starke soziale Bindungen bestehen, sollten also vorzugsweise in fußläufiger Entfernung zum eigenen Zuhause wohnen. Eine bestimmte Art der Mobilität zu Orten, an denen Personen leben, zu denen starke soziale Bedingungen bestehen, ist also für die Konstitution eines ›Zuhauses‹ durchaus relevant. Ähnlich beschreibt Nathalie ihre Vorstellung von einer Zukunft nach dem Auszug aus dem mütterlichen Haus, den sie nach dem Studium anvisiert. Dort wird es dann darum gehen, ein neues, ganz eigenes Zuhause zu etablieren:

> Es geht mir darum, komplett nicht mehr zu Hause zu sein. Wirklich komplett: unabhängig, eigenständig, davon weit weg. Muss ja nicht gleich 'ne andere Stadt sein, kann auch einfach nur ein paar Straßen weiter sein, Hauptsache wirklich nicht mehr im elterlichen Haushalt.

Im Vergleich mit Cornelius sei an dieser Stelle daran erinnert, dass ein »paar Straßen weiter« für Nathalie »weit davon weg« bedeutet, während 30 Kilometer für Cornelius eine zu große Nähe zum elterlichen Haushalt bedeutet hätten. Auch Nathalies Berufsplanung konzentriert sich auf D-Stadt. Aufgrund der gewünschten physisch-räumlichen Nähe zu Familienmitgliedern wird also die Mobilität im Lebenslauf bewusst eingeschränkt.

Ähnlich sind sich Nathalie und Cornelius hinsichtlich der negativen Bewertung des alltäglichen Pendelns:

> Also die meisten [Kommilitoninnen, G.W.] haben auch in F-Großstadt gewohnt – ich in D-Stadt. Das heißt immer dieses Hin-und-her-Pendeln. Also eine Stunde hab' ich genau gebraucht von mir zu Hause bis zur Uni. Und dann immer bis A-Viertel da zum Bahnhof gefahren mit der [S-Bahn-Linie, G.W.], dann nach F-Großstadt und dann noch mal umgestiegen in die U-Bahn, und dann war ich schon im B-Viertel. Und das war mir schon teilweise so aufwendig, dass ich für eine Vorlesung vielleicht gar nicht gekommen bin. Oder, was mir sehr oft passiert, ich verpasse ganz gerne mal die Bahn [...]. Hab' ich auch mal gar nichts mehr – bin dann nach Hause gefahren, hab' gedacht: okay, versuch mal zu Hause zu lernen.

Weil aber ein Wohnortwechsel durch die konzentrische Strukturierung des Lebensraums eher unattraktiv ist, hält Nathalie bereits eineinhalb bis zwei Jahre vor dem geplanten Abschluss ihres Studiums nach möglichen Arbeitgebern und Stellenangeboten in D-Stadt Ausschau. Sie sucht also im Gegensatz zu Cornelius eher Arbeit in der Stadt als eine Stadt zum Arbeiten.

Fazit

Der konzentrische Typ schachtelt Räume auf unterschiedlichen maßstäblichen Ebenen ineinander. Das heißt, dass die relevanten Lebensräume nicht miteinander verglichen werden und in kein Konkurrenzverhältnis miteinander treten. Die Raumkonstitutionen auf den unterschiedlichen Ebenen leisten Unterschiedliches für die Biographie: Während das Zuhause – geprägt von starken sozialen Bindungen – Sicherheit im Falle existenzieller Sorge verspricht, funktioniert die Stadt als Optionsraum, der Arbeitsmöglichkeiten und ein weiteres Feld sozialer Kontakte in Form eines Freundeskreises ermöglicht. Der Nationalstaat schließlich kann als Vehikel zur Verstetigung kultureller Identität gelesen werden. Entsprechend sind die Aneignungsstrategien dieser Räume differenziert. Das Zuhause wird angeeignet über starke familiäre soziale Bindungen und Verfügungsgewalt, die Raumkonstitution auf der nächsten Ebene (hier: die Stadt) über schwächere soziale Bindungen, die jedoch als Freundschaften noch immer stärker sind als die Bekanntschaften des Netzwerk-Typs, und die äußere Ebene (hier: der Nationalstaat) über eine Koppelung mit der kulturellen Identität.

Das Bild der konzentrischen Kreise muss sich nicht zwangsläufig in der physisch-räumlichen Anordnung dieser Räume wiederfinden. Die Metapher bezieht sich auf das Einander-Umschließen dieser Räume hinsichtlich ihrer Funktion für die Biographisierung der Subjekte. Beispielsweise ist denkbar, dass ein solcher konzentrischer Typ ein Zuhause in der Stadt Düsseldorf konstituiert, wobei zwar die Stadt seinen Optionsraum darstellt, aber die kulturelle Identität an den Nationalstaat ›Türkei‹ gekoppelt ist. Ein solcher Fall würde ebenso als konzentrischer Typ behandelt.

Außerdem gibt es Fälle, in denen die Ebene der kulturellen Identität eher an eine Region, wie beispielsweise Südhessen, im Sinne von Heimat gekoppelt ist. Dadurch kann der Bezug zum Nationalstaat ersetzt oder auch erweitert werden, was eine zusätzliche Ebene in der Logik der Schachtelung bedeutet. Eine solche Variation ändert jedoch nichts an der Strukturlogik einer Lebensraumkonstitution nach dem konzentrischen Typ.

Für den konzentrischen Typ können auch weitere Orte relevant werden. Dabei handelt es sich dann meist um Wohnorte von Personen, zu denen starke soziale Bindungen bestehen. Vorzugsweise ist dann der physisch-räumliche Abstand des eigenen Zuhauses zu diesen Orten gering.

5.2.3. Der Insel-Typ

Beim dritten Fall handelt es sich um einen circa 30-jährigen Mann, der seit ungefähr sieben Jahren auf einem Wagenplatz lebt.[6] Thomas hat vor circa zwei Jahren ein Maschinenbaustudium abgebrochen beziehungsweise auf Eis gelegt und lebt seitdem von gelegentlichen Jobs und Krediten der Eltern bei geringen monatlichen Ausgaben. Den kontinuierlichsten Job hat er einmal wöchentlich bei einem Verleih für Veranstaltungstechnik.

Thomas hat eine langjährige Beziehung zur Mutter eines elfjäh-

6 Bei einem Wagenplatz handelt es sich um eine Ansammlung von zum Wohnen ausgebauten Bau- und Zirkuswagen sowie um Lkws. Auf Wagenplätzen leben meist Gruppen zwischen fünf und sechzig Menschen.

rigen Jungen, die beide auch auf dem Wagenplatz wohnen. Das Interviewmaterial ist schwierig zu deuten, weil Thomas kaum in einen Erzählfluss gekommen ist. Das Interview ist entsprechend kurz und immer wieder mit Nachfragen durchsetzt. Dennoch ist seine Art und Weise, räumlich in der Welt zu sein, trotz des wenigen Materials rekonstruierbar und paradigmatisch für einen dritten Typ von Lebensraumkonstitution. Daher eignet sich dieser Fall, um die Grundzüge inselhafter Lebensraumkonstitution vorzustellen (in den folgenden Kapiteln werden noch weitere Fälle dieses Typs beschrieben).

Aneignung beim Insel-Typ

Der zentrale Lebensraum von Thomas ist sein ›Zuhause‹. Es ist nahezu deckungsgleich mit dem Wagenplatz, denn:

Grundsätzlich kann man noch sagen: Auf dem Platz ist zu Hause und nicht auf dem Platz ist nicht zu Hause.

Die Aneignungsstrategien für den Wagenplatz sind ganz ähnlich wie die Aneignungsstrategien für die Konstitution von ›Zuhause‹ bei Nathalie, nämlich die Verfügungsgewalt und starke soziale Bindungen. Bezüglich der Verfügungsgewalt differenziert Thomas das Zuhause noch einmal nach Graden der Kontrolle, die er über den Raum besitzt. Je privater der Raum ist, umso größer die Kontrolle:

Interviewer: Wenn du sagst »zu Hause« – der Platz ist das Zuhause, dann ist das ja größer als der Wagen, als dein Wagen und As [Thomas' Partnerin, G.W.] Wagen?
Thomas: Ja, klar. Also das ist sozusagen 'ne Abstufung von Zuhause, also weil der Platz ist nicht unbedingt jetzt privat, sondern meine Wägen oder unsere Wägen sind jetzt privat, aber der Platz gehört auf jeden Fall auch noch dazu. Aber abgestuft.

Der Grad an Privatheit und damit auch der ›Grad von Zuhause‹ variiert mit der Verfügungsgewalt, die Thomas über die Räume besitzt. Die Aneignung des Wagenplatzes basiert darüber hinaus auf der Verräumlichung sozialer Bindungen. Dabei spielen die starken sozialen Bindungen die entscheidende Rolle, wie bereits die Synthese des privaten Bereichs des Platzes zeigt, in den der Wagen der Freundin mit aufgenommen wird. Noch deutlicher wird die Relevanz dieser starken sozialen Bindungen, wenn Thomas die Stationen seiner bisherigen Biographie seit dem Auszug aus dem Elternhaus Revue passieren lässt. Dabei unterscheidet er die Räume danach, ob sie ein »*Zuhause-Gefühl*« auszulösen im Stande waren. Ein solches Gefühl vermittelte genau derjenige Raum, an dem er mit einem Familienmitglied zusammenlebte:

Also ich hatte halt vorher in vergleichsweise kurzen Zeiträumen immer dann andere Wohnungen. Also ich hab' vorher kein Jahr oder vielleicht ein Jahr hier in W-Stadt in 'ner WG gewohnt. Und vorher irgendwie 'n Jahr in K-Stadt und davor 'n Jahr in L-Großstadt und äh … ich hab' auch vorher in B-Stadt noch gewohnt mit B. [Thomas' Schwester, G.W.] zusammen. Das war'n dann zwei Jahre oder so. Das war vielleicht am ehesten was, wo ich noch ein bisschen so ein Zuhause-Gefühl noch hatte. Also das hatte ich an den anderen Orten nicht.

Genau wie beim konzentrischen Typ wird das Zuhause also durch die Verfügungsgewalt und starke soziale Bindungen angeeignet. Die Differenz zu diesem Typus tritt bei der Analyse der Raummuster jedoch deutlich hervor.

Raummuster beim Insel-Typ

Thomas thematisiert im Interview keine gegenwärtig relevanten Räume außer dem Zuhause. Die Anzahl der Räume ist also vergleichsweise gering. Dieser Umstand wurde in der Nachfragephase des Interviews noch einmal aufgegriffen.

Interviewer: Gibt es Orte außerhalb des Platzes, von denen du spontan sagen würdest: »Die sind für mein Leben wichtig?«
Thomas: (Lachen, Kopfschütteln) Also weiß ich jetzt nicht genau. Nee.

Räume auf einer anderen Maßstabsebene spielen für Thomas keine Rolle. Besonders deutlich wird dies in einer Passage gegen Ende des Interviews, in der er sich an den im bisherigen Gesprächsverlauf vergessenen Arbeitsplatz erinnert, den er einmal die Woche aufsucht. Er reflektiert dabei unmittelbar, dass dieser Ort nicht in die Synthese seines Lebensraums eingeht, denn er ist nicht »eingebaut«:

Oh, ich hab ganz vergessen: Ich, äh, montags gehe ich auch arbeiten. (Lachen) Montags bin ich bei einem [Name des Veranstaltungstechnikverleihs, G.W.], das ist natürlich auch ein Ort, der regelmäßig noch auftaucht. [...] Abgesehen davon, dass ich mich frage, warum ich da eigentlich hingehe, und es nicht so eingebaut hab' und ich jeden Montag aufs Neue eigentlich dahin komme und denke: (Überraschung signalisierend) ›Ach so, hä, ach ja‹ und so.

Entsprechend der Konstitution mit nur einem relevanten Lebensraum tauchen nur wenige Mobilitätsbeschreibungen in der Erzählung auf, obwohl auch Thomas in der Vergangenheit häufiger umgezogen ist. Das hängt mit der Konstitution von etwas wie einer Ein-Raum-Welt zusammen, die eigentlich nur aus dem Wagenplatz, auf dem er wohnt, besteht. Einzig bei Beschreibung von Hundespaziergängen »um den Platz« wird eine Bewegung thematisiert, die zu ihrem Ausgangspunkt zurückführt. In Bewegung zu bleiben scheint überhaupt der Modus zu sein, in dem sich Thomas am liebsten in der Außenwelt bewegt.

Das für sein Leben relevante Raummuster ist geprägt durch eine Trennung von Wagenplatz und dieser Außenwelt. Thematisiert wird diese Trennung als Innen-Außen-Relation, also als Grenze zwischen Platz und Nicht-Platz. Diese Relation konnte im Material mit Abstand am häufigsten codiert werden (sechs Mal). Die Grenze scheint also wichtig für die Konstitution des Wagenplatzes. Damit erlangt aber die Außenwelt als ein zweiter Raum indirekt Bedeutung in seinem Leben. Dieser Raum ist äußerst unscharf und wird hinsichtlich seiner Charakteristika gar nicht thematisiert. Er scheint auf Thomas eher etwas bedrohlich zu wirken.

Als Thomas noch studierte, gab es noch einen relevanten Ort in der Welt, nämlich die Universität, der nicht zu Hause war:

Also als ich noch mehr studiert hab', war ich natürlich auch viel an der Uni. Das war dann natürlich auch irgendwie ein großer Teil. Der is' halt jetzt nicht mehr. Insofern ist das ganz klar anders irgendwie.

Das hier rekonstruierte Raummuster verfügt also durchaus über eine Genese und ist Resultat einer »Verengung« (die Vokabel stammt von Thomas aus dem Nachgespräch zum Interview): Von einer Welt mit mehreren relevanten Räumen ist die Gegenüberstellung eines sicher wirkenden Zuhauses mit einer eher verunsichernd wirkenden Außenwelt übrig geblieben.

Die Anzahl der relevanten Lebensräume beim Insel-Typ ist vergleichsweise gering. Es handelt sich, wie später zu zeigen sein wird, nicht zwingend um einen einzigen Raum. Alle diese Räume zeichnen sich jedoch durch eine hohe Verfügungsgewalt und deutliche Grenzkonstruktionen aus. Sie liegen auf der gleichen Maßstabsebene und vermitteln ein Zuhause-Gefühl. Die Räume sind hinsichtlich ihrer physischen Ausdehnung vergleichsweise klein. Charakteristisch für diesen Typ ist, dass die Lebensräume von der Außenwelt wie von einem verunsichernden Meer umgeben sind, das es – wenn nötig – zügig zu durchqueren gilt. Angeeignet werden die Räume außer über die Verfügungsgewalt über starke soziale Bindungen.

5.2.4. Weitere Fälle und ihre Implikationen für die Typologie

Im Folgenden soll die Analyse einiger weiterer Fälle des Raum-Samples vorgestellt werden, um die Konturen der Typologie zu schärfen. Daneben gilt es, verstärkt ein Augenmerk auf die Abweichungen vom jeweiligen Idealtyp und auf die Genese von Lebensraumkonstitutionen zu richten. Dadurch wird die Entwicklung von Thesen zum Verhältnis von Biographie und Raum, die im nächsten Kapitel thematisiert werden, vorbereitet.

Die 29-jährige Christa kann als Netzwerk-Typ gedeutet werden. Genau wie der *Clear-Case* dieses Typs (Cornelius) erzählt sie vorwiegend von Städten und deren Atmosphären. Charakterisierungen von Städten wie im folgenden Zitat finden sich im Material sehr häufig:

> O-Stadt war cool. Deswegen bin ich auch da geblieben, anstatt noch nach D-Stadt zu gehen oder so. Weil ich die Stadt auch mochte, mich da sehr wohl gefühlt habe, wollt' ich dann auch gerne dort bleiben.

Für Christa sind Städte bedeutend, und die Vokabel »ländlich« zur Beschreibung der Stadt, in der sie derzeit wohnt, ist eindeutig negativ konnotiert. Auch ihr sind die Optionen wichtig, die die Stadt zu bieten hat. Leere Kneipen sowie Leute, die abends bei ihren Familien zu Hause bleiben, erschweren die Aneignung von Städten für sie. Beim Umzug von Berlin nach D-Stadt ist für sie entscheidend, dass die Arbeit in D-Stadt sie mit Ingenieuren in Kontakt bringt, während sie in Berlin ein (lukrativeres) Angebot hatte, mit Bankern zusammenzuarbeiten:

Weil mein erster Eindruck von D-Stadt war natürlich der, den jeder erst mal von D-Stadt hat. (Lächeln) Ausschlaggebend war die Brücke, die ich zu den Ingenieuren schlagen konnte.

Sie orientiert sich also an einem beruflichen Milieu bei der Wahl ihres Wohnortes.

Beim Auszug aus dem Elternhaus ist eine große physisch-räumliche Distanz das entscheidende Kriterium:

Ich wollte fürs Studium möglichst weit weg. Ich wollte nach O-Stadt. Ich wollte keiner von diesen Menschen sein, die am Wochenende immer nach Hause fahren. Ich wollte mich von meinen Eltern separieren.

Insgesamt ist genau wie bei Cornelius die Konstitution eines Netzwerks von Städten das zentrale Organisationsprinzip ihrer Lebensräume. Im Unterschied zu Cornelius jedoch sind Christa mittelgroße Städte im Vergleich zu Städten mit mehreren hunderttausend Einwohner_innen durchaus sympathisch. So zeichnet sich beispielsweise O-Stadt dadurch aus, dass die Stadt »überschaubar« ist, und »man kennt sich da relativ schnell«. Dagegen berichtet sie von der Zeit in Berlin, wo sie mit einer langwierigen Virusinfektion zu kämpfen hatte, Folgendes:

Wenn du so was hast, weißte, wie anstrengend dann 'ne Großstadt ist?! Ätzend!

Sie verlässt schließlich Berlin, auch weil:

Berlin ist halt auch einfach anstrengend. Und ich hab' mir dann gesagt: So, ich war jetzt einfach lang genug hier. Berlin ist zwar 'ne tolle Stadt, aber keine, wo man sein Leben verbringt. So oder so nicht, und wenn Wechsel, dann jetzt.

Der Vorteil der kleineren Städte besteht für Christa darin, schneller verbindliche Freundeskreise aufbauen zu können. Diese Verräumlichung stärkerer sozialer Bindungen ist auf Ebene der Stadt eher typisch für den konzentrischen Typ als für den reinen Netzwerk-Typ. Ebenfalls in dieser Richtung zu deuten ist eine Beschreibung des Ausblicks aus dem Fenster von Christas Wohnung in Berlin. Solche Beschreibungen finden sich im Interview mit Cornelius nicht.

Christa bezeichnet die Wohnung allerdings wie Cornelius nicht als ›Zuhause‹ und bewertet sie hinsichtlich ihrer Lage zu den interessanten Vierteln. Dabei verlässt sie sich jedoch auch auf das Urteil anderer: »Viele Leute ham damals auch gesagt: Ja, ist nicht schlecht.« Ganz im Sinne einer Netzwerklogik steht auch ihr Wunsch, eine möblierte Wohnung zu finden. Es geht nicht um ein privates ›Nest‹, sondern um eine Basis, von der aus die Stadt angeeignet werden soll. Ihre Gedankenspiele zur Zukunft enthalten wiederum Aspekte, die eine Reibung mit dem Modell des Lebensraums als Netzwerk beinhalten: Die Aussicht, bei einem weiteren Berufswechsel eventuell noch weiter von ihrer Familie entfernt zu wohnen, ist nun – im Gegensatz zum biographischen Ereignis des Auszugs aus dem Elternhaus – negativ konnotiert. Hier lässt sich eine Sehnsucht nach einem Zuhause mit familiären Bindungen herauslesen:

Der Arbeitsmarkt wird eher im Süden sein. Ist halt schade, weil zu meiner Familie ist es einfach sehr weit. Gut, muss dann gucken. Weiß ich, was in zwei Jahren ist? Wenn ich jetzt plane, in welche Stadt ich gehe, und da kommt ein Mann dazwischen…!

Das gegenwärtig dominierende Städtenetzwerk als Organisationsprinzip ihres Lebensraums ist hauptsächlich einer Orientierung an guten Ausbildungs- und Arbeitsoptionen geschuldet, aber nicht in der gleichen positiven Art und Weise konnotiert wie im Fall von Cornelius.

Insgesamt lässt sich festhalten, dass Christa ihren Lebensraum wie ein Netzwerk strukturiert. Sie erzählt hauptsächlich von Städten und Stadtvierteln und eignet sich diese über Atmosphären und Handlungsoptionen an. In ihrem Fall deutet sich jedoch ein Spannungsverhältnis an, das auf einer fundamentaleren Ebene verortet ist als das von Cornelius. Dieser gerät in einen Konflikt, wenn ein Stadtraum zwar gute berufliche Handlungsoptionen bietet, aber über eine in seinem Sinne langweilige Atmosphäre verfügt. Christa hingegen ist sich unsicher, was die netzwerkartige Strukturierung ihres Lebensraums insgesamt betrifft. Ist ein Freundeskreis in einer Stadt nicht vielleicht wichtiger als das richtige berufliche Umfeld? Ist das Zusammenleben mit einem Mann an einem Ort (einem ›Zuhause‹) nicht vielleicht wertvoller als die räumliche Flexibilität, die mit ihren Karriereansprüchen einhergeht? Diese innere Spannung, die Christa in Richtung einer Entscheidung für einen netzwerkartigen Lebensraum auflöst, lässt sich am Beispiel des folgenden Falls mit konzentrischer Lebensraumstrukturierung analytisch weiter schärfen. Die Figur eines spannungsreichen Netzwerk-Typen gilt es jedoch für die spätere Analyse, bei der es um die Zusammenhänge von Raum- und Zeitkonstitutionen gehen wird, im Hinterkopf zu behalten.

Bei dem 39-jährigen Tim, Vater zweier Kinder, handelt es sich um einen Fall, bei dem eine bewusste Entscheidung für eine konzentrische Strukturierung des Lebensraums stattgefunden hat, wie sie bei Christa für die Zukunft vorstellbar ist. Tim hat eine Kochlehre abgeschlossen und anschließend ein Fachhochschulstudium ›Tourismuswirtschaft‹ absolviert. Er arbeitet als Betreuer von Gastronomiebetrieben für eine Brauerei. Nach zehn Jahren, in denen er mit seiner langjährigen Lebenspartnerin immer wieder den Wohnort wechselte, um bestmögliche Ausbildungs- und Berufsoptionen zu ergreifen, entscheiden sich die beiden, nun ihren Wohnort festzulegen und nicht mehr den ›besten‹ Angeboten zu folgen. Sie treffen diese Entscheidung nicht in einer Situation, in der sich ihnen interessante Möglichkeiten an einem Ort bieten, sondern in einer Situation, in der sie einmal mehr beide arbeitslos geworden sind, finanziell in Unsicherheit leben, aber prinzipiell räumlich ungebunden sind. Diese Entscheidung wird durch den Besitz einer Eigentumswohnung erleichtert, aber nicht verursacht, denn diese Wohnung wurde zuvor vermietet, um die eigenen Mietkosten an anderen Standorten zu senken.

> Und das war der Punkt, wo wir uns dann mal hingesetzt haben und einfach mal gesagt haben: Jetzt geht das schon wieder los, was wir eigentlich 2003 schon erlebt hatten: Beide arbeitslos, hocken in der Wohnung, wissen net, wie's weitergeht. Aber jetzt so nach allen Seiten gucken bringt doch auch nix. Und haben dann ganz konkret entschieden: Wir gehen dahin, wo unsere Wohnung ist, und gucken da in dem Bereich, was wir da machen können. Und nicht: Wir sind jetzt hier und morgen da und übermorgen da, sondern: Wir ham da 'ne schöne Wohnung – 'ne Wohnung muss man überall bezahlen – und wir ham da auch die Familie drumrum – die gehört uns [die Wohnung, G.W.], die ham wir so gemacht, wie wir's gerne hätten. Ach komm, wir gehen jetzt wieder zurück.

Mit dieser Entscheidung wird die Wohnung zum ›Zuhause‹ der Familie. Tim weist ihr einen zentralen Stellenwert in seiner Biographie zu:

Ich würde sagen, das war das einzige Mal in meinem Leben, wo es so war, dass die Entscheidung nach dem Ort war. Das einzige Mal, aber auch sehr konkret und als stehende Entscheidung, die auch heute noch steht [sieben Jahre später, G.W.]. Also, es ist uns eigentlich klar, dass man jetzt hier so seinen Mittelpunkt hat.

Aus einem Zustand des Driftens, der unfreiwilligen Netzwerkhaftigkeit, herauszutreten und das Leben konzentrisch um diesen Mittelpunkt herum zu organisieren empfindet Tim als Erleichterung:

Irgendwann war 'ne gewisse Stabilität eingekehrt und auch 'ne gewisse Ruhe, und man irgendwie das Gefühl hatte – ich weiß jetzt nicht, wie viel Umzüge es sind, ich glaub' so zehn – und da haste dann irgendwann natürlich schon die Schnauze voll, auf gut Deutsch. Und es war dann irgendwann auch so, dass man das Gefühl hatte, man ist so ein bisschen angekommen.

Die Schaffung dieser Stabilität war für Tim auch eine gute Voraussetzung, um eine Familienplanung zu konkretisieren, in der auch eigene Kinder ihren Platz haben.

Die Jahre davor waren Kinder eigentlich kein Thema, weil wir immer so mit der Situation und mit uns eigentlich so beschäftigt waren, dass man da nicht groß dran gedacht hat. Und ich denk', um da mit Family was zu machen, braucht's 'ne gewisse Stabilität.

Aus einer anderen Perspektive, aber in der gleichen Logik wie der Netzwerker Cornelius verbindet auch Tim die räumliche Strukturierung seines Lebens mit der Gründung einer Familie. Während Cornelius von einer eigenen Familie gezwungen würde, seine netzwerkartige Strukturierung aufzugeben, ist bei Tim die räumliche Zentrierung und die damit einhergehende Stabilität Voraussetzung dafür, eine Familie zu gründen. Tim ist durchaus bewusst, dass die Entscheidung für eine neue räumliche Strukturierung des Lebens Optionen vernichtet. Als Beispiel berichtet er von einer interessanten Stellenausschreibung knappe vierhundert Kilometer entfernt:

Aber man bewirbt sich halt erst gar nicht, weil man sagt: Hey, was soll das? Klar ist das vielleicht ein toller Job, aber es funktioniert halt einfach nicht, und man würde zu viel aufgeben müssen.

Diese Einsicht findet sich auch in verallgemeinerter Form:

Man merkt halt auch, dass man nicht mehr so frei ist in den Entscheidungen: Okay, ich geh' jetzt mal dahin oder dort.

Neben dem ›Zuhause‹ thematisiert Tim im Interview die Stadt im Sinne einer Heimat, weil in ihrer Umgebung sowohl seine als auch die Familie seiner Freundin leben.

Wichtig für die Analyse dieses Falles ist, dass eine räumliche Strukturierung, auf die ein idealtypischer Netzwerker positiv Bezug nimmt, durchaus auch als Belastung empfunden werden kann, und zwar so sehr, dass zu einer konzentrischen Lebensraumkonstitution übergegangen wird, obwohl damit Optionen vernichtet werden. Die Spannung, die sowohl Christa (mit Auflösung in Richtung einer netzwerkartigen Strukturierung) als auch Tim (mit Auflösung in Richtung einer konzentrischen Strukturierung) empfinden, kann nicht einfach begriffen werden als eine Diskrepanz zwischen äußeren Lebensumständen und eigener Lebensgestaltung. Tim macht im Interview sehr deutlich, dass er sich für einen fähigen Gastronomiemanager hält. Mit diesem Selbstbild geht die internalisierte Handlungserwartung einher, flexibel unterschiedliche Projekte an den unterschiedlichsten Orten zu realisieren. Dennoch präferiert er ein Leben, das räumlich um einen Mittelpunkt herum aufgebaut ist. Genau wie Christa muss Tim ein inneres Spannungsverhältnis in den Griff bekommen, das Fragen nach der eigenen Identität aufwirft.

Der im Zeit-Sample bereits vorgestellte Fall von Steffan wird im nächsten Kapitel (siehe Abschnitt 6.1) illustrieren, dass im Falle einer konzentrischen Strukturierung nicht nur wie bei Nathalie drei relevante Lebensräume (Zuhause, Stadt, Nationalstaat) oder bei Tim zwei (Zuhause und Stadt) ineinandergeschachtelt werden können, sondern dass die Zahl der thematisierten Räume noch größer (Zuhause, Stadtviertel, Stadt, Region, Nationalstaat) sein kann.

Bei Gunnar handelt es sich um einen weiteren Fall des Insel-Typs. Der 45-jährige gelernte Bäcker geht seit über zwanzig Jahren mit seinem besten Freund Stani durchs Leben. Die beiden haben Jahre nach einem Ort gesucht, am dem sie ihre Vorstellungen eines naturnahen Lebens mit Tieren umsetzen können. Gunnar und Stani leben mit einem Kater, zwei Hunden, Gänsen, Hühnern, Enten und Waschbären zusammen. Die Versuche, sich ein solches Zuhause aufzubauen, scheiterten immer wieder an der mangelnden Verfügungsgewalt über die Räume, denn Arrangements mit anderen Menschen fallen ihnen tendenziell schwer. Weder die Anmietung einer alten Mühle noch einer ehemaligen Fischzuchtanlage erlaubte den beiden ein Leben nach ihren Vorstellungen. Die Konstitution ihrer ›Insel‹ gelang erst, nachdem Gunnars Mutter ein Grundstück mit einer Hütte und einem Teich darauf für ihn kaufte, das in einem ländlichen Gebiet liegt, in dem vorwiegend Wochenendgrundstücke zu finden sind, die teilweise als Altersruhesitze genutzt werden.

Das Wichtigste ist, das können wir beide sagen: Ja, das [das Leben auf dem Grundstück, G.W.] ist es! Weil wir erkannt haben, zum einen in der Stadt, auch nur L-Stadt schon allein [5000 Einwohner_innen in der Kernstadt, G.W.] wohne könne wir net, weil wenn wir da die Menschen sehen – wir dachten immer, wir wären Misanthropen, wir hasse die Menschen, weil sie so fürchterlich sind – ne, wir mussten feststellen, die Menschen sind nur sehr merkwürdig in der Stadt drauf. Alles hier und Konsumieren ist so das Wichtigste, während hier draußen so das tatsächliche Leben stattfindet, und mit dem bisschen Kontakt hier einmal vom Dorf her und einmal die Nachbarn, was vor allem Rentner sind, merken wir: Ah ja, der bisschen Kontakt zu Menschen ist in Ordnung grad vom gegenseitigen Helfen her. […] Aber prinzipiell sind wir soweit hier angekommen, dass wir sagen können, hier würden wir gerne alt werden und den Rest unseres Lebens verbringen.

Hier ist die Verfügungsgewalt groß, und klare Grenzen können konstruiert werden. Wie wichtig Kontrolle auf der eigenen ›Insel‹ ist, verdeutlicht ein Ausschnitt vom Bericht eines Streites auf dem Grundstück:

Beim achten Mal war ich vom Zorn her so weit, dass ich sie durch die Scheibe geschoben hätte. Jeder andere wär' durch die Scheibe geflogen. Ob die Scheibe dabei kaputtgeht, ist mir egal, ob der dabei draufgeht, ist mir egal, aber raus. Wenn ich sag' »raus«, ist raus. Es ist mein Reich. Zahl' ich für – hab' ich auch zu sagen, was hier Sache ist.

Entsprechend legt Gunnar auch Wert auf die Grenzkonstruktionen. Als sich eine Auseinandersetzung mit dem Grundstücksnachbarn anbahnt, reagiert er wie folgt:

Bedrohen lass' ich mich schon lang net. Wir holen jetzt hier achtzig Pflöcke, und dann kannste mal sehen, wie schnell ich 'nen Zaun pflanze. Den Draht hatt' ich hier schon liegen. [Beschreibung des Zaunbaus, G.W.]

Dann hatten wir hier, weiß net, in zweieinhalb, drei Stunden hatten wir hier den ganzen Zaun stehen.

Die Konstitution der ›Insel‹ basiert auch hier, wie beim *Clear-Case* (Thomas) auf Verfügungsgewalt und Grenzkonstruktionen. Darüber hinaus spielt die Vergemeinschaftung mit dem besten Freund eine wichtige Rolle. Und schließlich ist das Leben mit Tieren für Gunnar seit jeher zentral. Als er eine Wohnung wegen seiner Hunde verlassen muss und keine Alternative in Aussicht hat, entscheidet er sich für das Zusammenleben mit den Hunden.

Und dann sag' ich: Weißt was, Hunde geb' ich net weg. Ich zieh' jetzt da oben mit'm Zelt in de' Wald. Ich such mir 'ne Schonung. Klopp mir da irgendwie ein Stück frei. Mein Zelt hin, deck' das irgendwie schön ab, und dann hab' ich so von kurz vor Silvester bis nach Ostern so vier Monate im Wald gewohnt.

Er unterstreicht die Relevanz des Verhältnisses zu seinen Hunden, indem er Franz von Assisi zitiert und kommentiert:

»Dass mir der Hund das Liebste sei, sagst du, o Mensch, sei Sünde. Der Hund bleibt mir im Sturme treu – der Mensch nicht mal im Winde.« Das ist so zutreffend!

In dem knapp vierstündigen Interview nehmen die Tiere und das Verhältnis zu ihnen ungefähr die Hälfte der Zeit ein. Die Tiere sind diejenigen, die »über meine Grenzen« dürfen, und sie erlangen den Status »Signifikanter Anderer« (Mead 1968, orig. 1934), an deren Bedürfnissen sich die eigenen Handlungsmuster ausrichten.

Das Wichtigste ist hier, das Unsrige. Die Tiere sind uns're wahren Freunde.

Mit »hier« und dem »Unsrigen« ist das Grundstück gemeint, das als die absolut zentrale Heimstatt der kleinen Gemeinschaft aus Mensch und Tier gelten kann.

Zwei Punkte sind bedeutsam: Zum einen zeigt sich die Relevanz starker sozialer Bindungen auch jenseits familiärer Bindungen beim Insel-Typ in Form langjähriger, intensiver Freundschaften. Zum anderen werden die Schwierigkeiten offenbar, die auftreten, wenn keine Möglichkeit besteht, die bevorzugte Raumstrukturierung, in diesem Fall ein Zuhause mit einem hohen Grad an Verfügungsgewalt, real werden zu lassen. Das hohe Maß an Kontrolle über den Raum, das für den Insel-Typ bezeichnend ist, macht es unwahrscheinlich, dass die Zahl der relevanten Lebensräume groß wird. Ebenso ist die Konstitution physisch großer Räume nicht zu erwarten. Auch bei Gunnar haben wir es zunächst mit einer Ein-Raum-Lebenswelt zu tun. Die Analyse der Fälle des Zeit-Samples im Hinblick auf Raum wird später allerdings noch einen Fall präsentieren, der mehr als einen Raum nach dem Insel-Modell konstituiert (siehe Kapitel 6).

5.3. Biographie und Raum

Wenn Menschen in narrativ-biographischen Interviews die Gesamtheit ihres Lebens in den Blick nehmen, dann treten ganz bestimmte relevante Lebensräume und bestimmte Strukturierungsmuster dieser Räume zutage. Lebensräume sind aus dieser Perspektive, der es um eine »sinnhafte Gesamtstruktur der Lebensführung« (Fuchs-Heinritz 2009: 14) zu tun ist, ganz offensichtlich nicht einfach die Orte, an denen sich der Alltag abspielt oder die im Jahresverlauf regelmäßig aufgesucht werden. Sie sind keine Addition von Arbeits-, Wohn- und Urlaubsorten, sondern die Räume des Lebens bilden selbst eine komplexe sinnhafte Struktur, die vom Subjekt zusammen mit seiner Biographie konstituiert wird. Zur Biographie gehört auch eine bestimmte Art und Weise, räumlich in der Welt zu sein. Wie es zu dieser Konstitution von Lebensraum kommt, soll vor dem Hintergrund der empirischen Analyse im Folgenden zunächst allgemein erörtert werden. Anschließend werden die drei Typen unter Hinzuziehung weiterer Kategorien noch einmal vergleichend gegenübergestellt.

5.3.1. Lebensraumkonstitution in Biographien

Die empirische Perspektive auf Lebensräume lässt erste allgemeine Aussagen zur Entstehung dieser Räume zu: Biographische Lebensraumkonstitution speist sich aus zwei Quellen. Zum einen werden Lebensraumkonstitutionen anderen biographischen Sinnzusammenhängen (zum Beispiel Berufskarrieren, Familienbildern usw.) angepasst. Zum anderen besitzen Lebensräume und ihre Strukturierung einen Eigenwert für die Subjekte. Daher wird die Konstitution bestimmter Lebensräume auch unabhängig von anderen biographischen Themenfeldern angestrebt; bestimmte Muster dieser Räume gilt es zu etablieren (zum Beispiel der Wunsch nach einem ›Zuhause‹). Der biographische Lebensraum eines Menschen ist Ergebnis eines permanenten Vermittlungsprozesses der Impulse aus diesen beiden Quellen. Diesen Gedanken möchte ich nun etwas detaillierter entfalten.

Der Raum erscheint im Zusammenhang mit Biographien zunächst als Anpassungsleistung – die Raumkonstitutionen und die Muster, in die sie gebracht werden, sind Reaktionen auf die Anforderungen des Lebens. Im Rahmen von Biographisierungsprozessen organisieren Menschen ihre Beziehungen, ihre Berufskarrieren und ihre Positionierung in einer alltäglichen Lebenswelt. Sie sind von daher auf eine bestimmte Konstitution von Räumen angewiesen, die diesen Institutionalisierungen gerecht wird. Aus dieser Perspektive erscheinen die relevanten Lebensräume dann als Verräumlichung sozialer Beziehungen oder als Zugeständnisse an die physisch-räumliche Strukturierung des Arbeits- oder des Wohnungsmarktes. Die Analyse und Interpretation des empirischen Materials zeigt jedoch, dass diese Perspektive alleine nicht ausreicht, um die Konstitution relevanter Lebensräume zu erklären. Vielmehr, so die hier vertretene These, verfügt die Konstitution bestimmter relevanter Räume und eines bestimmten Musters der Strukturierung dieser Räume über einen eigenständigen Wert im Rahmen von Biographisierungen. Gelingendes Leben bedeutet dann unter anderem auch die erfolgreiche Konstitution beispielsweise eines konzentrisch strukturierten Lebensraums mit einem Zuhause als Mittelpunkt. Die Lebensraumkonstitution folgt an dieser Stelle keinen Um-zu-Motiven wie bei der Anpassungsleistung, sondern verfügt über einen Eigenwert. Lebensräume und ihre Muster sind nun selbst als soziale Institutionen zu betrachten.

Aus dieser Perspektive ist der Lebensraum alles andere als eine Anpassungsleistung. Ein relevanter Lebensraum wie ein Zuhause ist dann beispielsweise nicht als Verräumlichung starker sozialer Bindungen zu lesen, sondern aus dieser Perspektive muss gefragt werden, ob die physische Anwesenheit oder räumliche Nähe ›Signifikanter Anderer‹, zu denen eine starke Bindung besteht, notwendig für die Konstitution und die Aneignung eines ›Zuhauses‹

ist. Zur Analyse empirischer Lebensräume ist also eine Doppelperspektive notwendig, die einerseits berücksichtigt, dass sich dem Individuum in bestimmten biographischen Situationen und durch eine bestimmte erdräumliche Verteilung sozialer Güter und Lebewesen Raumkonstitutionen geradezu aufdrängen, und die andererseits im Fokus behält, dass Individuen bestimmte Raumkonstitutionen und räumliche Strukturierungen anstreben und in ihrem Leben zu realisieren suchen.

Aus der doppelten Perspektive folgt, dass die empirischen Lebensraumkonstitutionen weder einseitig aus Sozialisationsprozessen oder psychischen Präferenzen abgeleitet werden können noch allein von institutionellen Rahmenbedingungen abhängen, dass sie aber eben auch nicht zufällig sind. Da sich die erkennbaren Muster wie das Netzwerk ohne ein Zuhause (Netzwerk-Typ), ein konzentrischer Aufbau mit Mittelpunkt (konzentrischer Typ) oder der Rückzug auf einen privaten Raum mit hoher Verfügungsgewalt (Insel-Typ) als Strukturierungsprinzipien wiederholen, sind sie aus meiner Sicht als Anleihen der Gesellschaft deutbar. Die soziale Welt stellt gewissermaßen Blaupausen möglicher Lebensraumkonstitutionen zur Verfügung. Im Rahmen dieser Untersuchung handelt es sich dabei um die Angebote einer westlichen postfordistischen Gesellschaft, die sich auf Basis flexibler Akkumulation reproduziert (diesen Gedankengang gilt es in Kapitel 7 im Zusammenhang mit der Konstitution von Lebensgeschichtlichkeit genauer zu erläutern und argumentativ zu stützen).

Was hier analytisch als Doppelperspektive auf die Entstehung von Lebensräumen gefasst wird, ist zu verstehen als allgemeine These zur Entstehung von Lebensräumen im Rahmen von Biographisierungsprozessen. Am besten lässt sich dieser Prozess an denjenigen Fällen aufzeigen, in denen einerseits Lebensraumkonstitutionen als Reaktion beziehungsweise Anpassung an institutionelle Rahmenbedingungen mit andererseits präferierten Lebensraumkonstitutionen als eigenständigen Institutionen mit Eigenwert in ein Spannungsverhältnis geraten. Zu diesen Fällen gehört Tim, der den Anforderungen an Mobilität eine Absage erteilt, weil es ihm wichtiger ist, ein Zuhause als Lebensmittelpunkt zu stabilisieren, auch wenn er dafür berufliche Nachteile in Kauf nehmen muss. Obwohl er mit seiner Freundin zusammenlebt, in M-Großstadt, wo er gerade wohnt, über einen Freundeskreis verfügt und seine

Karriereperspektive räumliche Flexibilität von ihm fordert, entscheidet er sich, ein ›Zuhause‹ in D-Stadt zu etablieren, weil zu seiner Vorstellung gelingenden Lebens ein stabiles Zuhause gehört. Christa befindet sich in einer ähnlichen Situation, strukturiert ihren Lebensraum aufgrund der institutionellen Rahmenbedingungen für Weiterbildung und Verdienstmöglichkeiten aber bis auf Weiteres netzwerkartig. Auch Gunnar hatte über weite Strecken seines Lebens große Probleme, das ersehnte Zuhause zu konstituieren, weil die Verfügungsgewalt über die infrage kommenden Räume zu klein war, um eine Aneignung dieser Räume als sein Zuhause zu gewährleisten.

In all diesen Fällen treten die beiden Richtungen deutlich hervor, aus denen sich der Prozess der permanenten Konstitution von empirischem Lebensraum speist. Lebensraumkonstitution als Anpassungsleistung und als soziale Institution mit Eigenwert stehen in einem Konflikt, der in einer bestimmten Richtung aufgelöst werden muss. Der Vermittlungsprozess, der in diesen Fällen offenbar wird, findet jedoch immer statt und bildet die Grundlage für die Konstitution von biographischem Lebensraum im Allgemeinen. In Fällen, bei denen die Impulse aus den beiden Quellen einander nicht entgegenstehen, sondern zueinander passen, ist der Vermittlungsprozess schlichtweg weniger offensichtlich. Es lässt sich jedoch auch in diesen Fällen zeigen, dass bei der Darstellung von Lebensraumkonstitution mal auf eine Anpassungsleistung verwiesen und mal auf die eigenen Präferenzen Bezug genommen wird. Ein gutes Beispiel ist Cornelius, der sein Leben in verschiedenen Städten sowohl als Notwendigkeit aufgrund seiner wissenschaftlichen Tätigkeit beziehungsweise seiner Priorisierung des Jobs interpretiert als auch als unmittelbare Präferenz angibt, alle paar Jahre weiterzuziehen.

Diese Denkfigur ähnelt, genau wie die Deutung der Konstitutionsweise von Lebensgeschichtlichkeit, dem Schema, mit dem George Herbert Mead (1968, orig. 1934) die Entstehung von Identität beschreibt. Und auch hier scheint die Annahme plausibel, dass unsere Art und Weise, räumlich in der Welt zu sein, als Teilbereich unserer Identität verstanden werden kann, die sich in einem permanenten Vermittlungsprozess zwischen internalisierten Handlungserwartungen und unreglementierten Impulsen bildet (an dieser Stelle möchte ich ebenfalls zur vertiefenden Erläuterung auf Abschnitt 7.2.5 verweisen, in dem die Konstitution von Lebensraum im Zusammenhang mit der Konstitution von Lebensgeschichtlichkeit aus kultursoziologischer Perspektive betrachtet wird).

Erstaunlich bleiben die großen Differenzen zwischen den Typen. Nach wie vor erklärungsbedürftig ist, dass einige Fälle bestimmte Räume wie eben ein Zuhause weder konstituieren noch konstituieren wollen (Netzwerk-Typ), während andere gar keine anderen relevanten Lebensräume kennen (Insel-Typ). Im Folgenden werden die zentralen Merkmale der Typen im Vergleich dargestellt.

5.3.2. Die Lebensraumtypen im Vergleich

Beim Netzwerk-Typ ist im Vergleich zu allen anderen das hervorstechende Merkmal, dass ein ›Zuhause‹ nicht thematisiert wird. Bei den relevanten Lebensräumen handelt es sich meist um Städte, manchmal auch um Stadtviertel oder Regionen, die aber immer auf der gleichen Maßstabsebene gedacht sind. Beispielsweise thematisiert Cornelius das Rhein-Main-Gebiet im Vergleich mit Berlin. Wenn Stadtviertel zur Sprache kommen, so können diese mit Städten verglichen werden. Für Netzwerker_innen ist ein Vergleich zwischen Friedrichshain und Mainz keinesfalls abwegig. Alle Netzwerk-Typen beschreiben die Atmosphären dieser Räume. Sie legen Wert auf das ›Flair‹ der Städte. Damit geht eine Präferenz für schwache soziale Bindungen einher. Wichtig sind Szenen, die Menschen auf der Straße und die Bekanntenkreise. Welche Handlungsoptionen eine Stadt bietet, ist für Netzwerk-Typen darüber hinaus eine zentrale Frage. Insgesamt verstehen sich Netzwerker_innen als hochgradig mobil in Bezug auf ihre Biographie. Daher haben sie auch keine Probleme mit einer großen physisch-räumlichen Streuung der für sie relevanten Lebensräume.

Die Menschen im Sample, die ihren Lebensraum netzwerkartig strukturieren, verfügen über einen hohen Bildungsgrad (abgeschlossenes Studium) und haben im Vergleich zu ihren Eltern Aufstiegsbiographien realisiert. Häufig arbeiten sie auf zwar gut bezahlten, aber befristeten oder eher unsicheren Stellen. Es handelt sich zumeist um Singles, zumindest aber um Menschen ohne Kinder. Sie scheinen bereit, sich ihnen bietende Optionen jederzeit zu ergreifen, wobei ihnen die Flexibilität der räumlichen Struktur ihres Lebens nicht im Wege steht. Die Netzwerkstruktur ermöglicht ein einfaches Ersetzen einzelner relevanter Lebensräume.

Im Vergleich zu den Netzwerker_innen verfügt die Lebensraumkonstitution eines konzentrischen Typs immer über ein Zuhause. Es ist angeeignet auf Basis von starken sozialen Bindungen und der Verfügungsgewalt über diese Räume. Auch die Ebene der Stadt wird von allen konzentrischen Typen als relevanter Lebensraum thematisiert, jedoch wird in keinem einzigen Fall die Atmosphäre der Stadt im Interview erwähnt. In den Nachgesprächen der späteren Interviews wurden testweise Atmosphären von im Interview erwähnten Städten zur Sprache gebracht. Es stellte sich heraus, dass auch konzentrische Typen dezidiert und durchaus interessiert über die Atmosphären von Städten sprechen können. Sie nehmen Atmosphären also durchaus wahr, und diese spielen für die Beurteilung von Städten eine Rolle. Wird jedoch im Interview auf die Gesamtheit des eigenen Lebens und auf die damit verbundene Raumstruktur fokussiert, so tritt die Atmosphäre einer Stadt eindeutig in den Hintergrund. Wichtig sind Freundeskreise, identitäre Koppelungen wie ein Heimatgefühl und die Wohnorte von Familienmitgliedern in der gleichen Stadt. Tendenziell wird nach einer Arbeit in der Stadt (oder im Umland) gesucht und nicht eine Stadt zum Arbeiten. Zum Teil fließt die Priorisierung des Raums in die Berufswahl ein (zum Beispiel spielt es im Fall von Steffan für die Entscheidung, Lehrer zu werden, durchaus eine Rolle, dass dadurch die Chancen, in der Stadt bleiben zu können, sehr groß sind). Thematisiert der konzentrische Typ neben der Stadt auch die Region oder Stadtviertel, so handelt es sich im Gegensatz zum Netzwerk-Typ immer um Räume auf unterschiedlichen maßstäblichen Ebenen. Regionen können dann beispielsweise mit Mentalitäten zusammen thematisiert werden, aber verglichen werden sie nur mit anderen Regionen, nicht mit Städten. Auch Stadtviertel sind immer als Teile der Stadt gedacht und stehen nicht für die Stadt als Ganzes wie bei Netzwerk-Typen. Die Anzahl der relevanten Lebensräume ist durchaus variabel. Im einfachsten Fall werden das Zuhause und die Kommune thematisiert, es können aber auch Viertel, Regionen und Nationalstaaten hinzukommen.

Die Menschen im Sample mit konzentrischer Lebensraumstruktur haben Partner_innen und häufig Kinder oder leben mit ihren Eltern zusammen. Im Vergleich mit den Netzwerk-Typen, die vielleicht als ›Performer‹ bezeichnet werden können, wirken sie ein Stück weit ›bodenständig‹. Die Bildungsgrade der konzentrischen Typen sind heterogen, aber sie befinden sich vorwiegend in Normalarbeitsverhältnissen.

Der Insel-Typ konstituiert das Zuhause ganz ähnlich wie der konzentrische Typ. Starke soziale Bindungen und Verfügungsgewalt spielen auch hier eine zentrale Rolle. Über das Zuhause hinaus werden aber praktisch keine relevanten Lebensräume thematisiert. Die eher verunsichernd wirkende Umwelt lässt beim Insel-Typ allerdings die Grenzkonstruktionen, mit denen das Zuhause von der Umwelt geschieden wird, deutlich in den Vordergrund treten, und Relationen zwischen Zuhause und Nicht-Zuhause werden explizit. Themenfelder wie ›Privatheit‹ und das ›Eigene‹ als positiv bewertete Charakteristika des Zuhauses kommen in diesen Interviews weit häufiger zur Sprache als bei Interviews mit konzentrischen Typen.

Die Insel-Typen im Sample haben eher niedrige Bildungsabschlüsse (Hauptschule und Lehre) oder ›verstrickte Bildungsbiographien‹ (abgebrochenes Studium). Ihren Lebensunterhalt bestreiten sie mithilfe von Gelegenheitsarbeiten und/oder Transfereinkommen. Die Unsicherheit, mit der sie die Welt außerhalb der Privatheit ihres Zuhauses erfahren, könnte auf eine Anerkennungsproblematik in der sozialen Welt verweisen, auf die sie, wie Gunnar (der mit den Tieren auf einem Wochenendgrundstück lebt), eher offensiv oder, wie Thomas (der Wagenplatzbewohner), eher defensiv reagieren (auch die Analyse der Anerkennungsproblematik soll in Kapitel 7 im Zusammenhang mit der Konstitution von Lebensgeschichtlichkeit vertieft werden).

5.4. Fazit

Im Rahmen von Biographisierungsprozessen wird auch eine Vorstellung davon entwickelt, wie man als Person räumlich in der Welt steht. Diese Konstitution, verstanden als Teilbereich der Biographie, wird hier als Lebensraum bezeichnet. Zumindest in westlichen Gesellschaften wird im Prozess der Biographisierung nicht nur ein integriertes Bild der eigenen Person und Identität sowie der eigenen Geschichtlichkeit entwickelt, sondern auch eine

Konstitution der relevanten Lebensräume und ihre Strukturierung vorgenommen.

Impulse aus zwei analytisch und empirisch unterscheidbaren Quellen speisen den Prozess der Konstitution von Lebensraum. Der Lebensraum wird einerseits biographischen Zielen und Vorstellungen von sich selbst angepasst (Anpassungsleistung) und andererseits als eigenständige, vom Subjekt präferierte Institution, der sich wiederum andere biographische Teilbereiche anpassen, gebildet. Die gegenseitige Überlagerung der Impulse aus diesen beiden Quellen führt zum empirisch rekonstruierbaren Lebensraum. Dabei können Spannungsverhältnisse zwischen den Impulsen aus den unterschiedlichen Richtungen auftreten, die vom Subjekt verarbeitet beziehungsweise aufgelöst werden müssen.

Drei Typen der Konstitution von Lebensraum lassen sich rekonstruieren. Entlang der Kategorien soziale Bindungen, Atmosphären, identitäre Koppelungen, Verfügungsgewalt und Handlungsoptionen kann das Themenfeld der Konstitution und Aneignung einzelner relevanter Lebensräume beschrieben werden. Mithilfe der Kategorien Anzahl, physisch-räumliche Streuung, Mobilität, Grenzen und der Bestimmung der maßstäblichen Ebenen relevanter Lebensräume kann das Muster aus mehreren relevanten Lebensräumen für jeden einzelnen Fall beschrieben werden. Die Ausprägungen dieser Kategorien weist sich wiederholende Muster im Fallvergleich auf. Daher können idealtypisch ein Netzwerk-Typ, ein konzentrischer Typ und ein Insel-Typ beschrieben werden.

Der Netzwerk-Typ zeichnet sich durch eine Vielzahl relevanter Lebensräume auf gleicher Maßstabsebene (Stadt) aus, die hauptsächlich über Atmosphären und schwache soziale Bindungen angeeignet werden. Er konstituiert kein Zuhause als biographisch relevanten Lebensraum.

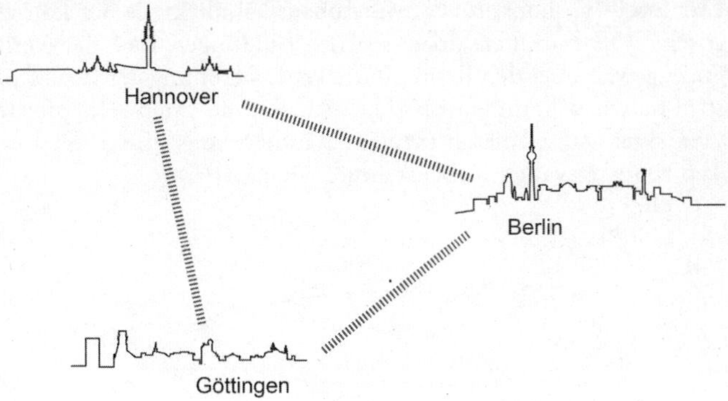

Abb. 9: Raumkonstitution beim Netzwerk-Typ

Der konzentrische Typ konstituiert mehrere Räume auf unterschiedlichen maßstäblichen Ebenen, die um einen räumlichen Mittelpunkt, sein Zuhause, aufgebaut sind. Das Zuhause wird über starke soziale Bindungen und die Verfügungsgewalt über den Raum angeeignet, während mindestens eine weitere räumliche Ebene auf Basis eines Freundeskreises angeeignet wird. Weitere häufige Ebenen sind Stadtviertel und Regionen, die als Heimat konstituiert werden können, und Nationalstaaten, die über identitäre Koppelungen angeeignet werden.

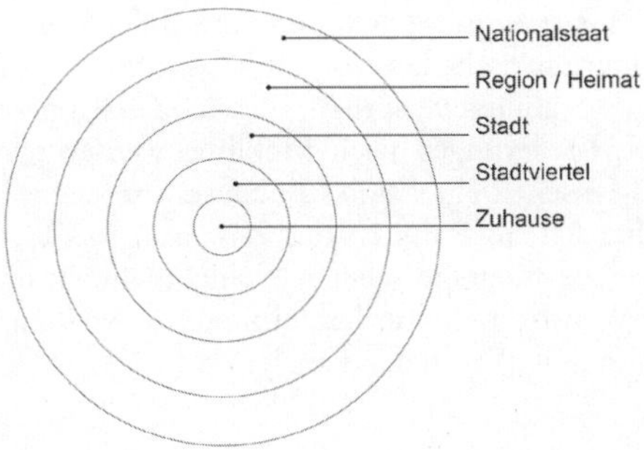

Abb. 10: Raumkonstitution beim konzentrischen Typ

Der Insel-Typ konstituiert sein Zuhause ähnlich wie der konzentrische Typ mithilfe starker sozialer Bindungen und der Verfügungsgewalt über den Raum. Durch eine Betonung der Grenzkonstruktionen bekommen diese kleinen Räume einen sehr privaten Charakter. Außer diesen privaten Räumen konstituiert der Insel-Typ keine relevanten Lebensräume.

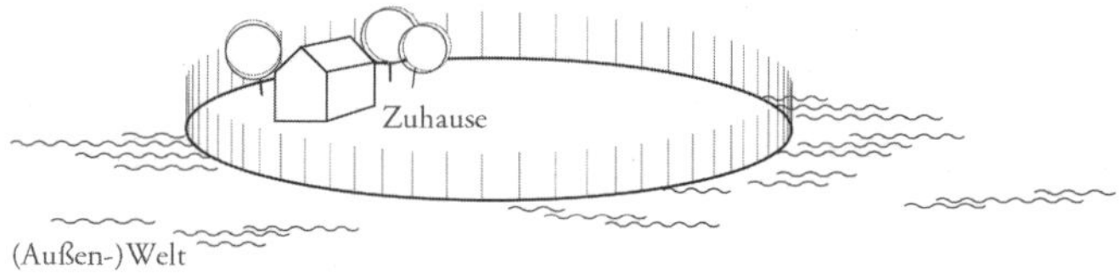

Abb. 11: Raumkonstitution beim Insel-Typ

Ein biographisch problematisches Themenfeld, das sich bei der empirischen Analyse von Lebensräumen herauskristallisierte, möchte ich als das Phänomen der ›problematischen Netzwerkhaftigkeit‹ bezeichnen. Lebensraumkonstitution als Anpassungsleistung gerät hier in Konflikt mit der gewünschten räumlichen Strukturierung des eigenen Lebens. Es handelt sich meist um eine Spannung zwischen einerseits einem beruflichen Selbstverständnis, mit dem internalisierte Handlungserwartungen räumlicher Ungebundenheit verknüpft sind, wie sie bei einer netzwerkartigen Strukturierung des Lebensraums gegeben sind, und andererseits einer Präferenz für eine konzentrische Lebensraumkonstitution, die einen Mittelpunkt hat, der Stabilität verspricht und ein ›Zur-Ruhe-Kommen‹ gewährleistet. Forderungen nach Mobilität werden zum Problem, wenn sich Menschen ein stabiles Zuhause wünschen. Diese Problematik möchte ich im Rahmen des Zusammendenkens von Raum und Zeit, von biographischer Geschichtlichkeit und biographischer Raumkonstitution vor dem Hintergrund zeitdiagnostischer Analysen (Kapitel 7) vertiefend analysieren.

6. Die soziale Raumzeit in Biographien

In diesem Kapitel gilt es, den Nachweis zu führen, dass in Fällen mit einer bestimmten Konstitutionsform von Lebensgeschichtlichkeit immer auch ein spezifischer Typus von Lebensraumkonstitution vorzufinden ist. Dazu werden die Fälle des Zeit-Samples im Hinblick auf ihre Lebensraumkonstitution ausgewertet und die Geschichtlichkeitskonstitutionen der Fälle des Raum-Samples bestimmt. Als Ergebnis dieses Kreuzvergleiches lassen sich drei Raumzeittypen (konzentrisch-linear, netzwerkartig-episodisch, inselhaft-zyklisch) nachweisen, die exemplarisch an jeweils zwei *Clear-Cases* illustriert werden. Insgesamt lässt sich auf Basis dieser Analyse von stabilen Zusammenhängen zwischen Lebensraumkonstitutionen und Geschichtlichkeitskonstitutionen sprechen. Abgeschlossen wird dieses Kapitel mit einer Darstellung erster empirisch induzierter Hypothesen.

6.1. Der empirische Zusammenhang von Lebensgeschichtlichkeit und Lebensraumkonstitutionen – drei biographische Raumzeittypen

Im Folgenden soll empirisch gezeigt werden, dass die Raum- und Zeitkonstitutionen der einzelnen Fälle nicht unabhängig voneinander sind. Wer seinen Lebensraum entsprechend einem bestimmten Typ konstituiert, wird auch seine Lebensgeschichtlichkeit nach einem bestimmten Muster entwerfen. Dabei treten lineare Biographisierungen gemeinsam mit konzentrischen Lebensraumkonstitutionen auf, episodische Geschichtlichkeit geht einher mit einer Raumkonstitution als Netzwerk, und Zykliker konstituieren ihre Lebensräume als Inseln. Es werden im Folgenden vor allem die Fälle genauer dargestellt, deren Analyse bereits in den vorangegangenen Kapiteln ausführlicher expliziert wurde. Dabei fällt auf, dass die Interviewpassagen, die bereits zentral für die Zuordnung zu einem Zeit- beziehungsweise Raumtyp waren, häufig gleichzeitig für die Zuordnung zum jeweils anderen Typ entscheidend sind, sodass in diesem Kapitel einige bereits bekannte Zitate wiederholt werden. Dieser Umstand – die Nähe von Raum- und Zeitkonstitutionen bis auf die Ebene der Alltagssprache – wird im Schlusskapitel anthropologisch gedeutet (vgl. Abschnitt 7.1).

Pro Raumzeittyp wird jeweils ein Fall aus dem Zeit-Sample und einer aus dem Raum-Sample zur Illustration herangezogen. Schließlich wird die Stabilität der gezeigten Zusammenhänge noch einmal kurz unter Hinzuziehung weiterer Fälle der Samples diskutiert, und in einem kurzen Fazit werden die Ergebnisse der Betrachtungen zusammengefasst.

6.1.1. Der konzentrisch-lineare Typ

Im Rahmen der Analyse zur Lebensgeschichtlichkeit wurde der 30-jährige Steffan, Referendar im Gymnasiallehramt, als linear biographisierend beschrieben. Er eignet sich biographische Zukunft in planender Weise an, zum Beispiel indem er dezidierte Pläne für seine Ausbildungs-, Berufs- und Wohnsituation entwickelt und diese auch zu verwirklichen sucht. Seine Entscheidungen werden mit Erfahrungen der Vergangenheit in Beziehung gesetzt. Werden Vorhaben nicht realisiert, wie der Plan, Jurist zu werden, bedarf die Änderung des Lebensplans einer Rechtfertigung und wird als Lernprozess biographisch integriert (siehe Kapitel 4).

Die neuerliche Interpretation des Interviewmaterials verdeutlicht, dass er hinsichtlich der Konstitution seines Lebensraums als konzentrischer Typ aufgefasst werden muss. Steffan eignet sich relevante Lebensräume auf unterschiedlichen maßstäblichen Ebenen an. Er thematisiert sein Zuhause, sein Wohnviertel, die Stadt, die Region und den Nationalstaat als wichtige Räume, die er sich auf je spezifische Weise aneignet. Die Wahl eines Ortes als Zuhause war in der Vergangenheit und wird heute bestimmt durch die physisch räumliche Nähe zu Personen, zu denen starke soziale Bindungen bestehen. So zieht er beispielsweise zu seinem Stiefvater:

> Und darauf hab' ich mich dann entschieden, noch bevor meine Mutter wieder in die J-straße zieht, noch davor wieder dort einzuziehen. Und hab' dann mit meinem Stiefvater – ich glaub' ein halbes Jahr haben wir dort allein zusammen gelebt. [...] Vielleicht, weil ich wollte, dass die Beziehung zwischen denen [Mutter und Stiefvater, G.W.]... also um das so zu festigen.

Der Plan, nach Abschluss des Referendariats eine Eigentumswohnung zu kaufen, in der er am liebsten mit seiner langjährigen Partnerin zusammenleben möchte, lässt ebenfalls die große Bedeutung eines Zuhauses als privaten Zentrums seiner Lebensraumkonstitution erkennen:

Aber mein Ziel ist auf jeden Fall, relativ flott eine Eigentumswohnung hier in D-Stadt zu finden und auch hier zu bleiben.

Um das Zuhause wird das Stadtviertel als nächster relevanter Lebensraum konstituiert. Für die Aneignung ist der Freundeskreis, der zu großen Teilen bis zurück in die Schulzeit stabil geblieben ist, entscheidend. Zur Charakterisierung dieser Ebene verwendet Steffan den Begriff ›Heimat‹ und verdeutlicht so die Relevanz dieses Raums (zunächst im biographischen Rückblick):

Und es hatte auch damit zu tun, dass ich zum damaligen Zeitpunkt meinen Lebensmittelpunkt im B-Viertel hatte und auch mein gesamter – bis jetzt noch – Freundeskreis da ist. Das ist halt mein Viertel sozusagen. Da kenn' ich jeden – ja – und da wollt' ich wieder hin. Also das B-Viertel ist meine gefühlte Heimat, auch wenn ich aus dem E-Viertel komm'.

Und auch in der Gegenwart:

[...] treib' mich auch unter der Woche öfters in B-Viertel-Kneipen rum oder wenn Kerb is' oder so. Also ich geh' jetzt nicht auf die M-Viertel-Kerb oder sonst irgendwohin, aber die B-Viertel-Kerb – da geht man hin – oder da geh' ich hin, und da sind auch alle anderen. Das ist halt so 'n Stück Heimat.

Die Stadt selbst wird zu einem entscheidenden Bezugspunkt, wenn Steffan seine Erfahrungen aus dem einjährigen Jurastudium in einer anderen Stadt reflektiert:

Ich hab' mich in B-Stadt unheimlich unwohl gefühlt. Ich hab' beinahe schon ein Trauma, wenn ich diesen Namen ›B-Stadt‹ höre. [...] Da ging's mir echt dreckig. Ich hatte da keine richtigen Freunde, ansonsten hatt' sich das auch dann ergeben, dass ich jedes Wochenende eigentlich nach D-Stadt gefahren bin. Und dann auch im zweiten Semester die Notbremse gezogen habe und zu sagen: Ich bleib' hier nicht.

Die Probleme mit der Aneignung von B-Stadt führt Steffan im Interview auch auf Mentalitätsunterschiede zurück, die allerdings auf der Ebene der Region, der nächsten relevanten Raumkonstitution, verortet werden. Während in der Region um B-Stadt eine (oberflächliche) ›Frohnatur‹ diagnostiziert wird, ist in der Region um D-Stadt eher eine raue Ehrlichkeit anzutreffen, die Steffan bevorzugt.

Die fünfte und letzte maßstäbliche Ebene von Steffans konzentrischer Lebensraumkonstitution bildet der Nationalstaat:

Ich bin jetzt kein Nationalist, aber ich hab' durchaus auch patriotische Neigungen für Deutschland.

Steffan erzählt weiter, dass die Vorstellung auszuwandern aufgrund seiner Bindung zum Nationalstaat keinerlei Anziehung auf ihn ausübt. Zu erwähnen ist, dass in diesem Fall konzentrischer Lebensraumstrukturierung neben dem Zuhause und der Stadt, die bei allen Fällen dieses Typs auftauchen, mit dem Stadtviertel, der Region und dem Nationalstaat gleich auf drei weiteren maßstäblichen Ebenen relevante Lebensräume liegen. Dieser Fall illustriert also die Variabilität der Anzahl relevanter Lebensräume beim konzentrischen Typ, ohne dass sich der Modus der Konstitution grundlegend verändert. Es bleibt bei ineinandergeschachtelten Räumen auf unterschiedlichen Ebenen, die je spezifisch angeeignet werden. Insgesamt kann in diesem Fall eine nahezu idealtypische konzentrische Lebensraumkonstitution bei nahezu idealtypischer linearer Biographisierung konstatiert werden.

Ganz ähnlich verhält es sich im Fall von Nathalie, die als ein *Clear-Case* für eine konzentrische Lebensraumkonstitution vorgestellt wurde. In ihrem Fall kann umgekehrt mithilfe einer neuen Interpretation des Materials eine deutlich lineare Biographisierung gezeigt werden.

Die 28-jährige Nathalie stammt aus einer russlanddeutschen Familie und strukturiert ihren Lebensraum auf Basis des Zuhauses, der Stadt und des Nationalstaates konzentrisch (siehe Kapitel 5). Wird dieses Interview mit Blick auf Strukturierung lebensgeschichtlicher Vergangenheit, Gegenwart und Zukunft gelesen, so zeigt sich, dass Nathalie ihre lebensgeschichtliche Zukunft planend in den Griff zu bekommen sucht. So rechnet sie mit dem Abschluss ihres Studiums in circa zwei Jahren und macht sich bereits intensive Gedanken über ihren Berufseinstieg:

Ich bin jetzt im siebten Semester, und ich mach' mir natürlich schon Sorgen. Wenn ich fertig bin, bin ich so 30, 31. Und hab' dann eben das Problem, dass ich als Frau in dem Alter schwer in einen Beruf rein komm', weil ich ja schon im besten Kindesalter bin. Also wenn ich Personalchefin wäre: Ich würd' mich auch nicht einstellen wollen. Also ich bin da schon sehr objektiv und bodenständig und weiß da schon, worauf es ankommt, und werd' es schwer haben. Also da muss ich sehen, dass ich auch jetzt wieder einen Fuß in die Tür kriege.

Die Strategie, ›einen Fuß in die Tür zu bekommen‹, wird im Interview weiter konkretisiert. Zum einen ist es ihr im Sinne einer Zukunftsperspektive wichtig, während des Studiums bereits in einem Betrieb zu arbeiten, bei dem sie eventuell Chancen auf eine spätere Anstellung hat beziehungsweise zumindest die Qualifikationen für den Arbeitsmarkt erweitert, zum anderen informiert sie sich bereits über die Anstellungschancen in einem weiteren Betrieb in D-Stadt, in dem bereits Familienmitglieder arbeiten.

Auch frühere Entscheidungen in ihrem Leben sind tendenziell von langer Hand geplant und werden nicht spontan getroffen:

Also ich war nicht eine von denen, die mit dem Abitur fertig waren und nicht wussten wohin, also haben sie einfach mal das Modefach gewählt.

Aber auch jenseits von Bildungs- oder Berufsperspektiven beschreibt Nathalie tendenziell Entwicklungen, die ihr So-geworden-Sein dokumentieren. Ausführlich geht sie beispielsweise auf die Entwicklung der Beziehung zur Mutter ein. Dieses inzwischen sehr gute Verhältnis wiederum könnte in Zukunft durch einen Auszug aus dem Haus, in dem sie mit Mutter und Großmutter lebt, belastet werden. Auch hier werden gegenwärtige Planungsprozesse in einem Anfangsstadium dokumentiert, die noch nicht abgeschlossen sind und sich auf eine Zukunft beziehen, die chronologisch noch mindestens zwei Jahre entfernt ist:

Ja, auch bis heute denk' ich noch nicht daran auszuziehen. Nach meinem Studium ja, wenn ich 'nen Job habe, wenn das Finanzielle funktioniert, dann weiß ich: muss ich auch. Und ich will auch nicht mehr zu Hause bleiben, aber ich würde dann echt ein schlechtes Gewissen haben, wenn ich auszieh', weil ich dann immer überlege, was mit meiner Mutter ist. [...] Und das wird für mich sehr schwer sein auszuziehen. Meine Mutter weiß das auch. Es wird eh schon längst Zeit eigentlich für mich auszuziehen.

Ich bin in meinem Alter glaub' ich die Einzige, die ich kenne, die noch zu Hause lebt.

Der Schluss dieses Zitates belegt genau wie ihre Überlegungen zum Berufseinstieg eine Orientierung am chronologischen Lebensalter. Für Nathalie ist nicht irrelevant, in welchem Alter welche Lebensphase ansteht. Explizit finden sich solche Verweise einzig bei linear biographisierenden Fällen, nicht dagegen bei Zyklikern oder episodischen Biographisierungen.

Die bei linearer Biographisierung typische logische Koppelung zwischen Vergangenheit, Gegenwart und Zukunft findet sich in mehreren Erzählsequenzen. Beispielsweise wird ihr Entschluss, nach dem Abitur Betriebswirtschaftslehre zu studieren, als Grund dafür angeführt, trotz mehrerer Rückschläge nicht das Studienfach zu wechseln, was sie dann schließlich, inspiriert durch eine Freundin, dennoch tut. Im Rückblick bezeichnet sie das lange Verweilen im ersten Studiengang als »Schiene« (»Ich wollte nicht davon abkommen«).

Die Änderung solcher Lebenspläne wird daher explizit thematisiert und als innerer Prozess, aus dem gelernt werden kann, dargestellt. Diese Logik wird auch auf Erfahrungen während des Baus eines Hauses, das die Familie zu großen Teilen in Eigenarbeit errichtete, angewandt:

Also doch, da oder da hätt' man es ein bisschen besser machen können – kann man ja immer. Wir haben Fehler gemacht, aber wir haben auch draus gelernt.

Nathalie verbindet also Vergangenheit, Gegenwart und Zukunft ihres Lebens sehr eng, konstituiert eine lebensgeschichtliche Gegenwart bis zum Ende ihres Studiums und versucht, den anstehenden Phasenübergang durch Planung vorzubereiten. Dabei entwickelt sie konkrete Zukunftsvorstellungen und bedient sich ihrer Konstitution von Vergangenheit als einer Ressource. Genau wie Steffan konstituiert sie die Geschichtlichkeit ihres Lebens linear, bei einer konzentrischen Strukturierung des Lebensraums.

Insgesamt lässt sich dieses gemeinsame Auftreten von linearer Biographisierung und konzentrischer Lebensraumkonstitution in allen neun Fällen zeigen, die entweder im Zeit-Sample zunächst als linear biographisierend oder im Raum-Sample als konzentrisch typisiert wurden. Der linear-konzentrische Typ kann damit als biographischer Raumzeittyp gelten.

6.1.2. Der netzwerkartig-episodische Typ

Ein Zusammenhang lässt sich auch zwischen episodischer Konstitution von Lebensgeschichtlichkeit und netzwerkartiger Konstitution des Lebensraums zeigen. Der Fall des Mitte 30-jährigen Cornelius diente zur Illustration des Netzwerk-Typs im Rahmen des Raum-Samples (siehe Kapitel 5). Er spricht im Interview nahezu ausschließlich über Städte, die er sich wegen ihrer Atmosphäre, der sich bietenden Handlungsoptionen und schwacher sozialer Bindungen (szenenförmiger Vergemeinschaftung) an- oder abeignet. Diese Räume liegen für ihn auf der gleichen maßstäblichen Ebene (auch wenn er Regionen oder Stadtviertel thematisiert) und werden miteinander verglichen, wobei Berlin aufgrund der besonderen Atmosphäre und bestimmter Optionen eine exponierte Stellung einnimmt. Ein Zuhause wird nicht thematisiert. Die neuerliche Deutung des Interviewmaterials hinsichtlich der Konstitution von Lebensgeschichtlichkeit lässt eine episodische Struktur des Verhältnisses von Vergangenheit, Gegenwart und Zukunft erkennen.

Für Cornelius steht jeweils die Gegenwart im Fokus seiner Aufmerksamkeit. Endet ein gegenwärtiges Projekt oder eine Phase (zum Beispiel das Studium), orientiert er sich spontan neu. Solche Übergänge werden nicht von langer Hand geplant, wie sich an der Suche nach einem Studienplatz nach dem Zivildienst zeigen lässt:

> Na ja, und dann nach dem Zivildienst war eigentlich klar: Ich will aus der Gegend weg. Und da war eigentlich klar, ich mein', wie bin ich dann zum nächsten Ort gekommen, man hat ja eh keine Ahnung was das dann bedeutet, von daher … ich bin halt mal zwei, drei Wochen durch Deutschland getrampt und hab' mir verschiedene Unistädte angeguckt. Wo gefällt's mir. […] M-Großstadt war mir nach einem Abend klar, dass ich diese Stadt zum Kotzen finde, und G-Stadt war mir irgendwie ganz sympathisch. Da bin ich dann halt in G-Stadt geblieben.

Nach Abschluss des Studiums existieren wiederum keine konkreten Planungen:

> Ich war planlos bezüglich Job.

Vielmehr haben sich Optionen aufgetan, zwischen denen Cornelius wiederum spontan entscheidet. Er hat die Möglichkeit, an der Universität auf einer Stelle für wissenschaftliche Mitarbeiter zu promovieren, bei einem Projekt in einem Umweltministerium zu arbeiten, und er überlegt sich, mit seinen Fähigkeiten bezüglich der Programmierung von Computern Geld zu verdienen:

Ich hätte jetzt eigentlich – das war damals auch so in der Schwebe – diese Endneunziger-Phase, da waren wir als Internetfachleute völlig gefragt – da war immer so in der Schwebe, ob sich dort nicht irgendwas ergibt und ich schlicht und einfach in die Richtung arbeite.

Er entscheidet sich für das Projekt im Ministerium in H-Großstadt, auch weil die Promotionsstelle ein Verbleiben in G-Stadt bedeutet hätte. Für Cornelius scheint aber immer wieder die Zeit zu kommen, die lebensgeschichtliche Gegenwart zu beenden und eine neue zu beginnen. Das Motiv eines Neuanfangs verbunden mit einem Ortswechsel wird meist in Form des Wunsches formuliert, das Alte zu beenden. So kommentiert er seinen Auszug nach dem Zivildienst mit den Worten:

Ich will aus der Gegend weg.

Die Erzählsequenz des Verlassens von G-Stadt nach dem Studium wird eingeleitet mit:

Und ja, ich wollt' dann auch einfach woandershin.

Und zum Wegzug aus H-Großstadt nach Ablauf der Projektstelle merkt Cornelius zunächst Folgendes an:

War dann einfach … Ich wollt' da weg.

Dieses Motiv taucht auch auf, wenn Cornelius von Erfahrungen erzählt, bei denen ihn seine spontanen Entscheidungen in eine eher unbefriedigende Situation führten. So sieht er die Entscheidung für die Projektstelle im Nachhinein kritisch:

Also, für mich war klar, ich muss da eigentlich wieder raus, ich muss sagen, ich hab da eine positive Eigenschaft von mir negativ festgestellt: Nämlich dass ich in der Regel Sachen zu Ende führe. Und ich sag im Nachhinein, eigentlich hätte ich das abbrechen sollen und hätte schnell kündigen und woandershin …

Anders als im Falle einer linearen Strukturierung von Lebensgeschichtlichkeit können solche Erfahrungen bei episodischer Strukturierung nur begrenzt als Lehren aus der Vergangenheit integriert werden, denn grundsätzlich bleibt der Modus, spontane Entscheidungen zu treffen, die nur im jeweiligen Kontext Gültigkeit beanspruchen können, unangefochten. Während Lineare dazu tendieren, im Falle von Fehlentscheidungen die Richtung ihres Lebensweges zu überdenken (siehe Steffan in Kapitel 4), bleibt die Deutung bei episodisch Biographisierenden situativ.

Diese Präferenz für situative Handlungsstrategien setzt sich bis in den Alltag hinein fort. Daher Cornelius' Vorliebe für die Stadt Berlin als ein Umfeld, das eine solche Spontaneität erlaubt:

Und was mich da [in H-Großstadt, G.W.] auch angekotzt hat, was mich seit jeher ziemlich genervt hat, das war auch in den anderen Städten und Orten vorher, das war, dass so ein Weggehen und Nachtleben eigentlich immer nach Terminplan und nicht nach innerem Rhythmus passiert. Also, dass ich gucken muss: Da und da ist das und das, und dann hab' ich fit und präsent zu sein und hab' Lust zu haben, loszuziehen. Und ja – im Hinterkopf schwebte halt die ganze Zeit Berlin dabei. So als ein Ort, an dem das eben anders ist. Wo du weggehst, wann du Bock hast.

Cornelius ist mit seiner Lebensweise, die eher unverbundene Gegenwartsblasen in Form einzelner Episoden generiert als eine kontinuierliche Geschichte, hochgradig identifiziert, und er nimmt sie durchaus als Unterscheidungskriterium zu Menschen wahr, die keine episodisch-netzwerkartige Raumzeitstruktur konstituieren:

Also für mich ist dies eigentlich ein vollständiger Bruch zwischen 'nem Bekanntenkreis, der so wie ich lebt und quer durch Deutschland verteilt ist und mal hier und mal dort was macht, und den Leuten, die hiergeblieben sind.

Der hohe Identifikationsgrad mit einer episodischen Geschichtlichkeitsstruktur lässt sich auch daran ablesen, dass die Vorstellung eines unbefristeten Arbeitsverhältnisses Assoziationen mit lebenslanger Haft auslöst:

Im Hintergrund dachte ich mir dann dabei halt immer, dass ich eigentlich zusehen muss, eben weil ich wegen Job ständig umziehen werden muss, auch deswegen, weil ein unbefristeter Vertrag a) in den relevanten Bereichen nicht drin ist und b) in 'nem normalen Bereich für mich auch ein bisschen klingt wie lebenslänglich und ich das einfach gar nicht will.

Genau wie die netzwerkartige Konstitution seines Lebensraums nimmt Cornelius die episodische Konstitution seiner Lebensgeschichtlichkeit als inhärenten Bestandteil seiner Persönlichkeit wahr:

Mir geht's halt auch eigentlich so, dass mir nach ein paar Jahren in 'ner Gegend die Decke auf'n Kopf fällt.

Cornelius konstituiert seine Lebensgeschichtlichkeit als Aneinanderreihung von Episoden, die untereinander nur lose verbunden sind. Die Übergänge werden in hohem Maße spontan gestaltet und nicht planend vorbereitet. Die chronologische Ausdehnung der Gegenwart entspricht dem derzeitigen Projekt (hier seiner Beschäftigung als wissenschaftlicher Mitarbeiter und dem Verfassen der Dissertation). Die Zukunftsvorstellungen müssen dabei wenig konkretisiert werden und werden im Interview nicht erwähnt. Er kann also als nahezu idealtypischer Fall mit episodischer Biographisierung verstanden werden, genau wie er als *Clear-Case* für die netzwerkartige Raumkonstitution gelten konnte. Mehr noch: Die hohe Identifikation mit der netzwerkartigen, flexiblen Strukturierung seines Lebensraums korrespondiert hier mit einer expliziten Priorisierung einer episodischen Zeitstruktur. Cornelius konstituiert für sein Leben eine netzwerkartig-episodische Raumzeitstruktur aus Überzeugung.

Der 30-jährige Frank, der als Clubbetreiber seinen Lebensunterhalt bestreitet, diente als Referenz für einen episodischen Biographisierungstypus im Rahmen des Zeit-Samples. Er richtet seinen Fokus auf ein gegenwärtiges Projekt (den Club) und unterscheidet dabei klar zwischen lebensgeschichtlicher Vergangenheit, Gegenwart und Zukunft. Allerdings koppelt er die Gegenwart kaum an die Vergangenheit und eignet sich die Zukunft nicht in planender Weise an, sondern hält sich eine Fülle möglicher Optionen offen, die es bei Gelegenheit spontan zu ergreifen gilt. Die Struktur seiner Lebensgeschichtlichkeit kann als Aneinanderreihung einzelner Episoden beschrieben werden (siehe Kapitel 4).

Dieser Fall weist bezüglich seiner Raumstruktur eine Besonderheit auf. Frank thematisiert vor allem L-Stadt, seinen Wohnort, als relevanten Lebensraum. Er hat noch niemals in einer anderen Stadt gelebt. Es handelt sich jedoch nicht um eine Insel, denn die Stadt wird nicht als sein Zuhause angesehen und nicht mithilfe von Grenzkonstitutionen und starken sozialen Bindungen angeeignet. Durch das fehlende Zuhause macht auch eine Interpretation dieses Falles als konzentrisch keinen Sinn. Vielmehr weisen die Aneignungsstrategien, wie ich im Folgenden zu zeigen versuche, die typische Ausprägung eines Netzwerkers auf, der allerdings nur über einen einzigen angeeigneten Raum verfügt.

Netzwerker thematisieren Räume auf der Maßstabsebene von Städten, manchmal auch von Stadtvierteln oder Regionen, die untereinander verglichen werden. Die Vergleichbarkeit ergibt sich aus den identischen Aneignungsstrategien für diese Räume, denn es geht immer um die Atmosphären im Sinne ihrer emotionalen Anmutung, um Optionen und um die in die Raumkonstitution eingehenden Menschen, mit denen eine szeneförmige Vergemeinschaftung durch lose soziale Bindungen angestrebt wird. In den biographischen Erzählungen von Netzwerkern werden praktisch keine anderen Aneignungsstrategien und keine anderen Maßstabsebenen thematisiert, im Gegensatz zu Fällen mit konzentrischer oder inselhafter Lebensraumkonstitution, bei denen die Konstitution eines Zuhauses unverzichtbar ist. Dieses Muster netzwerkartiger Lebensraumkonstitution findet sich auch bei Frank, obwohl er außer L-Stadt und Vierteln in L-Stadt keinerlei biographisch relevante Räume zum Thema macht. L-Stadt wird zentral über ihre atmosphärische Qualität angeeignet:

Das ist einfach vom Feeling her superschön.

Oder auch:

Und du hast irgendwie hier so ein Gefühl in der Stadt, das du nicht so wirklich beschreiben kannst. Es ist einfach ein cooles Gefühl.

Genau wie bei Cornelius spielt Architektur (»Du hast also eine sehr schöne Bausubstanz«) für diese Atmosphäre eine wichtige Rolle. Relevant ist aber auch, dass die Stadt über viele Grünflächen verfügt:

L-Stadt ist auf jeden Fall eine Stadt, also meiner Meinung nach, äh, also erst mal hier im Osten ist es ein gewisses Highlight, und es hat auch – ich glaub auch, dass es deutschlandweit eine Eigenart aufweist, die du nirgendwo anders findest. So, das kann man schwer beschreiben. Das ist einfach so eine Gefühlssache. Du hast halt also erst mal, find ich, ist die Stadt architektonisch sehr schön. Du hast durch – du hast viel Grün.

Der Stadtvergleich, der hier aufscheint und für eine netzwerkartige Raumkonstitution konstitutiv ist, findet sich an mehreren Stellen im Interview. Ein weiteres wichtiges Kriterium für Frank ist, dass die Optionen, sich kreativ zu entfalten, durch die Toleranz von behördlicher Seite in L-Stadt sehr vielfältig sind. Die Duldung des zunächst illegalen Clubs und die anschließende Legalisierung an seinem jetzigen Standort schreibt er einem offenen Umgang mit Subkulturen zu, den er sehr begrüßt. Auch hier findet sich wieder ein Vergleich verschiedener Städte:

Meine Erfahrungen mit den Behörden sind halt, dass die sehr, sehr kulant sind. Und dass es eigentlich auch denen ihr Ziel ist, dass die – also das alles am Laufen zu halten, als jetzt irgendwie groß Restriktion auszuüben. Und dadurch kannst du halt auch Sachen machen, die in andern Städten, glaub ich, nicht funktionieren. Also immer wenn ich mit andern Leuten rede aus, keine Ahnung, F-Großstadt, Berlin, D-Großstadt teilweise auch, die haben irgendwie einen totalen Horror vor Behörden, weil die halt wirklich dort Sachen unterbinden.

Die Aneignung der Räume bei netzwerkartiger Raumkonstitution basiert neben der Atmosphäre und den sich bietenden Optionen auch auf einer Vergemeinschaftung mit losen sozialen Bindungen vorzugsweise in Szenen. Auch dieses Motiv findet sich bei Frank sehr ausgeprägt, allerdings bezieht er diesen Aspekt nicht auf die gesamte Stadt, sondern auf Regionen in der Stadt. Hauptsächliche Differenzierung ist hier weniger eine Unterteilung in einzelne Stadtviertel als eine in den Süden und den Rest der Stadt, wobei der Süden über die von ihm bevorzugten Szenen verfügt. Was den Süden auszeichnet, dokumentiert Frank in einer Erzählsequenz, die die Suche nach einem neuen Standort für den Club beschreibt:

Also das wichtigste Kriterium war, dass wir irgendwo im Süden bleiben von L-Stadt. Weil das damals auch die Ecke war, die von den Leuten, die halt dort sind, am angenehmsten war und also alles, was so Richtung G-Viertel oder Richtung Norden oder auch Richtung R-Viertel ging, da hattest du einfach immer das Problem, dass da irgendwelche Faschos – mit denen musstest du einfach rechnen. Und das ist einfach destruktiv. Da in so einer Atmosphäre könnte nie ein Club entstehen.

Dass der Süden der Stadt von Neofaschisten gemieden wird, steht für Frank im Zusammenhang mit der Präsenz der autonomen Szene:

Die autonome Szene, die hat einfach auch die, wie gesagt, das ganze Nazi-Problem so ein bisschen da weggehalten. Ja, und du hast dort auch, wie gesagt, da wohnen – da wohnen halt Studenten, und vom Klientel, was dort weggeht, ist es einfach am idealsten.

Frank selbst versteht sich eher als Teil einer Musik- beziehungsweise Kulturszene. Seine Vergemeinschaftung in dieser Szene wird mit Begriffen wie »Clique« oder »Crew« charakterisiert. Der Begriff Freundschaft scheint zur Charakterisierung seiner Raumaneignungsstrategie weniger geeignet:

Also wir waren einfach eine Clique damals gewesen, die auf die Musik abgefahren ist. Freunde mehr oder weniger.

Und inzwischen:

Und wir sind jetzt mittlerweile wirklich eine Crew von ungefähr 20 Leuten.

Genau wie Cornelius legt Frank Wert auf eine »Offenheit« der Szene, in der er vergemeinschaftet ist. Dies ist weniger bezogen auf Ein- oder Austritte, sondern eher in einem kognitiven Sinn zu verstehen und bezeichnet etwas wie Progressivität. Kritisch konstatiert er eine Wandlung der Techno-Szene, aus der er ursprünglich stammt, hin zu einer größeren Geschlossenheit, was sein Selbstverständnis als Teil der offeneren Kulturszene befördert:

Also früher waren's halt, wie gesagt, als es um House und Techno ging, war es halt die typische House- und Techno-Szene. Das war auch so, meiner Meinung nach, die Szene auch – es bis zu einem bestimmten Punkt auch, sagen wir mal, progressiv und sagen wir mal, offen für neue Entwicklungen war. Das hat sich halt ja, in den letzten Jahren echt zum Negativen entwickelt. Und deswegen suchen wir halt auch jetzt neue Szenen.

Bei der Beschreibung der Entstehung der Szene tritt wiederum das Motiv des Städtevergleiches auf, das im Falle szeneförmiger Vergemeinschaftung immer wieder beobachtet werden kann:

Weil früher war das so, dass die Szene halt neu und frisch war, und du hast dich dann einfach interessiert, was geht in der Stadt, was geht in der Stadt.

Zusammenfassend lässt sich sagen, dass die Lebensraumkonstitution Franks alle typischen Merkmale einer netzwerkhaften Strukturierung aufweist. Er eignet sich seinen relevanten Lebensraum über Atmosphären an, ist an den Handlungsoptionen in den Räumen interessiert und legt Wert auf eine szeneförmige Vergemeinschaftung. Er thematisiert beinahe ausschließlich Räume auf der Ebene von Städten oder Stadtteilen, die miteinander verglichen werden. Etwas untypisch ist lediglich die Tatsache, dass in seinem bisherigen Lebensverlauf einzig L-Stadt als relevanter Lebensraum angeeignet wurde. Dass es dabei nicht bleiben muss, dokumentiert Frank sehr eindeutig:

Interviewer: Hm. Also du könntest dir schon vorstellen, auch aus L-Stadt mal wegzugehen?
Frank: Ja, na klar, ich häng' ja hier nicht fest.

Das Motiv, grundsätzlich nicht räumlich verwurzelt zu sein und das auch nicht wollen, findet sich einzig bei netzwerkartiger, nicht aber bei inselhafter oder konzentrischer Lebensraumkonstitution.

Beim Netzwerker Cornelius ließ sich also ein episodischer Biographisierungsmodus nachweisen, während umgekehrt beim episodisch biographisierenden Frank eine netzwerkartige Raumkonstitution mit vorläufig nur einem relevanten Lebensraum gezeigt werden konnte. Insgesamt ist diese Verbindung bei sieben Fällen beobachtbar und damit bei allen, die zunächst als episodisch biographisierend oder als Fälle mit netzwerkartiger Lebensraumkonstitution typisiert wurden. Es lässt sich also von einem netzwerkartig-episodischen Raumzeittyp sprechen.

6.1.3. Der inselhaft-zyklische Typ

Einen letzten Typ biographischer Raumzeit-Konstitution gilt es noch darzustellen. Hier trifft ein zyklischer Biographisierungsmodus auf eine Lebensraumkonstitution, die aus einzelnen privaten Inseln besteht. Zunächst wird diese Kombination bei Enrico, dem *Clear-Case* zur Beschreibung der zyklischen Geschichtlichkeitskonstitution, und anschließend bei Gunnar, einem eindeutigen Fall inselhafter Lebensraumkonstitution, nachgewiesen.

Enrico lebt einen Alltag, in dem alle Handlungssequenzen nach einer gewissen Zeit unverändert von vorne beginnen. Der 42-Jährige arbeitet sporadisch in der Bauindustrie, pflegt einen Schrebergarten, schreibt an einem Buch und angelt. Alle diese Tätigkeiten gehören zu einer fortwährenden Gegenwart. Er verzichtet auf die Konstitution einer biographischen Zukunft, denn Änderungen werden weder erwartet, noch sind sie erwünscht. Das über zwei Stunden währende Interview ist weniger die Erzählung einer Lebensgeschichte als vielmehr eine Aneinanderreihung von Geschichten, die chronologisch vollkommen unsortiert sind und durch Assoziationen verbunden werden. Bei allen Geschichten liegt der Fokus auf der Erlebnisqualität der Ereignisse, und sie werden im Präsens erzählt. Dabei wird in keiner Weise das Werden eines Ichs thematisiert. Enrico ist über alle Zeit hinweg mit sich selbst identisch (siehe Kapitel 4).

Wird das Material im Hinblick auf die Konstitution von Lebensraum analysiert, so scheinen drei Raumkonstitutionen für Enrico relevant: Sein Zuhause, das Schrebergartengrundstück und ein See, den er zum Angeln aufsucht. Der wichtigste Ort ist das Zuhause, das in einer Vielzahl von Geschichten eine zentrale Rolle spielt, denn Enrico berichtet viel von Renovierungsarbeiten und beschreibt dezidiert seine Einrichtungsideen und Umsetzungen. Da Enrico nach der Heirat mit seiner Frau zusammenzieht und inzwischen (nach der Scheidung) in einer anderen Wohnung mit seiner Freundin zusammenwohnt, werden zumindest zwei unterschiedliche Wohnungen als Zuhause beschrieben. Durch die nichtchronologische Erzählweise ist es tatsächlich schwierig zu rekonstruieren, wie viele unterschiedliche Zuhause Enrico thematisiert. Dass es ein Zuhause gibt, ist für Enrico aber von zentraler Bedeutung, wie die erste Erwähnung der Wohnung, in die er nach der Heirat einzieht, zeigt:

> Wir haben die Wohnung hier angeguckt, und ich sage: Die oder gar keine! Zum ersten Mal ein Zuhause gebildet. In der Wohnung habe ich mich immer wohlgefühlt.

Die Sequenzen zum Zustand der Wohnungen beim Einzug, zu den Renovierungen und zur Einrichtung sind schlicht zu lang, um sie im Rahmen dieser Arbeit zu zitieren. Enrico beschreibt bis hin zum Aufbau eines Tisches in der Küchenecke eine Fülle von Details. Er dokumentiert damit den Stellenwert, den ein Zuhause, in dem er sich wohlfühlt, für ihn hat. Das Zuhause ist darüber hinaus der Ort, an dem er mit seiner Freundin (vormals mit seiner Frau) zusammenwohnt, das also unter Bezugnahme auf starke soziale Bindungen angeeignet wird.

Zusammen mit einem sehr engen, langjährigen Freund hat Enrico darüber hinaus einen Schrebergarten gemietet, ein weiterer zentraler Raum in seinem Leben. Zunächst beschreibt er auch hier die Renovierung und Gestaltung des Grundstücks, die anhebt mit:

> Nee, wir müssen alles neu machen hier. Ich hatte genug Baumaterial gehabt zu Haus. Da haben wir den ganzen Sommer rumgebaut.

Die eigene Gestaltung der Wohnung und des Schrebergartengrundstücks scheint Enrico die Aneignung zu erleichtern. Den Charakter dieses Raums, der maßgeblich auf eine autonome Platzierungspraxis zurückgeht, beschreibt Enrico wie folgt:

> Da tun wir grillen, trinken, quatschen – was weiß ich. Übernachten. Das ist meine Zuflucht.

Hier unterstreicht Enrico den privaten Charakter dieser Raumkonstitution, die genau wie sein Zuhause einen Rückzug von der (Außen-)Welt ermöglicht. In der Sequenz, die den Schrebergarten beschreibt, findet sich auch eine Ablehnung städtischen Lebens, wie es für inselhafte Raumkonstitutionen typisch ist (siehe den Fall Gunnar in Kapitel 5):

> Ich habe einen Garten gleich um die Ecke. Vielleicht zweihundert Meter von meiner Wohnung. Ich wohne gerne außerhalb von der Stadt. Ich bin kein Stadtmensch. Ich hasse die Stadt. Diese Geräusche jedes Mal. Ich mag so nicht leben.

Auch der dritte Raum, den Enrico konstituiert, erfüllt diese Funktion eines Rückzugs von der Welt. Es handelt sich um einen künstlichen See, der als Regenrückhaltebecken inmitten von hohen Bahndämmen angelegt wurde. Trotz einer relativ genauen Wegbeschreibung habe ich lange gebraucht, diesen relativ großen See am Rande der Stadt zu finden. Die versteckte Lage ist es, die diesen Raum für Enrico so attraktiv macht. Hier ist er meist alleine. Nur manchmal trifft er einen anderen befreundeten Angler. Daher befürchtet er, dass der See durch das Forschungsprojekt bekannt werden könnte:

Interviewer: Das ist so 'ne Situation, wo man gar nicht vermutet, dass es so etwas gibt.
Enrico: Deswegen wäre Reklame ja schade, wenn man Reklame darüber macht …
Interviewer: Nein, wir machen keine Reklame darüber. Wir werden das so machen, dass ihr weiter eure Ruhe habt.
Enrico: Ja, weil, wie gesagt wir haben das »das Paradies« genannt. »Das Paradies« haben wir genannt. Das war so ruhig – du hast gar nichts gehört – du hast keinen Mensch gesehen.

Enrico konstituiert also drei relevante Lebensräume, die alle einen hochgradig privaten Charakter haben. Es handelt sich im Vergleich mit anderen Fällen mit einer Lebensraumkonstitution entsprechend dem Insel-Typ um eine relativ große Anzahl an Räumen. Da sie aber alle der Abgrenzung von der Außenwelt dienen, besteht an der inselhaften Strukturierung von Enricos Lebensraum kein Zweifel. Seine Konstitution von Zuhause ist lediglich flankiert von einer »Zuflucht« und einem versteckten »Paradies«. Hier zeigt sich ein maximaler Kontrast zu den öffentlichen und halböffentlichen Räumen der Netzwerker, die der Vergemeinschaftung mit teils unbekannten oder wenig bekannten Personen der Szene dienen.

Der Zusammenhang von inselhafter Raumkonstitution und zyklischer Zeitkonstitution lässt sich auch am Fall von Gunnar illustrieren. Nach langer Suche mit seinem engen Freund gelingt die Konstitution seiner »Insel«, als seine Mutter ihm ein Wochenendgrundstück in einer ländlichen Gegend schenkt. Dort lebt der 46-jährige gelernte Bäcker von sporadischer Beschäftigung und zeitweise von staatlichen Transfereinkommen (Arbeitslosengeld II). Auch bei ihm findet sich die Ablehnung einer städtischen Lebensweise, die Aneignung des Raums unter Bezug auf starke soziale Bindungen und eine starke Thematisierung der Verfügungsgewalt über den privaten Raum, dessen eigenhändige Gestaltung auch hier die Aneignung befördert (siehe Kapitel 5). Nun gilt es, den zyklischen Charakter seiner Konstitution von Lebensgeschichtlichkeit aufzuzeigen, indem das Interviewmaterial im Hinblick auf die Zeitkonstitution analysiert wird.

Typisch für zyklische Konstitutionen von Lebensgeschichtlichkeit ist das Erzählen von Geschichten, die assoziativ (und nicht chronologisch) verbunden sind. Das folgende Zitat illustriert einen solchen Übergang von der Erzählung seiner Interessen zum Ende der Schulzeit hin zu einer langen Passage über die richtige Haltung von Hunden:

> Mich haben Sachen inspiriert wie Robinson Crusoe, ja, was passiert, wenn du mal abstürzt. Was ist denn wichtig im Leben. Ja, auf so Ideen komm' ich dann ja, dadurch ja ähm, was brauchst du wirklich, ja. Was is, was is 'ne Sache, woran man arbeiten sollte, täglich, und was sind Sachen, die man vernachlässigen kann, letztendlich. Weil, meinem Boden is es egal, ob der jeden Tag gewischt wird und steril ist, im Gegenteil. Dadurch, dass er nicht steril ist, haben die Hunde auch keine Hautekzeme, was jeder Hund hat wenn, wenn er zweimal im Jahr gewaschen wird und dann noch die Hütte mit Domestos geschrubbt wird…

Diese Passage bringt gleichzeitig seine Faszination für inselhafte Raumkonstitutionen zum Ausdruck und verdeutlicht zudem das für Zykliker typische Interesse am Alltäglichen, sich Wiederholenden. Die Frage nach dem Wesentlichen im Leben gilt es zu beantworten und diese Erkenntnis im Alltag immer wieder zu reproduzieren. Es geht darum, eine stabile Identität in einem stabilen Umfeld zu generieren, von der Gunnar sagen kann:

> …, dass ich halt bin, wie ich bin, ne.

Sein Alltag ist geprägt von Arbeiten am eigenen Grundstück, von der Versorgung der Tiere und von Nachbarschaftshilfe, die er in der vornehmlich mit Wochenendhäuschen bebauten Umgebung leistet. Andere Handlungsmuster, biographische Zielsetzungen oder gar eine lebensgeschichtliche Zukunft werden mit keinem Wort thematisiert. Wie sehr diese Konstitution einer ewig währenden Gegenwart, die Veränderung nicht nötig hat, mit der Konstitution einer privaten Insel als Lebensraum zusammenhängt, verdeutlicht folgendes Zitat:

> Prinzipiell sind wir soweit hier angekommen, dass wir sagen können, hier würden wir gerne alt werden und den Rest unseres Lebens verbringen.

Das ›Wir‹ in dieser Aussage bezieht sich auf ihn und seinen besten Freund, mit dem er seit 17 Jahren zusammenlebt. Es verweist damit auch auf die prominente Stellung starker sozialer Bindungen, die sich bei allen inselhaft-zyklischen Raumzeitkonstitutionen zeigen lässt.

Eine solche Kombination von inselhafter Raumstrukturierung und zyklischem Biographisierungsmodus lässt sich im gesamten

Sample acht Mal beobachten – bei allen Fällen, die im Rahmen der ersten Analyse entweder zyklisch oder inselhaft typisiert wurden. Zu erwähnen wäre beispielsweise noch die Mitte 70-jährige Anna, eine Zyklikerin aus dem Zeit-Sample, die seit über 15 Jahren täglich verwilderte Katzen versorgt. Sie ist in der Nachbarschaft längst zur Institution geworden, weil sie in dem kleinen Areal, in dem sich die von ihr gebauten Futterstellen befinden, mit aller Konsequenz und ihrem Pfefferspray für Ordnung sorgt.

Wer sich über alle Zeit hinweg als mit sich selbst identisch versteht, konstituiert für sein Leben Räume mit hochgradig privatem Charakter, welche die Außenwelt auf Distanz halten.

Auffällig ist, dass die Fälle des gesamten Samples eher dicht bei den Idealtypen liegen. Das heißt, dass sich die Fälle sehr eindeutig einem bestimmten biographischen Geschichtlichkeits- beziehungsweise Raumtyp zuordnen lassen. Das trifft auch bei Fällen zu, die in ihrem Lebenslauf einen Wechsel der raumzeitlichen Orientierung vollzogen haben. So veränderte Tim beispielsweise seine Raumzeitkonstitution von netzwerkartig-episodisch hin zu einer konzentrisch-linearen Strukturierung, kann aber inzwischen als nahezu idealtypischer Fall dieser neuen Konstitutionsform gedeutet werden (siehe Abschnitt 5.2.4). Im Zeit-Sample findet sich mit Ralf, einem Mitte 30-jährigen Mitglied der Punkszene, ein Fall, der mangels neuer Projekte vom netzwerkartig-episodischen Typ zum inselhaft-zyklischen Modus wechselte. Hier deutet sich an, dass netzwerkartig-episodische Raumzeitkonstitutionen leicht in eine Krise geraten können, wenn der Absprung zu einem neuen Projekt verpasst wird oder sich keine Gelegenheit eröffnet.

Die empirische Analyse lässt also drei biographische Typen erkennen, die einen stabilen Zusammenhang der Raum- und Zeitkonstitutionen aufweisen. Obwohl die Wahrscheinlichkeit für das zufällige Zustandekommen dieser Korrelation aufgrund der Samplingstrategie nicht genau abzuschätzen ist, sei darauf verwiesen, wie unwahrscheinlich es ist, dass durch Zufall bei 24 Fällen immer genau ein Geschichtlichkeitstyp zusammen mit genau einem Lebensraumtyp auftritt.[1] Es ist jedoch nicht nur so, dass bestimm-

1 Aufgrund des kleinen Samples und der nicht-zufälligen Fallauswahl besteht beim Postulat einer Korrelation das Problem einer niedrigen externen Validität. Das heißt, die Verallgemeinerbarkeit der hier vorgestellten Befunde kann statistisch noch nicht sichergestellt werden.

te Raumkonstitutionen mit bestimmten Geschichtlichkeitstypen korrelieren, sondern dass die Raum- und Zeitkonstitutionen häufig gemeinsam thematisiert werden. Auf dieses Phänomen, das sich bei allen Typen zeigt, möchte ich im Folgenden aufmerksam machen.

Es geht um die Beobachtung, dass an zentralen Stellen in den Interviews gleichzeitig der Lebensraum und die Lebensgeschichtlichkeit thematisch wird, und zwar unabhängig davon, welchem Typus von Raumzeitkonstitution dieser Fall zuzurechnen ist. Im Interviewmaterial finden sich immer wieder Sequenzen, die gemeinsam und prominent Raum und Zeit des eigenen Lebens fokussieren. So beschreibt der insel-zyklisch biographisierende Gunnar das Lebensgefühl auf dem eigenen Grundstück resümierend mit den bereits mehrfach zitierten Worten:

Prinzipiell sind wir soweit hier angekommen, dass wir sagen können, hier würden wir gerne alt werden und den Rest unseres Lebens verbringen.

Die Raum- und Zeitstrukturen seines Lebens werden gemeinsam stabilisiert. Auf dieser Insel kann sich eine ewige Gegenwart Geltung verschaffen. Cornelius hingegen flexibilisiert Raum und Zeit im selben Atemzug entsprechend seinem netzwerkartig-episodischen Biographisierungsmodus:

Mir geht's halt auch eigentlich so, dass mir nach ein paar Jahren in 'ner Gegend die Decke auf'n Kopf fällt.

Entsprechend charakterisiert er sich als Mensch, der

mal hier und mal dort was macht.

Stillstand im raumzeitlichen Sinne ist für Cornelius unattraktiv. Tim schließlich, der als Fall mit konzentrisch strukturiertem Lebensraum nach einer früheren Phase mit netzwerkhafter Strukturierung vorgestellt wurde (siehe Abschnitt 5.2.4), beschreibt diesen Bruch ebenfalls als einen raumzeitlichen Wechsel seiner Orientierung:

Und nicht: Wir sind jetzt hier und morgen da und übermorgen da, sondern...

Um dann die neue Situation ebenfalls räumlich und zeitlich zugleich zu charakterisieren:

Irgendwann war 'ne gewisse Stabilität eingekehrt und auch 'ne gewisse Ruhe und man irgendwie das Gefühl hatte – ich weiß jetzt nicht wie viel Umzüge es sind, ich glaub' so zehn – und da haste dann irgendwann natürlich schon die Schnauze voll, auf gut Deutsch. Und es war dann irgendwann auch so, dass man das Gefühl hatte, man ist so ein bisschen angekommen. [...] Man merkt halt auch, dass man nicht mehr so frei ist in den Entscheidungen, o.k. ich geh' jetzt mal dahin oder dort.

Die Stabilität, die Tim als ein zentrales Moment seines heutigen Lebens herausstreicht, ist gleichermaßen räumlich und zeitlich gedacht.

Bleibt festzuhalten, dass nicht nur bestimmte Lebensraumkonstitutionen mit bestimmten Geschichtlichkeitstypen korrelieren, sondern dass die Konstitutionen von Raum und Zeit gemeinsam vorgenommen werden. Wir stellen uns raumzeitlich in die Welt – nicht: Wir stellen uns sowohl räumlich als auch zeitlich in die Welt. Diesen Befund möchte ich im Rahmen des Schlusskapitels anthropologisch erklären (siehe Abschnitt 7.1).

Im Folgenden soll nun die Betrachtung einiger sozialstruktureller Variablen zum Verständnis der unterschiedlichen Typen fruchtbar gemacht werden. Dabei werden erste Hypothesen zu den gemeinsamen Charakteristika der jeweiligen Fälle eines Typs entwickelt. Im nächsten Kapitel (Kapitel 7) werden dann die Thesen und Hypothesen zur Erklärung des Zusammenhangs sozialer Raum- und Zeitkonstitutionen sowie zur Entstehung der einzelnen Typen entwickelt.

6.2. Erste empirisch induzierte Hypothesen zu weiteren Charakteristika der Typen

In diesem Kapitel werden weitere empirische Befunde zur biographischen Raumzeitkonstitution zusammengetragen. Dabei steht das Interesse im Mittelpunkt, eine idealtypische Charakterisierung der Fälle eines Typs vorzulegen. Welche Gemeinsamkeiten haben Personen, die die Raumzeit ihres Lebens beispielsweise inselhaft-zyklisch konstituieren? Zur Beantwortung dieser Frage werden sozialstrukturelle Hintergrundvariablen in die Analyse einbezogen, um abschließend eine tabellarische Übersicht biographischer Raumzeitkonstitutionen zu generieren. Insbesondere sollen dabei

Variablen wie das Alter oder der sozioökonomische Status in den Blick genommen werden, die bisher lediglich am Rande Erwähnung fanden, aber dazu dienen, das Bild der einzelnen Typen zu vervollständigen. Diese Darstellung verfolgt zunächst vornehmlich ein deskriptives Ziel, bietet aber auch erste Deutungen zum Verständnis der Entstehung der Typen an. Diese Deutungen müssen im Schlusskapitel (Kapitel 7) mit zeitdiagnostischen Makroanalysen in Verbindung gesetzt werden, um die Entstehung der unterschiedlichen Typen zu erklären. Zu beachten ist, dass das Sample nicht repräsentativ ist und von daher an dieser Stelle nur erste Tendenzen dargestellt werden können, die einer weiter gehenden Überprüfung bedürfen.

Personen mit netzwerkartig-episodischer Raumzeitkonstitution verfügen über einen hohen Bildungsgrad (meist Akademiker_innen) und in vielen Fällen über ein leicht überdurchschnittliches Einkommen. Auffällig ist zum einen die Häufung zeitlich befristeter Stellen und zum anderen die Tatsache, dass dieser Personenkreis im Vergleich zu den Eltern Aufstiegsbiographien realisiert. So werden beispielsweise zwei Fälle promovieren, ohne dass in der Elterngeneration Akademiker_innen vorzufinden sind. Die Ausstattung der Elternhäuser bezüglich des ökonomischen Kapitals ist in beiden Fällen aber klar überdurchschnittlich. Das habituell einverleibte Wissen über das angemessene Verhalten in ihrem derzeitigen Milieu konnte jedoch nicht im Elternhaus einsozialisiert werden, sondern beruht auf eigener Erfahrung (vgl. Bourdieu 1982 [1979]). Eventuell schlagen daher die kolportierten Flexibilitätsanforderungen der Erwerbsarbeitswelt stärker auf die biographischen Raumzeitkonstitutionen durch. Personen mit Aufstiegsbiographien sehen sich verstärkt als Arbeitskraftunternehmer und lassen sich leichter aktivieren, so die Hypothese.[2]

Im Gegensatz dazu finden sich bei inselhaft-zyklischen Raumzeitkonstitutionen gehäuft niedrigere Bildungsgrade oder ›verstrickte‹ Bildungsbiographien (abgebrochenes Studium) und eher eine unterdurchschnittliche bis prekäre Einkommenssituation. Häufig leben die Menschen in prekären Beschäftigungsverhältnissen oder in Arbeitslosigkeit. Es handelt sich um Personen, die

2 Vgl. zum Konzept des Arbeitskraftunternehmers Voß/Pongratz (1998) und zur ›Aktivierung‹ Lessenich (2003). Zur vertiefenden Diskussion dieser Gegenwartsdiagnosen in Bezug auf die biographische Raumzeit siehe Abschnitt 7.2.

das Spiel kapitalistischer Verwertungslogik nicht oder nur begrenzt mitspielen dürfen oder wollen. Entsprechend kritisch ist ihre gesellschaftliche Anerkennungssituation. Die Konstitution räumlicher Inseln mit der Betonung von Grenzkonstruktionen in Bezug auf eine bedrohlich wirkende Außenwelt sowie die Priorisierung starker sozialer Bindungen sind somit auch als Vermeidungsstrategien gegenüber Abwertung deutbar. Diese Problematik gilt es im Zusammenhang mit den typischen biographischen Problemlagen der einzelnen Raumzeittypen (siehe Abschnitt 7.3) noch einmal aufzugreifen.

Bei konzentrisch-linearen Raumzeitkonstitutionen sind die Befunde bezüglich Bildungsgrad und Einkommen zu heterogen, um auf Basis der hier verwendeten explorativen Samplingstrategie verlässliche Aussagen tätigen zu können. Auffällig ist einzig eine gewisse Favorisierung von Normalarbeitsverhältnissen, die auch bei Fällen, die sich noch im Bildungssystem befinden, beobachtbar ist und häufig explizit thematisiert wird.

Hinsichtlich der Art und Weise von Vergemeinschaftung lassen sich trotz der geringen Fallzahl überraschend eindeutige Tendenzen erkennen. Die Fälle mit netzwerkartig-episodischer Raumzeitkonstitution sind häufig Singles und berichten eher von kürzeren Liebesbeziehungen. Sie sind meist kinderlos und leben nicht bei ihren Eltern beziehungsweise sind dort vergleichsweise früh ausgezogen. Insbesondere das Themenfeld ›Kinder‹ soll vor dem Hintergrund gegenwartsdiagnostischer Überlegungen noch einmal aufgegriffen werden (siehe Abschnitt 7.2). Während netzwerkartig-episodische Typen lose Vergemeinschaftung in Szenen als relevant für ihr Leben thematisieren, fehlen solche Verweise bei inselhaft-zyklischen Typen vollständig. Sie erwähnen nahezu ausschließlich starke soziale Bindungen, häufig zu Mitgliedern der Familie. Bei Fällen mit konzentrisch-linearer Raumzeitkonstitution werden durchweg Bindungen verschiedener Intensität thematisiert. Während beim Themenfeld ›Zuhause‹ meist starke soziale Bindungen erwähnt werden, wird im Zusammenhang mit der Thematisierung von Stadtvierteln oder Städten auf Freundeskreise Bezug genommen. Beide Arten von Bindungen scheinen biographisch so relevant, dass sie in keinem Interview mit Konzentrisch-Linearen fehlen.

Das kleine Sample erlaubt keine validen Aussagen bezüglich des Einflusses des Geschlechts auf die biographische Raumzeitkonstitution. Frauen tendieren anscheinend etwas gehäuft zu einem konzentrisch-linearen Modell. Ihre Biographisierungen wirken in den wenigen Fällen, die andere Raumzeiten konstituieren, spannungsreich (im Sample finden sich einige eher depressive inselhaft-zyklisch und unzufriedene netzwerkartig-episodisch Biographisierende). Auch hier sei auf die Kapitel zur Differenzierung der Raumzeittypen in der Gegenwartsgesellschaft (siehe Abschnitt 7.2) und zu den typischen Problemlagen der Raumzeittypen in der postfordistischen Arbeitsgesellschaft (siehe Abschnitt 7.3) verwiesen, in denen auch die Vergeschlechtlichung von Handlungserwartungen thematisch wird; wobei Frauen im besonderen Maße durch die doppelte Vergesellschaftung in Produktion und Reproduktion zur unmöglichen Konstitution widersprüchlicher Raumzeiten angehalten werden, insbesondere wenn Kinder im Haushalt leben (vgl. Becker-Schmidt 1987).

Noch schwieriger auf Basis dieser Erhebung ist es, den Einfluss der Variable ›Alter‹ zu bestimmen. Das hängt vor allem damit zusammen, dass die Altersspanne der Interviewpartner_innen früh im Erhebungsprozess auf 20-45 Jahre eingegrenzt wurde. Die Entscheidung für diese Beschränkung verdankt sich zum einen dem Befund, dass alle Typen von Lebensgeschichtlichkeit in dieser Altersgruppe angetroffen werden konnten, und zum anderen dem Interesse an den Einflüssen der Erwerbsarbeitswelt, die von allen Fällen in diesem Alter explizit thematisiert wurden (siehe Kapitel 3). Das zeitdiagnostische Potenzial dieser Untersuchung ist weniger in der Konstruktion einer Normalisierungsthese über das Lebensalter zu suchen als in dem Faktum, dass die Heterogenität unterschiedlicher Raumzeitkonstitutionen bei Fällen erhalten bleibt, die am Anfang und in der Mitte des Erwerbslebens stehen. Ich gehe von einer zunehmenden Differenzierung raumzeitlicher Weltbezüge innerhalb der Zeitspanne des Erwerbsarbeitslebens aus.

Eine meines Erachtens plausible Spekulation zum Zusammenhang der Raumzeitkonstitutionen mit dem Lebensalter möchte ich dennoch formulieren. Wäre ein quantitativ anwendbares Messinstrument zur Erfassung biographischer Raumzeitkonstitutionen verfügbar, ließe sich vermutlich folgende Normalisierungshypothese bestätigen: Der Anteil netzwerkartig-episodischer Typen im Alter zwischen 20 und 30 ist noch relativ hoch, weil sich viele beruflich noch nicht orientiert haben, sinkt dann aber vor dem Hintergrund erster Familiengründungen und Etablierung auf dem Arbeitsmarkt zugunsten konzentrisch-linearer Orientierungen ab, die im Alter um 40 Jahre gesellschaftlich hochgradig dominant sind. In hohem Alter wiederum nimmt der Anteil der konzentrisch-linearen Konstitutionen zugunsten inselhaft-zyklischer Konstitutionen ab.

Allerdings gehen mit dieser Lesart die zeitdiagnostisch aufschlussreichen Fälle als Randphänomene verloren. Genau solche Fälle könnten aber gesellschaftliche Entwicklungstendenzen offenbaren. Erwähnt im Vorgriff auf das nächste Kapitel seien hier nur kurz die mit ihrer netzwerkartig-episodischen Lebensweise hochgradig identifizierten Fälle (älter als 35 Jahre), bei denen ein Wechsel der raumzeitlichen Orientierung kaum zu erwarten ist (zum Beispiel Cornelius), die Fälle mit inselhaft-zyklischen Konstitutionen, die mit Anfang 40 eine Emanzipation von den Erwartungen an eine gelingende Erwerbsbiographie vollziehen (zum Beispiel Enrico oder Gunnar), oder auch die jungen inselhaft-zyklischen, die einen Einstieg in das Erwerbsleben erst gar nicht gefunden haben (Thomas). All diese Fälle passen nicht zu einer Normalisierungsthese, sind aber für eine Gegenwartsanalyse umso aufschlussreicher. Der Heterogenisierung gesellschaftlich relevanter Raumzeitkonstitutionen im jungen und mittleren Erwerbsalter gilt die besondere Aufmerksamkeit dieser Untersuchung.

Eine letzte Variable gilt es in ihrem Verhältnis zur biographischen Raumzeitkonstitution zu beleuchten. Insbesondere dann, wenn deutliche Anzeichen für eine grundsätzliche Zufriedenheit oder Depression vorliegen, die nicht der momentanen Stimmung geschuldet sind, kann auf Basis von zumeist ein- bis zweistündigen narrativ-biographischen Interviews eine vorsichtige Einschätzung zur ›Lebenszufriedenheit‹ abgegeben werden. Insgesamt ergibt sich keine Tendenz, mit welcher Raumzeitkonstitution die Menschen glücklicher oder unglücklicher werden. Spezifische Problemlagen zeigen sich bei allen Typen (siehe dazu Abschnitt 7.3). Zwei Auffälligkeiten sind jedoch erwähnenswert: In der Gruppe mit inselhaft-zyklischen Raumkonstitutionen scheint die Lebenszufriedenheit polarisiert. Ein Teil wirkt eher depressiv, während der andere Teil mit seinen kontemplativen Alltagspraxen durchaus sehr zufrieden zu sein scheint. Die zweite Auffälligkeit betrifft die Fälle mit netzwerkartig-episodischer Raumzeitkonstitution. Hier zeigt sich, dass ein Teil der Interviewpartner_innen eher unfreiwillig auf eine planende Aneignung der Zukunft im Sinne eines linear-konzentrischen Modells verzichtet, während andere Fälle mit dieser Lebensweise hochgradig identifiziert sind und gerade das biographische Umsteuern, bei dem spontan unerwartete Chancen ergriffen werden können, als Freiheit zu empfinden scheinen.

Die nebenstehende Tabelle trägt die hier dargestellten Befunde noch einmal zusammen.

6.3. Schlussfolgerungen

Die Analyse der Fälle der Samples zu Zeit und Raum ergab einen Zusammenhang von Konstitutionsformen der Lebensgeschichtlichkeit mit Lebensraumkonstitutionen. Wer in einer bestimmten Art und Weise Vergangenheit, Gegenwart und Zukunft seines Lebens ins Verhältnis setzt, der strukturiert auch seinen Lebensraum auf eine spezifische Art und Weise und umgekehrt. Entsprechend lassen sich drei Typen biographischer Raumzeitkonstitution beschreiben.[3] Aus diesem Befund folgt, dass Raum- und Zeitstrukturen von Biographien nicht getrennt zu denken sind. Biographische Entscheidungen lassen sich besser verstehen, wenn beide Dimensionen bei der Rekonstruktion Berücksichtigung finden. Im Feld soziologischer Biographieforschung scheint indessen eine Analyse der räumlichen Konstitutionen unterrepräsentiert. Die hier vorgestellten empirischen Befunde verweisen jedoch auf einen Erklärungswert von Raumkonstitutionen für biographische Entscheidungen, die dem Erklärungswert von Zeitkonstitutionen in keiner Weise nachsteht. Tims biographische Entscheidungen, auf hochgradig attraktive Stellenausschreibungen nicht zu reagieren, ist beispielsweise ohne Berücksichtigung der konzentrischen Raumstrukturierung, die mit seiner linearen Geschichtlichkeitskonstitution einhergeht, gar nicht zu verstehen (siehe Abschnitt 5.2.4). In die Entscheidung von Cornelius, einen bestimmten von mehreren

3 Die hier entwickelte Typologie ist gedacht als Produkt historischer Entwicklungen (siehe Kapitel 7) und muss daher als zeitlich veränderbar konzeptualisiert werden. Darüber hinaus sind auch gegenwärtig in anderen Gesellschaften weitere Typen wahrscheinlich. Der deskriptive Anspruch der Typologie bezieht sich darauf, die gegenwärtig relevanten Raumzeitkonstitutionen in der deutschen Gesellschaft zu erfassen.

Typen	Verhältnis von Vergangenheit, Gegenwart, Zukunft	Raumkonstitution: Aneignung	Raummuster	Vergemeinschaftungsmodus	soz.-ökon. Status	Familienstand	Lebenszufriedenheit
konzentrisch-linearer Typ	Vergangenheit bestimmt Gegenwart bestimmt Zukunft	Zuhause: starke soz. Bindungen Stadt: Freundeskreis evtl. Heimat: Mentalität evtl. Nationalstaat: identitäre Kopplung	umeinander liegende Räume auf unterschiedlichen Maßstabsebenen	Familie, Freundschaften, Bekanntschaften	heterogen	häufig Kinder(wunsch)/ Ehe(wunsch)	heterogen
netzwerkartig-episodischer Typ	chronologische Folge weitgehend unverbundener Gegenwarten	Stadt/Stadtviertel: Atmosphäre, Optionen, schwache soz. Bindungen	Netzwerk von Städten	Bekanntschaften, Szene	eher hoch, Aufstiegsbiographien	häufig ledig, kinderlos	polarisiert
inselhaft-zyklischer Typ	ewige Gegenwart	Zuhause/priv. Raum: starke soz. Bindungen, Grenzkonstitution, eigene Platzierung	priv. Inseln abgegrenzt von der Außenwelt	Familie, enge Freundschaften	eher niedrig, prekäre Beschäftigungsverhältnisse, Arbeitslosigkeit	unterschiedlich, mit engen Bindungen zu allen Familienmitgliedern	polarisiert

Tab. 2: Zentrale Merkmale der Raumzeittypen

Jobs anzunehmen, fließt das Motiv ein, entsprechend seiner netzwerkartigen Lebensraumkonstitution eine alte Stadt verlassen und sich eine neue aneignen zu können (siehe Abschnitt 5.2.1). Gunnars Leben muss in weiten Teilen als immer wieder neuer Versuch begriffen werden, die Insel zu konstituieren, auf der er seinen Traum von einem zyklischen Lebensstil Realität werden lassen kann (siehe Abschnitt 5.2.4). Im Falle Steffans hängt die Entscheidung, Lehrer zu werden, sowohl mit der Planbarkeit seiner Zukunft als auch mit der Etablierung seiner konzentrischen Raumkonstitution zusammen (siehe Abschnitt 4.2.1 und 6.1). Diese Liste ließe sich beliebig fortsetzen. Das Entscheidende ist: Ein umfassendes Verständnis von biographischen Konstruktionen und damit des Weltbezugs von Subjekten gelingt nur bei gleichzeitiger Betrachtung ihrer Raum- und Zeitkonstitutionen.

Die Anzahl der Themenfelder, in denen der Zusammenhang von biographischer Geschichtlichkeits- und Raumkonstitution eine Perspektiverweiterung einfordert, ist enorm. Grundsätzlich hängt mit jedem Ge- oder Misslingen einer geschichtlichen oder räumlichen Konstitution das Ge- oder Misslingen der jeweils anderen Konstitution zusammen. Aus dieser Perspektive entpuppt sich beispielsweise in bestimmten Fällen eine Forderung des Arbeitsamtes, man müsse seine Zukunft in die Hand nehmen und dafür bereit sein, das Zuhause zu verlassen, als in sich widersprüchlich, weil sie eine lineare Geschichtlichkeitskonstitution einfordert und die dazugehörige konzentrische Lebensraumstrukturierung unterläuft. Fragen der Zumutbarkeit von Sozialpolitiken oder sozialpädagogischen Interventionen müssen vor dem Hintergrund biographischer Raumzeit neu überdacht werden. Auch im Bereich einer Soziologie der Paarbeziehungen gilt es, den Zusammenhang von Raum und Zeit zu berücksichtigen. Beispielsweise stehen Paare mit unterschiedlichen Raumzeitkonstitutionen vor ungeheuren Vermittlungsaufgaben; und zwar weniger aufgrund der unterschiedlichen Geschichtlichkeitskonstitutionen als vielmehr aufgrund der Raumkonstitutionen. Das Zusammenleben von Partner_innen, von denen eine Person linear in die Zukunft plant, während die andere sich bietende Gelegenheiten ergreift, ist durchaus vorstellbar. Schwierig jedoch ist die Konstitution des Zuhauses, wenn die andere Person ein Netzwerk als Lebensraum konstituiert. Die Aneignung des Zuhauses beim konzentrisch-linearen Part der Beziehung funktioniert nämlich über starke soziale Bindungen. Das bedeutet, dass ein Zuhause gar nicht konstituiert werden kann, wenn sich die andere Person diesen Raum nicht ebenfalls als Zuhause aneignet.

Eine konsequente Lesart biographischer Raumzeit lässt Prognosen zu wie die, dass für Konzentrisch-Lineare die Zukunftsperspektive zusammenbricht, wenn die Freunde aus der Stadt wegziehen. Misslingt die Aneignung der Stadt auf Basis dieser schwächeren sozialen Bindungen, kollabiert die konzentrische Raumkonstitution und damit die lineare Zeitkonstitution.

Ein nicht zu unterschätzender Vorteil für die wissenschaftliche Analyse in all diesen unterschiedlichen Feldern ergibt sich jedoch aus dem Zusammenhang von Raum und Zeit. Ist die räumliche oder zeitliche Konstitutionsform bekannt, kann auf die jeweils andere geschlossen werden.

7. Die Entstehung der Raumzeit

In diesem Kapitel werden Erklärungen für die gefundenen Korrelationen zwischen den Raum- und den Zeitkonstitutionen entwickelt. Ausgehend von anthropologischen Überlegungen zur Notwendigkeit der kulturellen Produktion von Raum und Zeit, werde ich im zweiten Schritt vor dem Hintergrund soziologischer Gegenwartsdiagnosen die empirische Ausdifferenzierung der biographischen Raumzeittypen zu erklären suchen. Im dritten Schritt werden typische Problemlagen der verschiedenen Raumzeitkonstitutionen in der postfordistischen Arbeitsgesellschaft erörtert, um das kritische Potenzial, das den hier entwickelten Befunden innewohnt, zu verdeutlichen. Schließlich gilt es, die Argumentationslinie dieses Buches noch einmal im Ganzen darzustellen, um abschließend einen Ausblick auf bisher unabgegoltene Herausforderungen vor allem im Hinblick auf die Verallgemeinerbarkeit eines Konzeptes sozialer Raumzeit jenseits biographischer Forschung zu wagen.

7.1. Anthropologische Überlegungen zur Notwendigkeit der gemeinsamen kulturellen Produktion von Raum und Zeit

Die hier vorgestellten Überlegungen haben ihren Ausgangspunkt in der empirischen Beobachtung, dass es immer wieder die gleichen Sätze in den Interviews sind, die sowohl für die Bestimmung der Lebensgeschichtlichkeit als auch für die Rekonstruktion des Raumtypus eines Falles zentral sind (siehe Abschnitt 6.2). Diese Nähe, die die räumliche und die zeitliche Selbstverortung des Menschen aufweist, ist erklärungsbedürftig.

Das Charakteristikum des Menschen als Lebewesen kann beschrieben werden als »exzentrische Positionalität« (Plessner 1981 [1928]). Der Biologe und Philosoph Helmuth Plessner bringt mit diesem Konzept zum Ausdruck, dass der Mensch immer als Subjekt unmittelbar sein Leben lebt, aber gleichzeitig vor dem Hintergrund seiner Instinktunsicherheit darauf angewiesen ist, sein Leben zu führen. Mithilfe des reflexiven Bewusstseins ist der Mensch in der Lage, sich selbst als Objekt seiner Lebensführung zu begreifen, gleichsam von einer Position außerhalb seiner selbst (eben exzentrisch positioniert). Der Mensch führt eine Doppelexistenz, die sich darin ausdrückt, dass er immer ein Leib ist und einen Körper hat (vgl. ebd.: 365).[1] Er ist also zugleich zentrisch positioniert, denn sein Erleben ist auf eine Mitte im Hier und Jetzt zentriert, aber er ist auch in der Lage, sein Erleben zu erleben, und damit exzentrisch verortet. Die Instinktunsicherheit des Menschen hat zur Folge, dass er über keine artspezifische Umwelt verfügt. Die Welt ist vom Instinktapparat des Menschen nicht in ausreichendem Maße vorstrukturiert, um sein Überleben zu sichern. Kulturelle Produktionen auf Basis symbolischer Kommunikation gleichen dieses Defizit aus. Menschen entäußern (zum Beispiel mithilfe der Sprache) ihre inneren Vorgänge und objektivieren sie dadurch. Diese Objektivationen können von anderen verstanden werden und generieren so eine geteilte Wirklichkeitsauffassung. Es entsteht ein symbolisches Universum, das nun gezielte Handlungen in die Umwelt hinein erlaubt. Dabei verwendet der Mensch seinen Körper als Werkzeug, um zu überleben. Dieser instrumentelle Zugriff des reflexiven Geistes kann aber die Bedingungen der leiblichen Existenz nicht unterlaufen. Obwohl er an der Idee eines autonomen Geistes festhält, distanziert sich Plessner hier von der idealistischen Philosophie, welche die Existenz auf den Geist zurückführen möchte (vgl. Fischer 2000: 277). Er positioniert sich zwischen lebensphilosophischen Ansätzen, die die menschliche Leiblichkeit ins Zentrum rücken und betonen, dass wir nichts weiter sind als ein Stück Natur, und idealistischen Ansätzen wie denen von Descartes oder Kant, die im Geist die Grundlage unserer Existenz vermuten. *Dass* der Mensch die Welt durch kulturelle Produktion strukturieren muss, ist eine anthropologische Notwendigkeit – *wie* er dies tut, ist jedoch biologisch nicht vorbestimmt.

Gegenüber dem Fundamentaleinwand, dass der Mensch ein geschichtliches Wesen und deshalb zwangsläufig bar jeder anthropologischen Festlegung sei, bietet die exzentrische Positionsform eine Erklärung für die

1 Leiblichkeit bezeichnet die Identität von mir und meinem Leib. Aus dieser Perspektive bin ich mit meinen Empfindungen identisch (»Ich bin krank«). Körperlichkeit dagegen verweist auf die Nicht-Identität zwischen mir und meinem Körper (»Ich habe Bauchschmerzen«). Auf Basis von Körperlichkeit ist es möglich, den Körper wie ein Werkzeug zu benutzen. Leiblichkeit erlaubt diesen Zugriff nicht. Tiere existieren nach Plessner nur leiblich, weil sie keine Perspektive generieren können, aus der sie einen Körper haben. Sie sind ihr Körper.

Nichtfeststellbarkeit des Menschen, ohne die biologischen Grundlagen seiner leiblichen Existenz preisgeben zu müssen. (Berking 2006: 98)

Die Menschen sind also auf die Konstitution eines kulturellen Universums angewiesen, das eine Orientierung in der Welt ermöglicht. Orientierung aber kann nur dadurch gelingen, dass eine räumliche und zeitliche Selbstverortung vorgenommen wird. Gerade weil exzentrisch positionierte Lebewesen »ortlos, zeitlos im Nichts stehend, konstitutiv heimatlos« (Plessner 1981: 385) sind, müssen sie sich durch Entäußerung und Objektivierung um der Existenz ihres Leibes willen künstlich einen Raum konstituieren und sich aneignen sowie ihre Geschichtlichkeit erschaffen. Die Konstitution der Zeit erlaubt dabei die Bewältigung der Angst vor einem immer unbekannten »Nachher« (vgl. Dux 1989), und die Konstitution des Raums dient als Bewältigungsstrategie der Kontingenz des »Wo« und damit des »Wie« und »Ob« des Überlebens. Die Menschen müssen sich zuallererst kulturell in der Welt zurückverorten, ohne dabei die Bedingungen ihrer leiblichen Existenz zu ignorieren. Mithin stehen die Konstitutionen von Geschichtlichkeit und Lebensraum am Anfang jeder Menschwerdung. Die Menschen haben im Gegensatz zu nicht-humanen Wesen keinen »natürlichen Ort« (Plessner 1981). »Exzentrisch positionierte Lebewesen sind ort- und zeitlos in Raum und Zeit gesetzte Lebewesen, grenzlose Lebewesen mit einem ›utopischen Standort‹.« (Fischer 2000: 279) Mit dem »Gesetz des utopischen Standortes« (Plessner 1981: 419) verweist Plessner darauf, dass die Beschaffenheit des symbolischen Universums niemals stillzustellen ist. Die menschlichen Reflexionsprozesse werden uns die Nichtigkeit unserer Wirklichkeitskonstitutionen immer wieder vor Augen führen (vgl. Berking 2006: 97). Entsprechend bedeutet dies für die kulturellen Konstitutionen von Raum und Zeit, dass ihr Vorhandensein zwar anthropologisch notwendig ist, ihre Ausprägungen aber weder vordefiniert noch stabil sind. Mithilfe des Konzeptes der exzentrischen Positionalität lässt sich also die Notwendigkeit einer gleichzeitigen, vorrangigen Konstitution sowohl von Zeit im Sinne von Geschichtlichkeit als auch von Raum im Sinne von sozialen Raumkonstitutionen anthropologisch begründen. Dass Zeit und Raum in einem Zusammenhang stehen müssen, dass also ein Zeittyp A nicht gemeinsam mit einem Raumtyp B auftreten kann, ist damit gleichwohl noch nicht gesagt.

Auf Basis der wissenssoziologischen Überlegungen von Peter L. Berger und Thomas Luckmann lässt sich an dieser Stelle jedoch anschließen: Die Raum- und Zeitkonstitutionen sind als gesellschaftliche Institutionen im Sinne Berger/Luckmanns aufzufassen, das heißt, sie sind Teil unseres objektivierten unhinterfragten Alltagswissens (vgl. Abschnitt 3.1). Von einem Apriori-Zusammenhang unterschiedlicher Institutionen ist zunächst nicht auszugehen. Dennoch begünstigt ein Faktor die Verknüpfung unterschiedlicher Institutionen: Die Menschen überlagern ihre Erfahrungen verschiedener Institutionen mit einer gewissen Logik, das heißt, sie sind bemüht, sie widerspruchsfrei zu legitimieren (vgl. Berger/Luckmann 2001 [1966]: 88). An einem Beispiel biographischer Zeit- und Raumkonstitution aus dem hier vorgestellten Sample lässt sich ein solches Postulat von Widerspruchsfreiheit illustrieren:

Frank, der Clubbetreiber aus L-Stadt (siehe Abschnitt 4.2.3), biographisiert episodisch. Er weiß, dass ihm eine unbekannte Zukunft bevorsteht, die er sich nicht planend aneignet, sondern die dadurch anbricht, dass er eine sich bietende Gelegenheit ergreift. Auf Dauer gestellt ist einzig seine Flexibilität. Er muss nicht für immer der Clubbetreiber sein, der er heute ist. Im Interview imaginiert er seine möglichen Zukünfte in kurzer Folge als Entwicklungshelfer, Politiker oder Veranstaltungsmanager. Der 30-Jährige hat sein bisheriges Leben in L-Stadt verbracht. Hier leben die Menschen, mit denen er vergemeinschaftet ist. Dennoch würde ein Beharren auf L-Stadt als Lebensraum zu einer kognitiven Dissonanz führen. Er würde es vor dem Hintergrund seines Selbstverständnisses als flexibler Mensch als Widerspruch empfinden, einerseits zu behaupten, er könne heute dieser und morgen jener sein, und sich andererseits stabil an einen Ort zu binden. Daher insistiert er: »Ich häng' ja hier nicht fest!« So passen sowohl die Konstitution seiner Lebensgeschichtlichkeit als auch die seines Lebensraums zur Logik seines Selbstbildes.

Ich möchte also wie folgt argumentieren: Wenn wir es bei Raum und Zeit mit Institutionen zu tun haben, die gleichzeitig erzeugt werden, weil sie fundamental für unsere Rückbindung in die Welt als exzentrisch positionierte Lebewesen sind, dann ist zu erwarten, dass die Operationen zur Legitimierung unserer Konstitutionen gemeinsam vorgenommen werden und deshalb zueinander passen müssen. Ergebnis wäre dann ein empirisch vorfindbarer Zusammenhang zwischen Typen von Raum- und Zeitkonstitutionen bezogen auf den gleichen Gegenstandsbereich (zum Beispiel Biographien), der zwar nicht streng deterministisch gedacht werden kann, aber widersprüchliche Legitimierungen nahezu ausschließt.

Diese Überlegungen stellen Raumkonstitutionen auf die gleiche Stufe wie Zeitkonstitutionen. Keine der beiden Dimensionen scheint gegenüber der anderen vorrangig. Dieser Befund überrascht vor dem Hintergrund, dass die Soziologie als Disziplin von einem Primat der Zeit und infolgedessen von ihr als vorrangigem Forschungsgegenstand auszugehen scheint. Während die Struktur von Geschichtlichkeit den Gegenstand für eine Fülle soziologischer Untersuchungen abgibt (vgl. beispielweise Luhmann 1990, Elias 1982, Dux 1989, Rosa 2005), ist die Auseinandersetzung mit den Strukturen des Raums vergleichsweise unterrepräsentiert. Diese theoriehistorische Schieflage durchzieht alle Ebenen soziologischer Analyse, von der Frage nach Gesellschaftsgeschichtlichkeit, die prominent bereits von Karl Marx gestellt wurde, bis hin zur gegenwärtigen Biographieforschung, die weit mehr an der Konstitution von Vergangenheit, Gegenwart und Zukunft als an Lebensraumkonstitutionen interessiert ist (Gegenbeispiele finden sich im Feld der Humangeographie, vgl. zum Beispiel Pott 2007). Auch wenn Fragen nach räumlichen Strukturierungen in der Geschichte des Faches immer wieder aufgeworfen wurden (zum Beispiel bei Simmel, Weber und auch bei Marx), galt der Raum doch eher als gegebener Container denn als lohnender Forschungsgegenstand. Jedenfalls etablierte sich lange Zeit keine Richtung innerhalb des Faches, die dezidiert eine »Soziologie des Raums« zu entwickeln versuchte. Der Grund hierfür ist zunächst im unhinterfragten nationalstaatlichen Paradigma zu suchen, mit dem die Soziologie als Wissenschaft von der Gesellschaft ihren Anfang nimmt (vgl. Beck 2008). Gesellschaft ist nationalstaatliche Gesellschaft und von daher hinsichtlich der Konstitution des Raums hochgradig verdinglicht.

Mit Henri Lefebvre (1971) und später im Zuge des ›Spatial Turn‹ um 1990 gelangt der Raum als soziale Konstitution prominent auf die Agenda der Soziologie.[2] Die Idee, Räume als soziale Produktionen zu denken und eine Raumsoziologie zu etablieren, findet sich seitdem in einer Fülle angelsächsischer und deutscher Ansät-

2 Zu Überblicksdarstellungen zum ›Spatial Turn‹ vgl. Bachmann-Medick (2006).

ze (vgl. zum Beispiel Soja 1996 oder Löw 2001). Diese neue Relevanz des Raums lässt sich vor dem Hintergrund fundamentaler Verschiebungen gesellschaftlicher und biographischer Raum- und Geschichtlichkeitskonstitutionen begreifen, die das Thema des folgenden Abschnitts darstellen. Auf Basis einer solchen Analyse kann eine Erklärung für die Differenzierung, in die drei vorgestellten biographischen Raumzeittypen vorgelegt werden.

7.2. Zur Differenzierung der Raumzeittypen in der Gegenwartsgesellschaft

Dieser Abschnitt bietet eine Erklärung für die beobachtbare Differenzierung in verschiedene biographische Raumzeittypen der Gegenwartsgesellschaft an. Dabei wird Bezug auf soziologische Gegenwartsdiagnosen genommen und ihr Potenzial im Hinblick auf das Verständnis unterschiedlicher biographischer Raumzeitkonstitutionen ausgelotet. In einem ersten Schritt werden biographische Raumzeitkonstitutionen als Teilbereich der Identität sichtbar gemacht. Im Anschluss möchte ich argumentieren, dass der Gegenstandsbereich dieser Untersuchung, nämlich die Biographie, nicht voraussetzungslos gegeben ist, sondern ein historisches Produkt der Zeit zwischen 1750 und 1850 darstellt. Erst in diesem Zeitraum entsteht die Notwendigkeit zur Konstitution einer *biographischen* Raumzeit. Vor dem Hintergrund der anthropologischen Überlegungen des letzten Kapitels gilt es nun, eine historische Perspektive einzunehmen, um die konkreten Raumzeitkonstitutionen der Gegenwart und ihre Differenzierungen zu verstehen. Jedem biographischen Raumzeittyp ist dabei ein Abschnitt gewidmet.

7.2.1. Biographische Raumzeit als Teil der Identität

Die hier untersuchten biographischen Raumzeitkonstitutionen sind im Selbstverständnis der Subjekte verortet. Die Art und Weise, wie sich die Menschen raumzeitlich in die Welt stellen, kann somit als Teilbereich ihrer Identität aufgefasst werden.

Sowohl bezüglich der Konstitutionsformen von Lebensgeschichtlichkeit als auch hinsichtlich der Lebensraumkonstitutionen wurde im Rahmen der empirischen Analyse auf die Notwendigkeit einer Doppelperspektive auf die Entstehung der jeweiligen Konstitutionsformen hingewiesen. Raumzeitkonstitutionen sind gleichzeitig als Anpassungsleistung und als eigenständige Institutionen mit Eigenwert[3] zu begreifen (vgl. Kapitel 4 und 5). Die Wertigkeit der Institutionen ergibt sich zum Teil aus internalisierten Handlungserwartungen (zum Beispiel »um da mit Family was zu machen, braucht's 'ne gewisse Stabilität«), zum Teil aber auch aus unreglementierten Quellen, die der soziologischen Analyse letztendlich nicht zugänglich sind. Das Phänomen, dass die Vorstellung »mal hier und mal dort etwas [zu] machen« bei einigen Fällen ein Freiheitsgefühl auslöst, während sie bei anderen mit Instabilität und Unsicherheit konnotiert ist, kann weder allein durch Sozialisation noch durch biographische Erfahrung in allen Fällen befriedigend erklärt werden.

Versteht man die biographische Raumzeitkonstitution als inhärenten Bestandteil der eigenen Identität, bietet es sich an, auf das Konzept zur Entstehung von Identität von George Herbert Mead (1968 [1934]) zurückzugreifen, zumal im Rahmen dieses Konzeptes Raum für unreglementierte Impulse bleibt. Identität wird verstanden als permanenter Vermittlungsprozess zwischen dem ›Me‹ (internalisierte Handlungserwartungen) und dem ›I‹ (Quelle unreglementierter Handlungsimpulse). Das ›Me‹ ist hervorgegangen aus dem Konzept eines ›generalisierten Anderen‹, das es auch Fremden erlaubt, in unterschiedlichen sozialen Situationen die an mich adressierten Handlungserwartungen zu prognostizieren. Da Menschen in unterschiedlichen Rollen in die soziale Welt involviert sind, bilden sie unterschiedliche ›Me‹ aus, das heißt, sie internalisieren unterschiedliche Sets von Handlungserwartungen. Im fortlaufenden Prozess der Identitätsbildung gilt es, diese unterschiedlichen Sets untereinander und mit den Impulsen des ›I‹ zu integrieren. Aus dieser Perspektive geben sich die folgenden Überlegungen zur Entstehung biographischer Raumzeit als Analyse all der unterschiedlichen ›Me‹, der an Rollenübernahme gekoppelten internalisierten Handlungserwartungen, die Einfluss auf die Aus-

3 Es kann dem einzelnen Subjekt als lohnend erscheinen, seinem Leben eine Richtung zu geben und ein Zuhause zu etablieren. Im Gegensatz zur Anpassungsleistung liegt die Legitimation der Konstitution biographischer Raumzeit dann auf der Ebene einer Letztbegründung.

prägung der Raumzeitkonstitutionen nehmen, zu erkennen. Diese Überlegungen machen deutlich, dass es sich bei biographischen Raumzeitkonstitutionen um soziale Konstitutionen handelt. Weil die Konzepte generalisierter Anderer und damit auch die ›Me‹ in allen sozialen Feldern entstehen, gilt es, bei der Analyse der Entstehung von Raumzeitkonstitutionen sowohl die ökonomischen (Re-)Produktionsmodi der Gesellschaft zu beachten, zu denen sich die Subjekte positionieren müssen, als auch tradierte kulturelle Muster auf ihren Erklärungswert hin zu überprüfen. Die Konstitutionstypen werden also als folgerichtige Bewältigungsstrategien raumzeitlicher Kontingenz in hochtechnisierten kapitalistischen Gesellschaften gelesen.

Obwohl damit nicht alles zur Entstehung der individuellen Konstitution biographischer Raumzeit gesagt ist, muss die soziologische Analyse an dieser Stelle abbrechen und eingestehen, dass auf der Ebene konkreter subjektiver biographischer Raumzeitkonstitutionen aufgrund des Einflusses des ›I‹ ein eigensinniger Rest unerklärlich bleibt. Biographische Raumzeitkonstitutionen sind nicht deterministisch aus Lebensläufen (der chronologischen Darstellung von Lebensereignissen) ableitbar.

Die Referenz auf Biographie und Identität ist historisch nicht voraussetzungslos. Der folgende Abschnitt wird unter anderem zeigen, dass ein Individualisierungsschub stattgefunden haben muss, damit dieser Bezugsrahmen sinnvoll anwendbar ist.

7.2.2. Der Anbruch der Moderne und die konzentrisch-lineare Raumzeit

Gegen Ende des 18. Jahrhunderts verfasst der Hutmacherlehrling, Schauspieler, Hofmeister, Lehrer, Redakteur, Schriftsteller, Spätaufklärer, Philosoph und Kunsttheoretiker Karl Philipp Moritz einen der ersten psychologischen Entwicklungsromane in deutscher Sprache. Die Geschichte des *Anton Reiser* trägt starke autobiographische Züge (1997 [1785-1790]). Allein die Vielzahl der Berufe, die Moritz ausübte, verweist auf ein historisch neues, das Leben der einzelnen Subjekte radikal veränderndes Phänomen: die Herauslösung aus ständischen Zwängen und die damit einsetzende Individualisierung. Der Roman erzählt die Entwicklungsgeschichte eines ›Ich‹, das sein Leben als selbst zu verantwortendes Gesamtprojekt wahrnimmt. Biographien waren bis dato nichts anderes als eine chronologische Aneinanderreihung von Lebensdaten und -ereignissen. Die Freisetzung der Individuen macht die Konstitution biographischer Lebensgeschichtlichkeit notwendig (vgl. Kohli 1985), während zuvor Lebensgeschichtlichkeit in Kollektivgeschichte aufging. Nun muss ein individueller Lebensweg gefunden werden, der sich durch planende Ausrichtung auf die Zukunft des eigenen Lebens auszeichnet und damit einen linearen Charakter bekommt.

Die Konstitution biographischer Lebensgeschichtlichkeit spielt sich vor dem Hintergrund einer Veränderung von Gesellschaftsgeschichtlichkeit ab, die ebenfalls zwischen 1750 und 1850 zu konstatieren ist. Diese Zeit, der Übergang von der Frühen Neuzeit zur Moderne, bezeichnet der Historiker Reinhart Koselleck als »Sattelzeit« (1979). Hier entsteht der Kollektivsingular der ›Geschichte‹ genau wie das Konzept des modernen Nationalstaats. Diese Begriffe bringen die fundamentalen Wandlungen der Geschichts- und Raumkonstitutionen auf gesellschaftlicher Ebene zum Ausdruck, die zu dieser Zeit vor sich gehen. Die einsetzende Industrialisierung und die Urbanisierung machen gesellschaftlichen Wandel erfahrbar. Die lebensweltlichen Bezüge und Gewissheiten der Großelterngeneration sind vielfach für die Lebensbewältigung der Enkelgeneration unbrauchbar, das heißt, dass der Wandel der Welt unmittelbar erfahrbar wird (vgl. Rosa 2005: 362 ff.). Vor diesem Hintergrund entsteht die Idee einer verzeitlichten Geschichte als »linearem Zeitbewusstsein mit offener Zukunft« (Rammstedt 1975). Die Gesellschaft muss ihre Zukunft selbst gestalten. So konstatiert der Historiker Thomas Nipperdey als Ergebnis der Wandlungen des späten 18. und frühen 19. Jahrhunderts:

> Schließlich gehört zu der Individualisierung der neue – aufgeklärt-bürgerliche – Glaube an Bildung und Fortschritt, an die Veränderung (und Veränderbarkeit) der Welt. (1983: 267)

Das Individuum baut die biographische Geschichte in eine sich historisch wandelnde Welt ein. Gesellschaftsgeschichtlichkeit und Lebensgeschichtlichkeit sind also strukturell auf die gleiche Weise konstituiert (linear), stellen nun aber zwei unterschiedliche Gegenstandsbereiche dar.

Gleichzeitig ändern sich die dominanten Raumordnungsprinzipien der Gesellschaft.[4] Die Idee der Nation als eine durch Zugehörigkeit gebildete territoriale (Groß-)Einheit mit einem Recht, einem Staat als Monopolisten legitimer Gewalt und einer Volkswirtschaft tritt ihren Siegeszug an (vgl. Anderson 2005 [1983]). Nationen waren im Denken des 19. Jahrhunderts hinsichtlich ihrer physisch-räumlichen Ausdehnung an ein Schwellenwertprinzip gebunden. Die Selbstbestimmung der Nationen bezog sich einzig auf solche Territorien, die groß genug waren, um als kulturell und wirtschaftlich ›lebensfähige‹ Nationen (was immer ›lebensfähig‹ bedeuten sollte) zu gelten (vgl. Hobsbawm 2005 [1990]: 45).[5] Erst nach dem Zweiten Weltkrieg konnten auch kleinere Gebilde wie Andorra Zutritt zur Gemeinschaft der Nationen finden.

Neben der Aufteilung der Welt in Nationalstaaten als neues Raumordnungsprinzip beschreibt die ›Urbanisierung‹ in der Sattelzeit ein zweites Moment räumlicher Strukturierung von Gesellschaft. Gerd Held (2005) denkt die Großstadt als das komplementäre Raumordnungsprinzip zum Nationalstaat. Beide Ordnungsprinzipien bilden gemeinsam das subtile raumstrukturelle Fundament der Moderne. Dabei konstituiert sich der Nationalstaat durch Grenzziehung nach außen und Homogenisierung nach innen, während sich die moderne Großstadt durch Offenheit in Bezug auf ihre Grenze und Heterogenität auszeichnet (vgl. ebd.: 229f.). Der Territorialstaat sorgt für Rechtssicherheit und schafft eine »gleichförmige Fläche staatlicher Standards« (ebd.: 229), und die Großstadt erhöht die sozialen Kontaktflächen durch ihre Dichte und zwingt dadurch zu einer Versachlichung des Umgangs miteinander (vgl. Simmel 1957 [1903]). Beides zusammen steigert die Kapazität politischer und wirtschaftlicher Handlungssysteme enorm (vgl. Held 2005: 230).

Genau wie die strukturellen Veränderungen der Geschichtlichkeitskonstitutionen auf der Ebene der Gesellschaft gehen auch diese Veränderungen der gesellschaftlichen Raumkonstitutionen nicht am Individuum vorbei. Sie stehen im Zusammenhang mit

4 Auch hier handelt es sich um einen anderen Gegenstandsbereich als den des biographischen Lebensraums: nämlich um eine Raumkonstitution für die Gesellschaft. Dieser beeinflusst auch die biographischen Raumkonstitutionen, wie später zu zeigen sein wird.

5 In Europa galten Belgien und Irland als die Grenzfälle, die aufgrund der geringen Größe entweder noch Nationen sein konnten oder eben nicht mehr.

neuen Formen der Lebensraumkonstitutionen von Individuen. Durch die Loslösung von der Scholle, dem zu bebauenden Ackerland als einem quasi natürlich zugewiesenen Raum, wird nun eine individualisierte räumliche Rückbindung an die Welt notwendig. Die Trennung zwischen öffentlicher und privater Sphäre, welche die moderne Großstadt hervorbringt, weist ebenso wie der aufkommende Diskurs zur Notwendigkeit von ›Heimat‹ im heutigen, romantisierten Sinn (auch eine Kreation der Sattelzeit, vgl. Applegate 1990) darauf hin, dass der Nationalstaat den Individuen als alleiniger räumlicher Referenzpunkt des eigenen Lebens nicht auszureichen scheint. Für die Gesellschaft scheinen Stadt und Nationalstaat als Raumstrukturierung zu genügen. Für die räumliche Rückbettung des Individuums werden zusätzlich persönlichere Raumkonstitutionen benötigt. Die Trennung der privaten von der öffentlichen Sphäre verweist auf die Konstitution eines Zuhauses im heutigen Sinn. Damit entsteht eine konzentrische Strukturierung des Lebensraums. Auch hier begegnet uns eine Strukturhomologie zwischen Gesellschaftsraum und Lebensraum. Beide sind konzentrisch strukturiert, basieren aber zumindest teilweise auf unterschiedlichen Raumkonstitutionen, die in das konzentrische Muster eingehen.

Diese Überlegungen machen dreierlei deutlich: Erstens entsteht der Sinnhorizont einer individualisierten Biographie und damit der Gegenstandsbereich dieser Untersuchung erst im Übergang von der Frühen Neuzeit zur Moderne. Erst hier wird die anthropologisch notwendige raumzeitliche Rückbettung des Menschen individualisiert. Zweitens zeigt sich, dass es sich beim Referenztyp biographischer Raumzeit um den konzentrisch-linearen Typ handelt, den die Moderne hervorbringt. Drittens deutet sich ein Zusammenhang von Raum- und Zeitkonstitutionen auch hinsichtlich des Gegenstandsbereichs ›Gesellschaft‹ an. Die Konstitution der linearen Gesellschaftsgeschichtlichkeit korrespondiert mit der Konstitution zumindest zweier umeinander liegender Räume für die Gesellschaft, nämlich der Stadt und dem Nationalstaat. Der Sinnhorizont ›Gesellschaft‹ bringt ebenso einen konzentrisch-linearen Raumzeittyp hervor, wie er bereits für Biographien nachgewiesen werden konnte.

7.2.3. Die flexible Akkumulation und die netzwerkartig-episodische Raumzeit

Die Ausdifferenzierung in drei unterschiedliche biographische Raumzeittypen, die gleichzeitig gesellschaftlich relevant sind, verweist darauf, dass sich gegenwärtig Wandlungen vollziehen, die zumindest die Selbstverständlichkeit des klassischen konzentrisch-linearen Modus in Zweifel ziehen. Im Rückgriff auf sozialwissenschaftliche Zeitdiagnosen möchte ich im Folgenden versuchen, diese Wandlungen kenntlich zu machen und ihren Bezug zu den unterschiedlichen Konstitutionsformen biographischer Raumzeit herzustellen.

Für die Postmoderne charakteristisch ist nicht mehr die lineare Logik der Uhrzeit, sondern eine Zeitform, die John Urry als »*instantaneous time*« (Urry 2000: 123), als unmittelbare Zeit, bezeichnet und die mithilfe schnellster Informations- und Kommunikationstechnologie verschiedene soziale Beziehungen in Art einer Collage nebeneinanderstellt (vgl. ebd.: 126 f.). Hier bezieht sich Urry auf das Konzept einer »*Time-Space-Compression*« (Harvey 1995), die sich in der Produktion einer globalen Gegenwart ausdrückt, weil die Beschleunigung von Transport und Kommunikation Ereignisse zeitlich und räumlich verdichtet. Gleichzeitig, und dies ist für den Vergleich mit episodischen Zeithorizonten interessant, ist die *instantaneous time* eine Metapher für »die verbreitete Bedeutung einer außerordentlich verkürzten und fragmentierten Zeit« (Urry 2000: 126 [Übersetzung G.W.]). Insofern steht sie in unmittelbarer Verbindung mit der erhöhten Vergänglichkeit von Jobs und Karrieren sowie mit dem Anwachsen der Zahl von Zeitverträgen in der Arbeitswelt und der verstärkten Modularisierung von Freizeit, Ausbildung und Arbeit (Urry 2000: 129). Modularisierung bezeichnet das Zerlegen in unabhängige Einheiten, die chronologisch beliebig angeordnet werden können. Darüber hinaus konstatiert Urry im Zusammenhang mit der *instantaneous time* einen reduzierten Sinn für Vertrauen, Loyalität und Bindung in Familien. Sowohl die Modularisierung von Lebenszeit als auch ein Übergewicht loser sozialer Bindungen findet sich in Fällen mit netzwerkartig-episodischer Raumzeitkonstitution. Eine entscheidende Ursache für die von Urry beschriebenen Entwicklungen bilden die beschleunigten Transport- und Kommunikationsmöglichkeiten (vgl. auch Castells

2001 [1996] sowie Harvey 1995), welche die tiefgreifenden Veränderungen der kapitalistischen Produktionsweise, den Übergang von fordistischer zu flexibler Akkumulation, und der sozialen Strukturen überhaupt erst ermöglichen. Flexible Akkumulation bezeichnet einen Modus kapitalistischen Wirtschaftens, in dem größter Wert auf die Möglichkeit eines schnellen Wechsels von zu produzierenden Gütern und Dienstleistungen genau wie auf einen schnellen Standortwechsel der Produktion gelegt wird. Seit den 1980er Jahren, so die Gegenwartsdiagnostiker_innen, haben sich nicht nur die Zeit-, sondern eben auch die Raumstrukturen grundlegend verändert. Manuel Castells (2001 [1996]) beschreibt diesen Wandel als Übergang von einer territorialen Logik hin zu einer netzwerkartigen Logik des kapitalistischen Produktionssystems. In Zeiten, in denen die Produktion von schnell vergänglichen Bildern und Dienstleistungen in den hochindustrialisierten Ländern an Stellenwert gewinnt, bekommt ihre simultane Verteilung über den Globus höchste Priorität, während die ehemals harten Standortfaktoren einschließlich der Bedingungen, die die Nationalstaaten den Wirtschaftsakteuren zusichern können, an Bedeutung verlieren. Waren, Dienstleistungen und Menschen, die sich im globalen Kapitalismus bewegen, schaffen so einen sich andauernd verändernden »Raum der Ströme« (ebd.: 431 ff.), von dem Castells sogar annimmt, er dominiere die Zeitstrukturen. Für den einzelnen Menschen steigen vor diesem Hintergrund die Mobilitätsanforderungen, und das längerfristige Einrichten in spezifischen territorialen Räumen oder an Orten wird erschwert. Damit befördern diese Tendenzen die Etablierung einer netzwerkartigen Lebensraumkonstitution, genau wie die Wandlungen in der Erwerbsarbeitswelt mit der Zunahme von Zeitarbeit und befristeten Jobs die Konstitution einer durch Gegenwartsblasen in Form einzelner Episoden strukturierten Lebensgeschichtlichkeit befördern (siehe auch den Exkurs in Kapitel 4). Aus dieser Perspektive scheint der (Re-)Produktionsmodus, der postfordistisch organisierte Kapitalismus, als die entscheidende Formkraft kollektiver wie biographischer Raum- und Zeitkonstitutionen. An dieser Stelle kristallisiert sich ein weiteres Argument für den Zusammenhang von Zeit- und Raumkonstitutionen heraus: Werden die Konstitutionsformen von Raum und Zeit entscheidend vom gesellschaftlichen (Re-)Produktionsmodus bestimmt, so werden sie sich bei Veränderungen dieses Modus auch gemeinsam wandeln. Die Flexibilitätsanforderungen der gegenwärtigen Erwerbsarbeitswelt sind als raumzeitliche Anforderungen zu lesen. Die Individuen sind angehalten, weder ihre Zukunftsvorstellungen noch ihre Lebensraumkonstitutionen vor dem Hintergrund sich immer schneller wandelnder institutioneller Rahmenbedingungen zu stabilisieren.

Diese Wandlungen der institutionellen Rahmenbedingungen genau wie die Veränderungen von Kommunikation, Transport und Produktion weisen im Rahmen der hier angeschnittenen Makroanalysen eine gemeinsame Tendenz auf: Beschleunigung. Von diesem Befund ausgehend, versucht Hartmut Rosa (2005), das Phänomen der Beschleunigung selbst zu analysieren. Er zeigt auf, dass der soziale Beschleunigungsprozess in der Moderne zu einem sich selbst antreibenden Zirkel geworden ist. Rosa unterscheidet drei Ebenen, auf denen soziale Beschleunigung stattfindet: das Lebenstempo, die technische Beschleunigung und die Geschwindigkeit sozialen Wandels. Auf den ersten Blick erscheint die Vorstellung paradox, dass auf allen drei Ebenen gleichzeitig Beschleunigungsprozesse stattfinden, weil technische Beschleunigung immer die Möglichkeit schafft, Aufgaben in kürzerer Zeit zu erledigen, und dadurch Lebenszeit freisetzt, was zu einer Absenkung des Lebenstempos führen sollte. Diese Paradoxie wird mit dem Verweis aufgelöst, dass technische Beschleunigung zunächst sozialen Wandel beschleunigt. Die verbesserte Erreichbarkeit von Interaktionspartner_innen durch technische Innovationen führt zu Vergemeinschaftungsstrukturen, in denen das Erreichen dieser Interaktionspartner_innen permanent notwendig wird. Die Möglichkeit, Kapitaltransaktionen rund um den Globus nahezu mit Lichtgeschwindigkeit auszuführen, schafft beispielsweise Marktstrukturen, in denen die Akteure bei Strafe des eigenen Untergangs darauf angewiesen sind, den weltweiten Kapitalmarkt ununterbrochen zu beobachten und auf Veränderungen sofort zu reagieren. Wandeln sich nun die sozialen Strukturen auf Basis technischer Neuerungen immer schneller, geraten Individuen und Systeme in Stress, weil sie sich in immer kürzerer Zeit neuen Bedingungen anpassen müssen (*Slipping-Slope-Syndrom*). Auf diesen Stress reagieren sie mit einer Steigerung des Lebenstempos. Der Kreis schließt sich, wenn auf das gesteigerte Lebenstempo mit dem Ruf nach technischer Beschleunigung reagiert wird, um sich vom Stress zu entlasten (vgl. Rosa 2005: 243 ff.).

An zwei historischen Punkten der Moderne macht Rosa auf qualitative Veränderungen im Zusammenleben aufmerksam, wobei die Logik des Beschleunigungszirkels unverändert bleibt. Wie oben bereits erörtert, steigt in der Sattelzeit die Geschwindigkeit sozialer Wandlungen derart an, dass auf die Erfahrungen der Großelterngeneration für die eigene Lebensführung nicht mehr zurückgegriffen werden kann. An dieser historischen Stelle entsteht die Vorstellung einer verzeitlichten zielführenden Geschichte (vgl. Koselleck 1979). Lineare Zeitvorstellungen für die eigene Biographie und die politische Weltgeschichte gewinnen die Oberhand. Der zweite historische Umschlagpunkt ist jüngeren Datums: Ende der 1980er Jahre ist die Dauer der Gültigkeit sozialer Strukturen in der Arbeitswelt kürzer als die Zeitspanne des Erwerbslebens eines einzelnen Menschen, sodass die eigenen Erfahrungen und Wissensbestände noch zu Lebzeiten entwertet werden (vgl. Rosa 2005: 360ff.). Die institutionellen Rahmenbedingungen, auf deren Stabilität langfristige Planung verwiesen ist, wandeln sich derart schnell, dass jede planende Aneignung von Zukunft ins Leere zu laufen droht. Wer beispielsweise in den 1970er Jahren eine Ausbildung zum Drucker absolvierte, dessen Beruf existiert aufgrund der Digitalisierung heute in dieser Form nicht mehr. Insofern kann aus einer beschleunigungstheoretischen Perspektive deutlich gemacht werden, dass zeitlich weitreichende individuelle Lebenspläne in der Moderne als Beschleunigungsfaktor verstanden werden müssen, da sie zielführend auf neue soziale Realitäten ausgerichtet sind, während genau diese weitreichenden Lebenspläne in der Postmoderne als entwicklungshemmende ›Bremsschuhe‹ anzusehen sind, weil sie die Anpassung an sich permanent verändernde Anforderungsprofile verzögern (vgl. Rosa 2005: 329). Diese Entwicklung legt also einen Übergang von linearen zu episodischen Konstitutionen von Lebensgeschichtlichkeit nahe.

Die Identitätsunsicherheiten der Postmoderne sind nach dieser Lesart also einer zunehmenden Beschleunigung des sozialen Wandels geschuldet, der lineare Zeitempfindungen untergräbt, zeitliche Erfahrung fragmentiert und damit Zeithorizonte verkürzt. Ausgehend von einer episodischen Konstruktion persönlicher Geschichtlichkeit ließe sich auch ergänzend argumentieren: Wenn völlig unklar ist, welche soziale Welt dem Subjekt jenseits seiner gegenwärtigen Episode begegnen wird, ist es hochgradig rational, die Identitätskonstruktion in Bezug auf den Beruf nicht allzu sehr zu verfestigen, um die Anpassung nicht zu erschweren. Dieses In-der-Schwebe-Halten der eigenen Identität ist vorstellbar, indem die Selbstbeschreibung nicht unmittelbar mit den gegenwärtigen Handlungsmustern gekoppelt wird: nicht Bäcker sein, sondern backen können.

Die Gegenwartsdiagnosen machen insgesamt verständlich, dass neben den konzentrisch-linearen biographischen Konstitutionsmodus ein netzwerkartig-episodischer getreten ist. Um den inselhaft-zyklischen Modus der Raumzeitkonstitution zu verstehen, bedarf es noch einer weiteren Analyse.

7.2.4. Exklusion und die inselhaft-zyklische Raumzeit

Der Exkurs zur Entstehung der unterschiedlichen Konstitutionen von Lebensgeschichtlichkeit im vierten Kapitel hat bereits deutlich gemacht, dass zyklische Zeitkonstitutionen vor dem Hintergrund des nachhaltigen Ausschlusses aus dem Erwerbsarbeitssystem entstehen (siehe Abschnitt 4.4). Die im Exkurs entwickelte These lautet, dass im Zuge einer Deindustrialisierung in den 1970er Jahren Langzeit- und Sockelarbeitslosigkeit entsteht und dass daher für einen relevanten Teil der Bevölkerung die Orientierung an einer mit Berufskarrieren verknüpften linearen Geschichtlichkeitskonstitution keinen Sinn mehr ergibt. Diese These möchte ich um zwei Aspekte erweitern. Zum einen gilt es zu zeigen, dass solche Exklusionsmechanismen nicht erst seit den 1970er Jahren beobachtbar sind, sondern dass sie als Teil der Funktionsweise kapitalistisch organisierter Gesellschaften aufgefasst werden müssen. Zum anderen werde ich plausibel machen, dass diese Exklusionen nicht nur die Konstitutionsformen von Geschichtlichkeit beeinflussen, sondern immer schon mit inselhaften Raumkonstitutionen einhergingen.

Die Marienthal-Studie (vgl. Jahoda et al. 1975 [1933]) erzählt die Geschichte einer Gemeinde zu Beginn der 1930er Jahre, in der ein Großteil der Einwohner_innen aufgrund der Schließung der ortsansässigen Textilfabrik arbeitslos wird. Die Untersuchung konstatiert auf Basis umfangreicher Datensätze (von Interviews bis zur Erfassung der Gehgeschwindigkeit) ein Kollabieren jeglicher Zukunftsorientierung, aber ebenso einen Zusammenbruch des öffentlichen Lebens durch einen weitgehenden Rückzug der Bewohner_innen in ihre Wohnstätten. Das Gefühl, überflüssig, vom gesellschaftlichen Leben exkludiert zu sein, macht sich breit.

Exklusion bezeichnet mehr als die relative Unterprivilegierung durch Einkommen, Bildung oder Prestige, nämlich das Ausscheiden aus den »dominanten Anerkennungszusammenhängen und Zugehörigkeitskontexten unserer Gesellschaft« (Bude/Willisch 2006: 8). Ein Phänomen, das zumindest seit der Industrialisierung immer wieder einen relevanten Anteil der Bevölkerung betrifft und von dem bereits Karl Marx behauptet, dass es in Form der Schaffung eines »Lumpenproletariats« (Marx 1965 [1852]) auftritt, das sogar weitgehend von der Arbeiterbewegung exkludiert war. Empirisch lässt sich konstatieren: »Arbeitslosigkeit und Armut waren bis zum zweiten Weltkrieg Bestandteile des sich entwickelnden Industriekapitalismus gewesen.« (Kronauer 2002: 15) Einzig in einer kurzen historischen Phase von den 1950er bis in die frühen 1970er Jahre schien Exklusion vor dem Hintergrund sinkender Einkommensungleichheiten und des Ausbaus der sozialen Sicherung auf immer weniger Einzelschicksale beschränkt. Ab der ersten Ölkrise ist aber bereits wieder eine steigende Sockelarbeitslosigkeit mit einer immer größeren Zahl Langzeitbetroffener beobachtbar. Darüber hinaus, und hier handelt es sich um einen entscheidenden Unterschied zu den früheren Tendenzen, hat sich seit den 1980er Jahren die steigende Arbeitslosigkeit und die Entwicklung der Armutsquoten vom Wirtschaftswachstum entkoppelt (vgl. Dahrendorf 1988). Im Vergleich mit den Erscheinungen des 19. Jahrhunderts ist bemerkenswert, dass die gesellschaftlich ›Überflüssigen‹ damals noch immer im Diskurs der Arbeiterbewegung mitliefen und eine Hoffnung auf ihre Inklusion durch eine sozialistische Revolution oder durch tiefgreifende Reformen bestand. Jedenfalls waren kollektive Antworten auf das Problem der Exklusion verfügbar, während heute eine Perspektive vorzuherrschen scheint, in der Exklusion als massenhaftes Einzelschicksal erscheint (vgl. Kronauer 2002: 15). Unter diesen Bedingungen ist zu vermuten, dass Ausschlusserfahrungen unmittelbar auf die biographischen Konstitutionen von Raum und Zeit durchschlagen. Gleichzeitig ist seit den 1980er Jahren nicht nur zu verzeichnen, dass Langzeitarbeitslose Exklusionserfahrungen machen, sondern auch, dass sich Personen in prekären Beschäftigungsverhältnissen und auf einem schlecht bezahlten Zeit- und Leiharbeitsmarkt von gesellschaftlichen Entwicklungen abgekoppelt fühlen (vgl. Dörre/Lessenich/Rosa 2009: 21).

Wie eingangs erwähnt, bezeichnet Exklusion einen Ausschluss aus den gesellschaftlich vorherrschenden Anerkennungszusammenhängen. Dadurch kann das Gefühl entstehen, überflüssig zu sein und von der Gesellschaftsgeschichte abgekoppelt zu werden. In dieser Situation bricht tendenziell die persönliche Zukunftsperspektive zusammen, wodurch die Menschen auf eine ewige Gegenwart zurückgeworfen werden. Insofern besteht ein Zusammenhang zwischen Exklusion und zyklischer Konstitution von Lebensgeschichtlichkeit. Exklusionsmechanismen sind aber gleichzeitig auch räumlich aufzufassen und gehen einher mit Segregation. Die Entstehung der ›Inseln‹ von Exkludierten lässt aus dieser Perspektive zwei Aspekte hervortreten: Zum einen befördert die Furcht vor Abwertung bei den Exkludierten einen Rückzug ins Private; ein Phänomen, das bei vielen inselhaft-zyklischen Raumzeitkonstitutionen im Sample beobachtbar ist. Zum anderen ist die Konstitution räumlicher Inseln auch in den Fällen beobachtbar, bei denen eine Emanzipation vom Erwerbssystem, dem entscheidenden Generator von Anerkennung unserer Gesellschaft, stattgefunden hat.

Der erste Aspekt lässt sich verdeutlichen, wenn die Präferenz für starke soziale Bindungen bei inselhaft-zyklischen Raumzeitkonstitutionen in den Blick genommen wird. Die Personen haben einen kleinen, sehr stabilen Freundeskreis und sind hauptsächlich mit Familienmitgliedern vergemeinschaftet. Eine Vergemeinschaftung mit losen sozialen Bindungen oder in Szenen kommt bei diesen Fällen praktisch nicht vor. Jenseits ihrer privaten Inseln bleiben die Menschen tendenziell in Bewegung und vermeiden so Kontakte zu unbekannten oder wenig bekannten Personen. Auch die starke Betonung der Grenzkonstitutionen verweist auf den schützenden Charakter der Raumkonstitutionen bei inselhaft-zyklischen Fällen.

Bei Fällen wie Gunnar oder Enrico führt eine solche Deutung, die Verinselung nur als Schutzraumkonstitution vor einer feindlichen Außenwelt interpretiert, jedoch in die Irre. Diese selbstbewussten Menschen haben die Zielvorstellung einer (vollständigen) Integration in die Erwerbswelt aufgegeben, begreifen ihr Leben aber dennoch als ausgefüllt und zufriedenstellend. Ihre Geschichten dokumentieren keine Vermeidungsstrategien hinsichtlich der Begegnung mit Fremden. Nichtsdestotrotz konstituieren sie ihren Lebensraum in Form von Inseln. Der starke Alltagsbezug und die Fokussierung auf sich wiederholende Handlungsmuster geht einher mit einer gesteigerten Aufmerksamkeit für die Räume, in denen dieses Leben stattfindet. Abgeschiedenheit, Stille und Schönheit scheinen dabei zentrale Kriterien für die Raumkonstitutionen, in denen sich gelingendes inselhaft-zyklisches Leben abspielen kann. Diese Betrachtungen verweisen auf das kritische Potenzial einer Emanzipation von gesellschaftlich hegemonialen Anerkennungszusammenhängen. Eine genauere Betrachtung dieser Fälle im Hinblick auf die Potenziale hinsichtlich des Entstehens einer entschleunigten Postwachstumsgesellschaft wird in Abschnitt 7.3 vorgenommen, der sich mit den spezifischen Potenzialen und Problemlagen der einzelnen Raumzeittypen beschäftigt.

Die bisherigen Überlegungen haben deutlich gemacht, dass die Formung eines konzentrisch-linearen biographischen Raumzeittyps mit Beginn der Moderne anhebt. Flexible Akkumulation als postfordistisches Paradigma des kapitalistischen (Re-)Produktionsmodus und die Exklusion von volkswirtschaftlich ›Überflüssigen‹ führen zur Ausbildung netzwerkartig-episodischer und inselhaft-zyklischer Biographisierungsmodi in gesellschaftlich relevanten Größenordnungen.

7.2.5. Kulturelle Hintergründe für die Entstehung der Raumzeittypen

Die Erklärung der Ausdifferenzierung der biographischen Raumzeittypen trägt bis hier historisch-materialistische Züge. Eine Verkürzung der Argumentation auf die Kraft kapitalistischer (Re-)Produktion als alleinigem ›Raumzeit-Former‹ ist aber allein schon deshalb nicht statthaft, weil der Kapitalismus selbst auf eine kulturelle Verwurzelung angewiesen ist. Daher möchte ich zeigen, dass die negativ konnotierte kulturelle Idee der Zeitverschwendung, ursprünglich religiös motiviert, in ihrer säkularen Form dazu anhält, möglichst viele Optionen im Leben wahrzunehmen, und damit einer Entwicklung hin zu immer größerer raumzeitlicher Mobilität Vorschub leistet. Die kulturell positiv konnotierte Bezugnahme auf ›rastloses Tun‹ generiert im Umkehrschluss eine Abwertung inselhaft-zyklischer Lebensentwürfe. Dieses kulturelle Muster provoziert spezielle gesellschaftliche Raumkonstitutionen für die betreffenden Subjekte. Auch jenseits solcher globaler Betrachtungen haben kulturelle Muster, zum Beispiel bezüglich des Umgangs mit Kindern, Einfluss auf die individuelle Konstitution biographischer Raumzeit. Dieser Gedanke wird in einem zweiten Schritt expliziert, sodass die materialistische ›Schlagseite‹ der bisherigen Argumentation kompensiert werden kann.

Max Weber macht deutlich, dass das Verbot der Zeitverschwendung Kernelement protestantischer Ethik und zugleich Konkurrenzvorteil im kapitalistischen Wettbewerb ist (vgl. Weber 1956 [1904]). Daher befördert diese kulturelle Norm die Entstehung des Kapitalismus, obwohl sie zunächst nur Element der Prädestinationslehre war. Die Unsicherheit, ob man für ein ewiges Leben bei Gott vorgesehen war, wurde kompensiert durch innerweltliche Askese in rastloser Tätigkeit und irdischen, wirtschaftlichen Erfolg, der als Hinweis auf den eigenen Gnadenstand gedeutet wurde. Die Angst vor dem unbekannten Nachher ließ sich auf diese Weise eliminieren. Mit der Säkularisierung verdampfte diese Sicherheit. Zum einen hatte sich das kapitalistische System inzwischen soweit verselbstständigt, dass es auf eine religiöse Fundierung nicht mehr angewiesen war, zum anderen avancierte das Geld im Zuge der Säkularisierung zum innerweltlichen Kontingenzbewältiger schlechthin (vgl. Deutschmann 1999). Geld schafft die Sicherheit, mit unbekannten zukünftigen Situationen umgehen zu können, weil es unspezifische Optionen offenhält. Die Nutzung von Optionen wird nun selbst zu einem kulturellen Wert: Wer viel erlebt hat, hat mehr gelebt. Hans Blumenberg (1986) sieht hier das moderne funktionale Äquivalent zur Idee des ewigen Lebens (vgl. auch Levine 1997). Der Tod lässt sich besiegen, wenn unendlich viele Optionen genutzt werden und damit unendlich viel gelebt wird. Rosa sieht in dieser Sinnfigur, der »Auskostung von Weltoptionen« (Rosa 2005: 289), einen entscheidenden Baustein für zunehmende Beschleunigung und letztendlich für das Zerfallen einer linearen Zeitstruktur. Gutes Leben zeichnet sich dadurch aus, das Leben als letzte Gelegenheit zu begreifen und so viele Optionen als möglich zu nutzen. Eine Gesellschaft freilich, die mit Hochdruck daran arbeitet, bestimmte Optionen realisierbar zu machen, steigert exponentiell die Gesamtsumme von Optionen, sodass sich die Diskrepanz zwischen dem Möglichen und Tatsächlichen systematisch vergrößert.[6] Vor allem aber ändert sich das Set möglicher Optionen so schnell, dass eine Planung hinsichtlich der zu einem späteren Zeitpunkt zu nutzenden Optionen hinfällig wird. An dieser Stelle schlägt die quantitative Zunahme von Optionen in eine qualitative Änderung der Zeitkonstitution um. Es erscheint sinnvoller, nicht mehr zu planen (linear), sondern abzuwarten, welche Optionen sich denn zu einem späteren Zeitpunkt (episodisch) auftun.

Diese kulturelle Denkfigur ist jedoch mit Blick auf die hier vorgestellte Empirie nicht ausschließlich zeitlich zu deuten, wie Rosa es tut. Gerade bei Fällen mit netzwerkartig-episodischen Raumzeitkonstitutionen steht die Nutzung von Optionen hoch im Kurs. Sie äußert sich aber häufig in raumzeitlichen Vorstellungen, die sich nicht nur darauf beziehen, was noch alles getan werden könnte, sondern auch darauf, wo man überall noch gerne hinmöchte. Typisch sind Formulierungen wie die von Frank:

> Kann auch sein, dass ich vielleicht mal in einer, weiß nicht, Nicht-Regierungsorganisation mal ein paar Jahre im Ausland bin. Also da hätt' ich auch mal Lust, je nachdem, wo sich da jetzt irgendwie Chancen ergeben, das weiß ich noch nicht genau.

Das »Wo« der Nutzung von Chancen ist dem »Wann« in keiner Weise nachrangig. Die Idee, das Leben als letzte Chance für die Nutzung von Optionen zu begreifen, geht einher mit Vorstellungen davon, wo man noch überall gewesen sein muss.

Die positive Konnotation der Nutzung von Optionen geht mit einer Abwertung inselhaft-zyklischer Lebensentwürfe einher. Dieser Aspekt mündet stellenweise in der gesellschaftlichen Einrichtung von Inseln für Exkludierte.[7] Grundlage dafür ist das mystifizierte Bild vom nicht arbeitenden Armen, der gegen die moralischen Grundwerte der Gesellschaft verstößt (vgl. Bude/Willisch

6 Die Option, nach Amerika zu gehen, wird für mich realistisch, wenn ich dafür ein Flugzeug anstatt eines Schiffes benutzen kann. Kann ich aber ein Flugzeug benutzen, vervielfältigen sich meine Optionen. Nun kann ich auch nach Japan gehen.

7 Hier handelt es sich weder um biographische Raumkonstitutionen noch um Raumkonstitutionen für die Gesellschaft, sondern tatsächlich um gesellschaftliche Raumkonstitutionen für Individuen oder Gruppen. Der Einfluss solcher Räume auf die biographischen Raumkonstitutionen der Betroffenen muss in dieser Untersuchung offenbleiben.

2006: 19) und vor dem die Gesellschaft zu schützen sei. Vor diesem Hintergrund scheint die Mehrheitsgesellschaft ein Interesse an der Verinselung von Exkludierten zu entwickeln. So zeigen beispielsweise Bruce Western und Katherine Beckett (1999), dass die im OECD-Vergleich niedrige Arbeitslosenquote der USA Ende der 1990er Jahre weniger auf die Liberalisierung des Arbeitsmarktes zurückzuführen ist, wie der wirtschaftswissenschaftliche Mainstream behauptet, sondern vielmehr auf die massenhafte Inhaftierung von Arbeitslosen seit Mitte der 1980er Jahre. Die 1,4 Millionen Gefangenen im Jahr 1999 senkten die Arbeitslosenquote um zwei Prozentpunkte (ebd.: 1039). Waren es im Jahr 1980 noch 500 000 Gefangene, sind mittlerweile in den Vereinigten Staaten 2,4 Millionen Menschen inhaftiert, ohne dass sich die Kriminalitätsrate im Vergleich mit dem Ende der 1970er Jahre wesentlich verändert hätte (vgl. Gopnik 2012). Hier paart sich Zukunftslosigkeit mit Verinselung durch Zwang im extremen Maße. Aus europäischen Großstädten ist eher eine fortschreitende Ghettoisierung der Exkludierten bekannt. Auf ihren Wohnungsmärkten richten sich Mieten unter anderem nach dem Milieu der Nachbarschaft, was zu Segregation führt (vgl. Häußermann 2006). Wichtig ist, dass die so geschaffenen Inseln nicht mit biographischen Raumkonstitutionen der in ihnen Lebenden zu verwechseln sind. Unwahrscheinlich ist jedoch, dass die Konstitution solcher Räume keine Spuren in den Lebensraumstrukturen der Betroffenen hinterlässt.

Auch jenseits solcher globaler Überlegungen zur kulturellen Grundlegung biographischer Raumzeitkonstitutionen zeigt sich ein Einfluss spezifischer Wertvorstellungen auf die Konstitutionsformen. Bei der Konstitution von Raum und Zeit greifen wir auf das gesamte institutionelle Framework zurück, das die soziale Welt zu bieten hat. So geht beispielsweise die Familiengründung offenbar mit dem Aufruf institutionalisierter Handlungserwartungen hinsichtlich der raumzeitlichen Strukturierung des Lebens einher, die zuvor in einer Art Latenzphase schlummerten. So beschreibt Tim die Voraussetzungen für eine Familiengründung kurz und knapp:

> Die Jahre davor waren Kinder eigentlich kein Thema, weil wir immer so mit der Situation und mit uns eigentlich so beschäftigt waren, dass man da nicht groß dran gedacht hat. Und ich denk', um da mit Family was zu machen, braucht's 'ne gewisse Stabilität.

Dabei denkt Tim »Stabilität« räumlich und zeitlich zugleich (siehe Kapitel 6). Sie bedeutet für ihn gleichermaßen ein möglichst sicheres unbefristetes Arbeitsverhältnis und einen räumlichen Mittelpunkt des Lebens. Das kulturelle Muster, das sich hier abzeichnet, lässt sich verstehen als die Überzeugung, dass Kindern eine möglichst stabile Umgebung und der Familie eine finanziell gesicherte Zukunft geboten werden muss. Solche Orientierungen dürften allerdings milieuspezifisch ausdifferenziert sein. Sie finden sich auch bei Cornelius, der hinsichtlich des Herkunftsmilieus Ähnlichkeiten mit Tim aufweist, aber seine Biographie netzwerkartig-episodisch strukturiert und für sich eine Familiengründung gar nicht in Betracht zieht:

Was anderes kannste machen, wenn du Familie und Kinder hast.

Familiengründungen scheinen zumindest in Milieus mit größerer Kapitalausstattung kulturell gekoppelt mit einer konzentrisch-linearen Lebensführung.[8] Dies könnte ein Grund für die Tendenz zur Kinderlosigkeit bei netzwerkartig-episodischen Raumzeitkonstitutionen sein.

Solche kulturellen Orientierungen wirken sich geschlechtsspezifisch unterschiedlich aus. Hier spielt ein weiteres kulturelles Muster eine Rolle, das dazu führt, dass Frauen nach wie vor zwei Drittel der unbezahlten Familien- und Hausarbeit verrichten (vgl. OECD 2011). Daher sehen und haben gerade Frauen mit höherem Bildungsabschluss deutlich größere Schwierigkeiten hinsichtlich der Vereinbarkeit von Kindern und Beruf (vgl. Bundeszentrale für gesundheitliche Aufklärung 2005). Die Flexibilitätsanforderungen der Erwerbsarbeitswelt, die eher mit netzwerkartig-episodischen Raumzeitkonstitutionen harmonieren, geraten in Konflikt mit Handlungserwartungen der Reproduktionssphäre. Sind solche Handlungserwartungen internalisiert, realisiert sich diese Spannung als innerer Konflikt und kann Unzufriedenheit mit der gelebten Raumzeitkonstitution provozieren. Die doppelte Vergesellschaftung von Frauen kann also zur uneinlösbaren Auf-

8 In ökonomisch schwächeren Milieus scheint diese Koppelung weniger stark. Im Zeit-Sample befindet sich eine junge Mutter mit inselhaft-zyklischer Raumzeitkonstitution aus dem prekären Milieu (gemäß Sinus Sociovision 2011), die explizit den Wunsch äußert, das eineinhalbjährige Kind möge nicht älter werden und alles so bleiben wie es ist.

forderung führen, widersprüchliche Raumzeitkonstitutionen zu leben.

Bezüglich des Komplexes der Familiengründung wurden bereits milieuspezifische Einflüsse angedeutet. Darüber hinaus wurde in Abschnitt 6.2 darauf verwiesen, dass eine Häufung von Personen mit Aufstiegsbiographien hinsichtlich ihrer Ausstattung an kulturellem Kapital bei netzwerkartig-episodischer Raumzeitkonstitution beobachtbar ist. Verglichen mit ihrer Elterngeneration, die dem Milieu der »bürgerlichen Mitte« zuzurechnen ist, können meine netzwerkartig-episodischen Interviewpartner_innen eher einer Schnittmenge der Sinus-Milieus »Postmaterielle«, »Moderne Performer« und »Experimentalisten« zugeordnet werden (vgl. Sinus Sociovision 2011). Während also die Eltern bei mittleren Bildungsabschlüssen durch beruflichen Erfolg sozial abgesichert sind und nach einem harmonischen Familienleben streben, zeichnet sich die Kindergeneration durch hohe Bildungsabschlüsse, Patchwork-Biographien und eine Suche nach Neuem aus, wobei materieller Erfolg nicht den höchsten Stellenwert besitzt. Rein ökonomisch betrachtet wäre die Übernahme der gutgehenden Autowerkstatt des Vaters oftmals die bessere Alternative im Vergleich zur Promotion im gesellschaftswissenschaftlichen Feld gewesen. Sie verstehen ihren Lebensstil jedoch auch als Befreiung und Emanzipation von der Alltagswirklichkeit und den Wertorientierungen der Eltern, geraten dabei jedoch in hochgradig dynamisierte Arbeitsfelder, in denen an Zukunftsplanung aufgrund sich permanent verändernder Rahmenbedingungen kaum zu denken ist und die sie raumzeitlich mit hohen Flexibilitätsansprüchen konfrontieren.

7.2.6. Zwischenfazit

Eine konzentrisch-lineare Raumzeitkonstitution kann als Referenztypus für Biographien der klassischen Moderne gelten. Das Leben muss als eigenverantwortlich zu gestaltendes Gesamtprojekt gesehen werden, innerhalb dessen langfristige Planung vonnöten ist. Gleichzeitig wird die räumliche Rückbettung in die Welt individualisiert und erzeugt vor dem Hintergrund der Trennung von privater und öffentlicher Sphäre in den Großstädten und dem Nationalstaat eine konzentrisch strukturierte Lebensraumkonstitution.

Eine Ausdifferenzierung in drei verschiedene biographische

Raumzeittypen ist gegenwärtig beobachtbar. Aus einer Perspektive, die den gesellschaftlichen (Re-)Produktionsmodus und damit den Übergang von fordistischer zu flexibler Akkumulation ins Zentrum der Aufmerksamkeit rückt, lässt sich sowohl der Wandel von linearen zu episodischen Zeitkonstitutionen als auch von konzentrischen zu netzwerkartigen Raumkonstitutionen begreifen. Sowohl eine Stabilisierung von planbaren Zukunftserwartungen als auch die Etablierung eines konzentrisch um ein Zuhause aufgebauten Lebensraums verträgt sich schlecht mit diesem (Re-)Produktionsmodus, der maximale Flexibilität einfordert. Netzwerkartig-episodische Raumzeitkonstitutionen sind die geeignete biographische Antwort.

Die Umstellung auf flexible Akkumulation vor dem Hintergrund wirtschaftlicher Liberalisierung führt gleichzeitig zur Exklusion eines immer größeren Teils der Bevölkerung, auch wenn die hochtechnisierten Volkswirtschaften prosperieren. Unter den Bedingungen von Exklusion macht eine Zukunftsorientierung des eigenen Lebens keinen Sinn mehr, genau wie Exklusion vor dem Hintergrund prekärer Anerkennungsverhältnisse einen Rückzug in verinselte Raumkonstitutionen nahelegt oder gar erzwingt. Inselhaft-zyklische Raumzeitkonstitutionen für das eigene Leben werden gesellschaftlich relevant.

Aus einer kultursoziologischen Perspektive kann deutlich gemacht werden, dass ein »Auskosten von Weltoptionen« zum funktionalen Äquivalent ewigen Lebens avanciert. Vor dem Hintergrund immer größerer Optionenvielfalt und vor allem der Unabsehbarkeit von zukünftigen Optionen wird hier räumliche und zeitliche Spontaneität, wie sie in netzwerkartig-episodischen Raumzeitkonstitutionen angelegt ist, prämiert. Gleichzeitig aber stellt die Gesellschaft eine Reihe normativer Orientierungsmuster zur Verfügung, die nach wie vor zu einer klassisch konzentrisch-linearen Raumzeitkonstitution anhalten, wie das Beispiel der Wert- und Handlungsorientierung bei Familiengründungen zeigt.

Entscheidend ist, dass die im Rahmen dieser Argumentation verhandelten Konzepte zur Erklärung der Differenzierung von Raumzeitkonstitutionen (Flexibilität, Exklusion, Optionennutzung) allesamt gleichermaßen räumlich wie zeitlich zu verstehen sind. Flexibilität als Kennzeichen des Akkumulationsmodus in hochentwickelten Gesellschaften bezieht sich zugleich auf die Dauer der Produktion bestimmter Produkte und die Standorte der Produktion, aber auch auf die permanente Erfassung sich zeitlich und räumlich verändernder Märkte. Damit einher gehen zeitliche wie räumliche Flexibilitätsansprüche an die in die Produktion involvierten Subjekte. Exklusion weist ebenfalls im Kern eine räumliche wie zeitliche Dimension auf. Als abgekoppelt von vorherrschender Gesellschaftsgeschichtlichkeit und in einer ewigen Gegenwart auf Inseln festgesetzte Personen lassen sich die gegenwärtig Exkludierten beschreiben. Auch das Ausschöpfen von Optionen als kulturelles Äquivalent für ein ewiges Leben konkretisiert sich in Vorstellungen davon, was in Zukunft noch alles zu machen sei (zeitlich), genau wie in Ansichten darüber, wo in der Welt man noch gewesen sein möchte (räumlich).

An dieser Stelle wird auf Ebene der Erklärungsfaktoren für die Differenzierung der Raumzeittypen einmal mehr deutlich, was sich in den rein empirischen Betrachtungen genauso zeigt wie in den anthropologischen Überlegungen: Raum- und Zeitkonstitutionen werden gemeinsam vorgenommen. Unsere kulturelle Rückbettung und damit die Konkretion unserer Existenz ist zugleich auf eine soziale Konstitution der Zeit im Sinne von Geschichtlichkeit wie auf eine soziale Konstitution des Raums angewiesen. Wir leben im Konkreten, und dieses Konkrete braucht beide Dimensionen, andernfalls realisiert es sich nicht. Eine Diskussion über den Vorrang von Raum oder Zeit erübrigt sich damit. Insofern ist weder Manuel Castells zuzustimmen, wenn er behauptet, »dass in der Netzwerkgesellschaft der Raum die Zeit organisiert« (2001: 431), noch Hartmut Rosa, wenn er argumentiert:

> Zeitstrukturen können sich in einem Maße ändern, wie dies Raumstrukturen niemals können. Veränderungen im ›Raum-Zeit-Regime‹ einer Gesellschaft gehen daher stets von veränderten Temporalstrukturen aus, nicht von Veränderungen des Raumes. (2005: 61)

Diese Untersuchung hat dagegen gezeigt: Raum und Zeit werden gemeinsam in zueinander komplementären Formen konstituiert. In der Gegenwartsgesellschaft sind derart unterschiedliche Lebensbewältigungsstrategien nötig geworden, dass diese differenzierten Strategien unterschiedliche biographische Raumzeitkonstitutionen induzieren. Damit differenzieren sich zugleich auf einer fundamentalen Ebene die sozialen Voraussetzungen für gelingendes Leben aus. Menschen mit inselhaft-zyklischen Raumzeitkonstitutionen sind auf grundsätzlich andere Bedingungen angewiesen als netzwerkartig-episodische, um ihr Leben befriedigend zu gestalten. Allerdings können die verschiedenen Typen auch verschiedene Impulse in die soziale Welt aussenden, schon allein dadurch, dass sie für die jeweils anderen Typen als Alternativen zur Verfügung stehen. Diesen Gedanken möchte im folgenden Kapitel für die einzelnen Raumzeittypen konkretisieren.

7.3. Typische Problemlagen und Potenziale der Raumzeittypen in der postfordistischen Arbeitsgesellschaft

Die unterschiedlichen biographischen Raumzeitkonstitutionen generieren unterschiedliche Perspektiven auf das Verhältnis zwischen ›Ich‹ und ›Welt‹. Daher haben die unterschiedlichen Typen einerseits mit je speziellen Problemlagen in der Auseinandersetzung mit der sozialen Wirklichkeit zu kämpfen, während ihnen andererseits spezifische Potenziale in dieser Auseinandersetzung zur Verfügung stehen. Im Folgenden sollen diese Problemlagen und Potenziale entlang der Idealtypen expliziert werden.

Der netzwerkartig-episodische Typ. Dieser Typus setzt darauf, unvorhersehbare biographische Chancen zu erkennen und zu ergreifen. Dazu muss er räumlich und zeitlich flexibel bleiben und gleichzeitig seine Umwelt permanent beobachten, andernfalls droht das Verpassen von Gelegenheiten. Metaphorisch gesprochen stellt sich die Welt als ein riesiges Feld sich bewegender Eisschollen dar, zwischen denen hin und her gesprungen werden muss. Die Risiken sind offensichtlich. Verpasst man den Absprung, droht man auf unbestimmte Zeit auf einer unattraktiven Scholle ›hängenzubleiben‹. Cornelius beschreibt eine solche Situation eindrücklich:

> Ich muss sagen, ich hab da eine positive Eigenschaft von mir negativ festgestellt: nämlich dass ich in der Regel Sachen zu Ende führe. Und ich sag im Nachhinein, eigentlich hätte ich das abbrechen sollen und hätte schnell kündigen und woandershin... Das hat mich nicht weitergebracht, das hat mich eigentlich nur gefrustet am Ende.

Treibt die Scholle ganz ins Abseits, kann es passieren, dass ein Absprung überhaupt nicht mehr möglich ist. In diesem Fall findet sich kein neues Projekt, und die gesamte Raumzeitkonstitution droht zu kollabieren. Ralf wechselt in einer solchen Lebenssituation zu einer inselhaft-zyklischen Raumzeitkonstitution.[9] Hartmut Rosa (2005) beschreibt eine solche Welterfahrung als »*Slipping-Slope-Syndrom*«. Die Akteure haben das Gefühl auf einem rutschenden Abhang zu stehen, sodass eine permanente Anstrengung nötig ist, um überhaupt an der gleichen Stelle zu bleiben. Während Fälle wie Cornelius oder Frank mit ihrer netzwerkartig-episodischen Raumzeitstrukturierung hochgradig identifiziert sind und diese Situation als positive Herausforderung begreifen, ist bei Fällen wie Christa (siehe Abschnitt 5.2.4) zu beobachten, dass diese Selbst- und Welterfahrung als Anstrengung wahrgenommen werden kann. In diesem Interview drückt sich eine Sehnsucht nach stabileren Verhältnissen aus, und die netzwerkartig-episodische Raumzeitkonstitution erscheint vorwiegend als notwendige, aber unerwünschte Anpassung an die Strukturierung der Erwerbsarbeitswelt. Christa scheint sich eine stabile Partnerschaft zu wünschen und hofft auf den Aufbau eines ›Zuhauses‹ als räumliches Zentrum eines gemeinsamen Lebens. Die Strukturierung der Erwerbsarbeitswelt im postfordistischen Kapitalismus provoziert hier einen Konflikt mit der präferierten Raumzeitstruktur für das eigene Leben. Es ist zu vermuten, dass ein solches Spannungsverhältnis gegenwärtig gehäuft auftritt, schon allein weil die Normierungen für die meisten Handlungsfelder auf ein klassisches konzentrisch-lineares Modell rekurrieren. Dies bezieht sich nicht nur auf den Bereich der Reproduktion, wie am Beispiel der Familiengründungen erläutert. Selbst im wirtschaftlichen Feld, das einerseits vor dem Hintergrund flexibler Akkumulation vermehrt Zeitarbeit und befristete Projektverträge anbietet, sollen die Bewerber_innen auf solche Stellen andererseits lückenlose Lebensläufe und klare berufliche Perspekti-

9 Ralf, ein Mitte 30-jähriger gelernter Galvaniseur aus dem Zeit-Sample, konstituierte seine Lebensgeschichtlichkeit in früherer Zeit episodisch und ist inzwischen zu einer zyklischen Konstitutionsweise umgeschwenkt. Während im ersten Teil des Interviews von einzelnen Projekten und deren Verlauf berichtet wird, löst sich diese Struktur im zweiten Teil auf, und es wird deutlich, dass seit mehreren Jahren kein konkretes Projekt mehr verfolgt wird. Vielmehr hat eine Fokussierung auf seine Liebesbeziehung und die Beschäftigung mit einem Online-Computerspiel seinen Alltag ausgefüllt und eine Unterscheidung von Vergangenheit, Gegenwart und Zukunft nahezu aufgelöst.

ven vorweisen. Die vorherrschenden Normierungen, so die These, basieren nach wie vor auf einem konzentrisch-linearen Modell für biographische Konstruktionen, sodass bei netzwerkartig-episodischer Raumzeitkonstitution entweder ein innerer Konflikt mit den eigenen Handlungserwartungen zu befürchten oder eine offensive bewusste Zurückweisung solcher Erwartungen vonnöten ist. Damit deutet sich eine Erklärung für die beobachtbare Polarisierung der Lebenszufriedenheit (siehe Abschnitt 6.2) bei netzwerkartig-episodischen Biographisierungen an.

Gerade bei ›unfreiwilliger‹ netzwerkartig-episodischer Raumzeitkonstitution könnte das Risiko steigen, sich permanent unter Stress zu fühlen. Eventuell sind genau bei dieser Gruppe Burn-out-Erkrankungen häufig, deren Zunahme sich bisher vor allem gesamtgesellschaftlich beziehungsweise berufsbezogen zeigen lässt. Die Pressemitteilung zum *Fehlzeiten-Report 2012* der AOK, der eine deutliche Zunahme dieser Erkrankungen konstatiert, titelt entsprechend dieser These mit: »Zu viel berufliche Flexibilität schadet der Psyche« (Wissenschaftliches Institut der AOK 2012). Es kann vermutet werden, dass das Gefühl, seine Zukunft gegen den eigenen Willen nicht planend aneignen zu können und auf eine Zentrierung des Lebensraums verzichten zu müssen, das Risiko mit sich bringt, sich unter Stress zu fühlen und einen Burn-out zu erleiden.

Andererseits liegt in netzwerkartig-episodischen Raumzeitkonstitutionen ein Potenzial, das auf der Befreiung aus früheren Festlegungszwängen basiert. Die Selbstverständlichkeit, mit der biographische Richtungsänderungen vorgenommen oder auch gescheiterte Projekte ›abgehakt‹ werden können (siehe zum Beispiel Franks lapidare Kommentare zum Abbruch seines Jurastudiums in Abschnitt 4.2.3), möchten die Subjekte keinesfalls missen. Hier klingt ein Hauch jener Freiheit an, die Karl Marx gemeint haben mag, als er seine Utopie einer zukünftigen Gesellschaft formulierte, in der es möglich wäre, nachmittags zu fischen und nach dem Essen zu kritisieren, ohne jemals Fischer oder Kritiker zu sein (vgl. Marx 1969: 33).

Der inselhaft-zyklische Typ. Eine inselhaft-zyklische Raumzeitkonstitution kann bereits Ausdruck eines fundamentalen Problems bezüglich der Lebensführung sein. Ein Teil dieser Fälle kann als depressiv bezeichnet werden. In diesen Fällen ist die Konstitution einer ewigen Gegenwart und der Rückzug auf eine Insel als Reaktion auf eine biographische Krise zu begreifen. Dabei ist wichtig, dass mit dieser Erkrankung ein Zusammenbruch jeglicher biographischer Zukunftsperspektive verbunden ist (vgl. Seidl 2009). Die Zeit hört für eine depressive Person auf zu fließen, und das Leben reduziert sich auf die Wiederkehr des immer Gleichen (vgl. Green 2001). Gleichzeitig geht der Antrieb verloren, den gegenwärtigen Ort zu verlassen. Das »erschöpfte Selbst« (Ehrenberg 2004 [1999]) weigert sich, den Anforderungen nach eigenverantwortlicher Selbstverwirklichung und permanenter Flexibilität nachzukommen. Alain Ehrenberg interpretiert die Zunahme von Depressionserkrankungen und Alkoholismus in den hochentwickelten kapitalistischen Gesellschaften in diesem Sinne. Im Rahmen dieser Untersuchung wirken drei Fälle aus dem – im Osten Deutschlands erhobenen – Zeit-Sample und Thomas aus dem Raum-Sample (siehe Abschnitt 5.2.3) eher depressiv, und ihre inselhaft-zyklische Raumzeitkonstitutionen sind vor dem Hintergrund der Ehrenberg'schen These besser zu verstehen.

Der Umkehrschluss, alle Fälle mit inselhaft-zyklischer Raumzeitkonstitution seien depressiv, muss jedoch mit Blick auf die Empirie zurückgewiesen werden. Drei der hier ausführlich vorgestellten Fälle: Enrico, Karl (siehe beide in Abschnitt 4.2.1) und Gunnar (siehe Abschnitt 5.2.4), lassen sich besser mit Begrifflichkeiten wie »kontemplative Lebensführung« beschreiben. Das gemeinsame Problem aller Fälle mit inselhaft-zyklischer Raumzeit ist jedoch die Anerkennung, und zwar häufig auf rechtlicher Ebene. Die Entscheidung, sich nicht um Erwerbsarbeit zu bemühen und dennoch von Transfereinkommen in Form von Arbeitslosengeld II zu leben, ist in dieser Gesellschaft nicht legitim. Es wird bezweifelt, dass diese Personen etwas Positives für die Gesellschaft zu leisten im Stande sind. Anhand dieser Überlegung wird die Verknüpfung zwischen Anerkennung und Exklusion deutlich. Vor diesem Hintergrund wird auch die Präferenz für starke soziale Bindungen verständlich; denn diese Bindungen basieren auf ›Liebe‹, dem Gefühl, um seiner puren Existenz willen gewollt zu sein, als zentralem Anerkennungsprinzip. Im Zusammenhang mit der Anerkennungsproblematik steht auch ein ökonomisches Problem bei Fällen mit inselhaft-zyklischer Raumzeitkonstitution. Einer Aussage wie der von Enrico »das Geld reicht zum Überleben, nicht zum Leben« könnten sich wohl die meisten Fälle dieses Typs trotz angepasster Anspruchsstruktur anschließen. Hintergrund ist, dass eine Gesellschaft, die Erwerbsarbeit als zentrales Inklusions- und Anerkennungssystem etabliert, einer Umverteilung über die Grenzen dieses Systems hinaus immer skeptisch begegnen wird, unabhängig davon, wie groß das Surplusprodukt ist, das sie produziert.

Dennoch eröffnen die ›freiwilligen‹ inselhaft-zyklischen Raumzeitkonstitutionen den Blick auf ein entschleunigtes Leben, das jenseits eines gesellschaftlichen Wachstumsparadigmas gelingen kann, einem dem Kapitalismus inhärenten Sachzwang zu ewigem Wachstum, das mit ökologischen, sozialen und ökonomischen Verwüstungen einhergeht (vgl. zum Beispiel Dörre/Röttger 2009). Die Emanzipation vom Anerkennungssystem Erwerbsarbeit macht diese Fälle zu Vorreitern einer Postwachstumsgesellschaft. Genau hier liegt ihr Potenzial.

Der konzentrisch-lineare Typ. Grundproblem der Fälle mit konzentrisch-linearer biographischer Raumzeitkonstitution ist der Anspruch, sich lebensgeschichtliche Zukunft planend aneignen zu können. All diese Planungen setzen eine Stabilität institutioneller Rahmenbedingungen voraus. So ist Judith (siehe Abschnitt 4.2.1) darauf angewiesen, dass die Universität die kulanten Bedingungen für das Studieren mit Kind aufrechterhält, und Steffan (siehe Abschnitt 5.2.4) darauf, dass der Übergang vom Referendariat in den normalen Schuldienst weiterhin so organisiert ist, dass er mit einer unbefristeten (verbeamteten) Stelle in räumlicher Nähe rechnen kann. Andernfalls laufen beispielsweise die Pläne zum Erwerb einer Eigentumswohnung ins Leere. Steffan weiß um die Notwendigkeit einer stabilen Umwelt, die ihm überhaupt erst dezidierte Planungen in diese Welt hinein ermöglicht:

> Ich möchte nicht in der Haut stecken von jemandem, wo jetzt alles abgebrochen wird. Das muss ein Scheißgefühl sein. Wenn man also weggehen muss.

Wo sich die institutionellen Rahmenbedingungen zu schnell ändern, wo also das Tempo des sozialen Wandels zu hoch geworden ist, geht jeder Versuch konzentrisch-linearer Lebensführung das Risiko ein, vollständig zu scheitern und ins Leere zu laufen, selbst wenn zum Zeitpunkt der Planung alle Entscheidungen rational erscheinen.[10]

10 Klaus Dörre beschreibt den Fall eines Angestellten, der zur Weiterbildung das Abitur nachholte, bei der Rückkehr auf den Arbeitsmarkt aber feststellen musste, dass

Unter solchen Bedingungen wird das Planen an sich zu einem riskanten Unterfangen. Gleiches gilt, wie das oben stehende Zitat von Steffan zeigt, für eine Zentrierung des Lebensraums.

Andererseits generieren Konzentrisch-Lineare als einzige Stabilität ohne Stillstand. Die Fälle mit konzentrisch-linearer Raumzeitkonstitution sind diejenigen, die eine Perspektive auf eine veränderte Zukunft entwickeln können, ohne diese Zukunft weitgehend dem Zufall überlassen zu müssen. Am Handlungsfeld der Politik lässt sich die Bedeutung einer konzentrisch-linearen Raumzeitkonstitution veranschaulichen. Steffan als Gewerkschaftsmitglied und Angehöriger einer Partei ordnet politische Ereignisse gesellschaftsgeschichtlich ein. Um die gesellschaftliche Relevanz einer solchen Perspektive und ihre Abhängigkeit von konzentrisch-linearer Raumzeitkonstitution kenntlich zu machen, werde ich im Folgenden ein Beispiel politischen Engagements bei netzwerkartig-episodischer Raumzeitkonstitution als Kontrastfolie heranziehen. Die zugrunde liegende Frage lautet, ob politisches Denken in einem modernen Sinne nicht auf eine konzentrisch-lineare Raumzeitkonstitution angewiesen ist, geht es doch im Kern um die Überführung eines kritikwürdigen Ist-Zustandes in einen zukünftigen Soll-Zustand.

Die Analyse des politischen Engagements von Claire, einer Ende 20-jährigen netzwerkartig-episodisch biographisierenden politischen Aktivistin aus dem Zeit-Sample, wirft einige Rätsel auf.[11] Claire erzählt eine Erfolgsgeschichte des Projektes »Kampf gegen den Sicherheitswahn«, das in der Demontage einer zentralen Überwachungskamera mündete. Sie erzählt die Geschichte einer erstaunlichen Mobilisierung der Szene und lässt sie mit der erfolgreichen Durchsetzung des zentralen Zieles enden. Zum Zeitpunkt des Interviews war die Kamera längst wieder installiert, was jedoch der Wahrnehmung des Projektes als Erfolg in keiner Weise abträglich erschien. Vielmehr taucht die Neuinstallation der Kamera als Beleg für die zunehmende Überwachung im Zuge einer Olympiabewer-

in seinem Arbeitsfeld von nun an nur noch über Zeitarbeitsfirmen zu schlechteren Konditionen eingestellt wird (vgl. Dörre/Lessenich/Rosa 2009: 21 f.).

11 Die detaillierte Analyse wurde im Rahmen des Vortrags »Biographische Zeitstrukturen und die Selbstbewertung politischen Widerstands« beim Workshop »Biographie und Politik« der Sektion Biographieforschung der Deutschen Gesellschaft für Soziologie am 3./4. Juli 2009 in Berlin vorgestellt.

bung in einer anderen Erzählsequenz beiläufig wieder auf. Gegenwärtiges Projekt ist die »Anti-Olympia-Kampagne«. Bei netzwerkartig-episodischer Raumzeitkonstitution scheint der einzig gültige Kontext zur Bewertung politischer Ereignisse das chronologische Zeitfenster der jeweiligen gegenwärtigen Episode innerhalb der jeweiligen Raumkonstitution zu sein. Jenseits konzentrisch-linearer Raumzeitkonstitutionen bleibt offenbar nur Raum für situative Politiken in hochgradig kontingenten Deutungsrahmen, die jede Idee nachhaltiger, langfristiger Veränderungen vermissen lassen. Eine Politik, die auf solche Qualitäten nicht verzichten will, scheint an konzentrisch-lineare Welt- und Selbstbezüge gebunden.

Eine Gesellschaft, innerhalb deren sich die biographischen Raumzeitbezüge derart differenzieren, wie es sich in dieser Untersuchung zeigen lässt, scheint selbst auf differenzierte Politiken angewiesen, um ihren Mitgliedern gerecht zu werden. Zu unterschiedlich sind die Risiken und die Voraussetzungen für gelingendes Leben mit netzwerkartig-episodischen, inselhaft-zyklischen oder konzentrisch-linearen Raumzeitkonstitutionen. Was hier Freiheiten eröffnet und Perspektiven schafft, kann dort systematisch zu Einschränkungen und Blockaden führen. Eine gewerkschaftliche Politik beispielsweise im Kampf für Normalarbeitsverhältnisse wird Menschen, denen unbefristete Stellen vorkommen wie »lebenslänglich«, kaum erreichen, obwohl gerade hier ein Schutz vor zunehmender Prekarisierung vonnöten wäre. Umgekehrt braucht eine Gesellschaft, die zulässt, dass die Bedingungen zur Herstellung räumlicher und zeitlicher Stabilität immer weiter unterminiert werden, nicht auf eine Zunahme von Familiengründungen zu hoffen. Die Anerkennung eines kontemplativen Lebensstils, wie er mit inselhaft-zyklischen Raumzeitkonstitutionen auf freiwilliger Basis einhergeht, ist überfällig, weil hier gelingendes Leben jenseits von Wachstumszwängen und zunehmender Ressourcenvernichtung praktiziert wird. Ein bedingungsloses Grundeinkommen wäre eine Strategie, die hinsichtlich ihrer Auswirkungen auf die Lebensbedingungen mit anderen Raumzeitkonstitutionen zu prüfen wäre. Der gezeigte Zusammenhang räumlicher und zeitlicher Konstitutionen macht die Sache nicht weniger kompliziert. Der Zusammenhang der beiden Dimensionen scheint unhintergehbar. Das bedeutet beispielsweise, dass das Angebot einer Zukunftsperspektive mit linearer Struktur niemanden überzeugen wird, der nicht auch die

Chance zu einer konzentrischen Lebensraumstrukturierung geboten bekommt.

7.4. Zusammenfassung der Untersuchung

In diesem Kapitel möchte ich in aller Kürze den Argumentationsgang darstellen, der zum Postulat einer sozialen Raumzeit im Bereich der Biographie führt. Am Ende des Abschnitts ist dieser Weg noch einmal graphisch dargestellt. Die folgenden Ausführungen lassen sich also als Erläuterungen zu dieser Übersicht lesen.

Im ersten Schritt wurde eine Heuristik entwickelt, in deren Rahmen geklärt wurde, mit welchen Begriffen von Raum und Zeit überhaupt über soziale Raumzeit nachgedacht werden kann. Sowohl das Wort ›Raum‹ als auch das Wort ›Zeit‹ werden in mindestens drei unterschiedlichen Bedeutungen verwendet, denen jeweils ein anderer Begriff zugrunde liegt. Für den Raum handelt es sich dabei um einen Begriff des physischen Raums, auf dem objektivierte Abstandsbestimmungen (zum Beispiel 3 km) basieren, einen Begriff des sozialen Raums, auf dem soziale Raumkonstitutionen (zum Beispiel Nationalstaaten) basieren, und einen Begriff der subjektiven Wahrnehmung von Distanzen (zum Beispiel bei Höhenangst). Bei der Zeit haben wir es mit einem Begriff der chronologischen Zeit zu tun, auf dem objektivierte Zeitbestimmungen basieren (zum Beispiel eine Stunde), mit einem Begriff von Geschichtlichkeit, auf dem alle Konstitutionen von Vergangenheit, Gegenwart und Zukunft basieren, und mit einem Begriff der subjektiven Wahrnehmung von Dauer, auf dem der Eindruck schnell oder langsam vergehender Zeit (zum Beispiel während des Wartens) basiert.

Zeit- und Raumbestimmungen, die auf unterschiedlichen Begriffen basieren, sind nicht ineinander übersetzbar. Eine komplette Vermessung der Welt informiert uns genauso wenig über soziale Raumkonstitutionen, wie die Anzeige einer Atomuhr darauf Einfluss hat, wie lange die Gegenwart dauert. Für die Angemessenheit der Zeit- und Raumbestimmungen sind in hochdifferenzierten Gesellschaften unterschiedliche Wissenschaften zuständig. Mit Chronologie und physischen Raumbestimmungen beschäftigt sich die Physik, mit Geschichtlichkeit und sozialen Raumkonstitutionen die Sozialwissenschaften und bezüglich der Wahrnehmung von Dauer sowie von Distanzen liegt die Expertise bei Philosophie, Psychologie und Neurobiologie. Die Sozialwissenschaften nutzen dennoch Konzepte der Chronologie und des physischen Raums sowie der Erfahrungen von Dauer und Distanz. Erstere, um räumliche Verteilungen zu bestimmen und Prozesse zu identifizieren, Letztere, um ein Verständnis der subjektiven Konstitution von Sinn zu entwickeln. Bei Geschichtlichkeit und sozialen Raumkonstitutionen handelt es sich jedoch um dezidierte Gegenstände sozialwissenschaftlicher Forschung. In diesem Bereich muss die Soziologie selbst Konzepte entwickeln, um die empirischen Realisierungen und Wirkungen von Geschichtlichkeits- und sozialen Raumkonstitutionen zu untersuchen. Daher muss die Frage nach einer sozialen Raumzeit als Frage nach einem Zusammenhang von Geschichtlichkeit und sozialer Raumkonstitution konkretisiert werden.

Im zweiten Schritt musste ein Gegenstandsbereich für die Suche nach einer sozialen Raumzeit gewählt werden, da mit jedem Sinnhorizont, in dem wir denken, die Konstitution eines eigenen Raums und einer eigenen Geschichtlichkeit einhergeht. Bei einem derartigen Sinnhorizont kann es sich um die Gesellschaft, um eine Biographie oder um ein Mittagessen handeln. Wir werden für all diese Gegenstandsbereiche eigene Räume und Geschichtlichkeiten konstituieren. Biographien wurden als Gegenstandsbereich ausgewählt, weil hier unterschiedliche Konstitutionen von Raum und Geschichtlichkeit im Fallvergleich zu erwarten sind. Unterschiedliche Konstitutionen sind im Sinne der Fragestellung notwendig, da nur unter dieser Voraussetzung ein Zusammenhang bestimmter sozialer Raumkonstitutionen mit bestimmten Geschichtlichkeitskonstitutionen gezeigt werden kann.

Im dritten Schritt wurden auf empirischer Basis Typologien für Konstitutionsformen von Lebensgeschichtlichkeit und Lebensraum entwickelt. Da jede Lebensraum- und Geschichtlichkeitskonstitution im Detail einzigartig ist, kann ein Zusammenhang nur auf der Ebene von Typen ermittelt werden. Mit dem linearen, dem episodischen und dem zyklischen Zeittypus konnten genau wie mit dem konzentrischen, dem netzwerkartigen und dem inselhaften Raumtypus jeweils drei Typen für Zeit und Raum beschrieben werden.

Im vierten Schritt wurden die Fälle des Raum-Samples hinsichtlich ihrer Zeitkonstitution analysiert und umgekehrt. Als Ergebnis konnten stabile Korrelationen zwischen konzentrischer Lebensraumstrukturierung und linearer Zeitstrukturierung sowie zwischen netzwerkartigen und episodischen Typen und zuletzt zwischen inselhaften und zyklischen Typen gezeigt werden. Raum- und Zeitkonstitutionen hängen also zumindest für den Gegenstandsbereich der Biographie zusammen und können als drei Raumzeittypen beschrieben werden.

Der konzentrisch-lineare Typ erzählt eine durchgängige Entwicklungsgeschichte des ›Ich‹, indem er Vergangenheit, Gegenwart und Zukunft seines Lebens logisch verbindet. Gleichzeitig konstituiert er mehrere umeinander liegende Lebensräume mit einem Zuhause als Mittelpunkt. Entstanden ist dieser Typus mit Beginn der Moderne, die vor dem Hintergrund der Individualisierung die Subjekte dazu anhielt, ihren Platz in der Welt zu finden und ihr Leben als selbst zu gestaltendes Gesamtprojekt wahrzunehmen, das von langer Hand zu planen ist. Gegenwärtig stellt der Anspruch, sein Leben planen und seinen Lebensraum stabilisieren zu können, ein biographisches Risiko für diesen Typus dar. Wandeln sich die institutionellen Rahmenbedingungen zu schnell, kann seine Planung ins Leere laufen. Andererseits kann nur dieser Typus eine Zukunft imaginieren, die sich von der Gegenwart unterscheidet und nicht dem Zufall überlassen bleibt.

Der netzwerkartig-episodische Typ erzählt sein Leben als Aneinanderreihung weitgehend unverbundener Gegenwarten. Er weiß, dass seine derzeitige Gegenwart enden wird, hat aber noch keine konkrete Vorstellung davon, wie die nächste aussieht. Gleichzeitig konstituiert er seinen Lebensraum als Netzwerk von städtischen Räumen, die mithilfe szeneförmiger Vergemeinschaftung und auf Basis von Atmosphären angeeignet werden. Der Hintergrund für die Entstehung dieses Typus ist maßgeblich in der Umstellung des kapitalistischen Systems auf flexible Akkumulation zu sehen, die räumliche und geschichtliche Nicht-Festlegung prämiert. Das Risiko für Menschen mit dieser Raumzeitkonstitution besteht in dem Stress, der von dem permanenten Anspruch herrühren kann, die besten Chancen nicht zu verpassen, die in der Umwelt geboten werden. Gleichzeitig gelingt diesen Menschen jedoch eine erstaunliche Befreiung aus sozialen Festlegungszwängen beispielsweise hinsichtlich ihres beruflichen Selbstverständnisses.

Der Weg zur biographischen Raumzeit

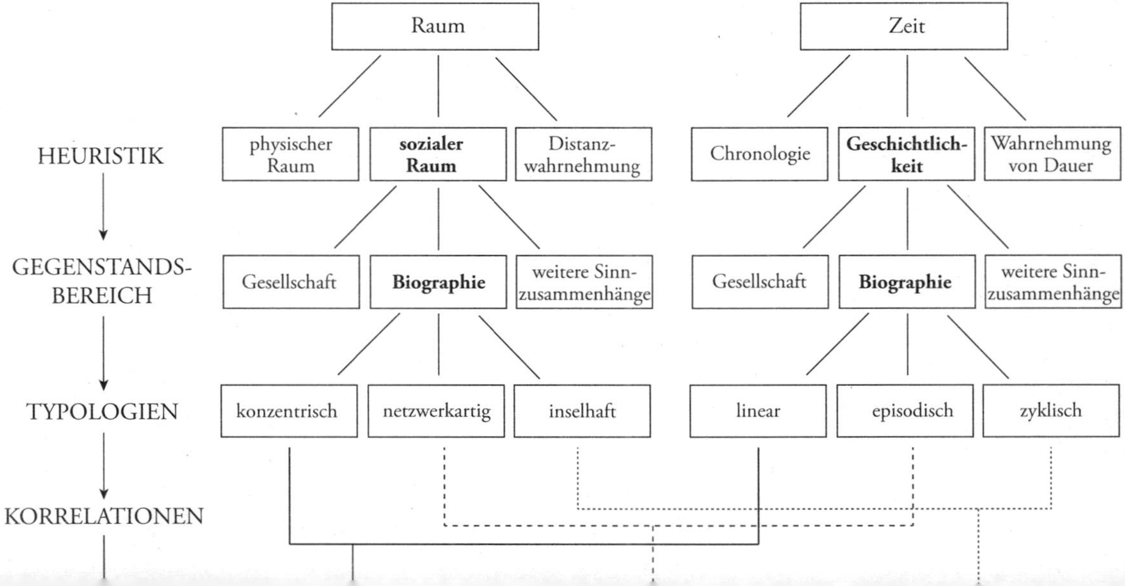

RAUMZEIT-TYPEN	**kozentrisch-linear**	**netzwerkartig-episodisch**	**inselhaft-zyklisch**
CHARAKTERISTIKA	durchgängige Entwicklungsgeschichte des ›Ich‹ von der Vergangenheit über die Gegenwart zur Zukunft + umeinander liegende Lebensräume mit einem Zuhause als Zentrum	Aneinanderreihung von unverbundenen Gegenwarten + mehrere städtische Räume	ewige Gegenwarten + wenige, kleine, private Räume
ENTSTEHUNG	mit Beginn der Moderne muss das Individuum seinen Platz finden (räumlich) und seinen Weg gehen (zeitlich)	flexible Akkumulation prämiert räumliche und geschichtliche Nicht-Festlegung	Exklusion aus / Emanzipation von gesellschaftlichen Anerkennungs-zusammenhängen
RISIKO	Planung ins Leere	Stress / Burn-out	Depression
POTENZIAL	Stabilität ohne Stillstand Entwicklung bleibt denkbar	Befreiung aus sozialen Festlegungszwängen	Vorreiter einer Postwachstumsgesellschaft

Abb. 12: Die Argumentationslinie der Untersuchung

Der inselhaft-zyklische Typ schließlich erzählt einzelne chronologisch ungeordnete Geschichten im Rahmen eines Lebens, das von sich wiederholenden, immer wieder von vorne beginnenden Alltagsroutinen geprägt ist. Für ihr Leben konstituieren diese Fälle kleine, durch Grenzkonstruktionen von der Außenwelt geschiedene Räume, die auf Basis starker sozialer Bindungen angeeignet werden. Als Hintergrund für die Entstehung dieser Raumzeitkonstitution fungiert die Exklusion aus oder auch die Emanzipation von gesellschaftlichen dominanten Anerkennungszusammenhängen. Inklusion und Anerkennung sind in dieser Gesellschaft maßgeblich von einer erfolgreichen Erwerbsbiographie abhängig, mit der diese Menschen nicht dienen können. Sie laufen vor dem Hintergrund ihrer prekären Anerkennungssituationen Gefahr, an einer Depression zu erkranken. Andererseits eröffnen diejenigen inselhaft-zyklischen Fälle, denen eine weitgehende Emanzipation von gesellschaftlichen Anerkennungsnormen gelungen ist, die Perspektive auf ein gelingendes Leben jenseits von materiellen Wachstumszwängen.

7.5. Ausblick: Ein allgemeines Konzept sozialer Raumzeit?

Ein blinder Fleck der hier vorgestellten Untersuchung bleibt die aufgrund des explorativen Charakters der Forschung zu konstatierende Unmöglichkeit, Aussagen bezüglich der quantitativen Verteilung von Raumzeitkonstitutionen zu machen. Wie groß sind die Bevölkerungsanteile mit verschiedenen Raumzeitkonstitutionen, und nach welchen sozialstrukturellen Variablen ließen sich solche Daten sinnvoll aufschlüsseln? Die Entwicklung eines quantitativ anwendbaren Messinstrumentes für solche Konstitutionsformen steht aus. Die hier gemachten Vorschläge zur kategorialen Erfassung von Raumzeittypen sollten allerdings hinreichend operationalisierbar sein, um diese Aufgabe anzugehen.

Darüber hinaus sind die Konsequenzen, die sich aus dem Befund des Zusammenhangs von Raum- und Zeitkonstitutionen in Biographien ergeben, noch nicht ausgelotet. Zentrale biographische Entscheidungsprozesse können nur verstanden werden, wenn sowohl die Konstitutionsformen von Lebensgeschichtlichkeit als auch die von Lebensraum zur Erklärung in Anschlag gebracht werden. Vor allem hinsichtlich der Berücksichtigung von Raumkonstitutionen weist die Biographieforschung einen Nachholbedarf auf. Entsprechende Befunde können und müssen beispielsweise an eine Soziologie der Paarbeziehung oder an Analysen politischer Beteiligungsformen angeschlossen werden, um nur zwei der offensichtlichsten Themenfelder zu nennen, in denen die Berücksichtigung sozialer Raumzeit neue Erkenntnismöglichkeiten aufschließt. Ich möchte im Folgenden jedoch einen Ausblick darauf eröffnen, dass sich der Zusammenhang von Raum und Zeit möglicherweise nicht am Gegenstand der Biographie erschöpft, sondern weiter verallgemeinert werden kann.

Im Jahre 2005 erschienen zwei Bücher, die keinen geringeren Anspruch vertreten, als die ›Geschichte der Moderne‹ zu rekonstruieren. Die Moderne müsse verstanden werden als Neustrukturierung des Raums, den die Gesellschaft für sich selbst konstituiere, lautet die eine These. Die Geschichte der Moderne beginne mit der Veränderung der Zeitstruktur, die nun linear mit offener Zukunft gedacht werde, behauptet die andere. Dabei sind die Argumentationen von Gerd Held (2005) und Hartmut Rosa (2005) gleichermaßen überzeugend.[12] Zu beachten ist, dass der Gegenstandsbereich, mit dem sich die beiden Autoren auseinandersetzen, ein gänzlich anderer ist als derjenige der hier vorgenommenen Untersuchung: Sie diskutieren Raum- und Zeitkonstitutionen von und für die Gesellschaft. Im Rahmen dieser Arbeit konnte zunächst nur gezeigt werden, dass ein Zusammenhang zwischen Raum- und Zeitkonstitutionen bezogen auf den Gegenstandsbereich Biographie besteht. Die Frage, inwieweit ein solches Konzept biographischer Raumzeit verallgemeinerbar ist, liegt auf der Hand.

Denkt man die Analysen von Gerd Held und Hartmut Rosa zusammen, liegt der Verdacht nahe, dass auch der Sinnhorizont ›Gesellschaft‹ mit zueinander passenden Raum- und Zeitkonstitutionen verbunden ist. Bei einer Raumzeit moderner Gesellschaften würde es sich entsprechend den beiden Analysen um einen konzentrisch-linearen Typ handeln, denn die Raumstruktur basiert auf der Konstitution von Großstadt sowie Nationalstaat und die Zeitstruktur auf der Idee einer gesellschaftlich gestaltbaren Zukunft. Um die

12 Angemerkt werden muss, dass Hartmut Rosa mehr als eine ›Rekonstruktion der Moderne‹ versucht und zusätzlich eine Gegenwartsdiagnose schreibt.

These eines Zusammenhangs von Raum- und Zeitkonstitutionen für Gesellschaft zu erhärten, bedarf es allerdings eines kulturell und historisch vergleichenden Untersuchungsdesigns. Angesichts des hier gezeigten engen Zusammenhangs von biographischen Raum- und Zeitkonstitutionen erscheint ein solches Forschungsprojekt vielversprechend.

Der Nachweis einer sozialen Raumzeit auch auf gesellschaftlicher Ebene würde genau wie auf biographischer Ebene beträchtliche Perspektivänderungen erzwingen. Beispielsweise wäre zu fragen, welche Auswirkungen die problematischen Raumkonstitutionen der israelischen und palästinensischen Gesellschaften auf die Konstitutionen von Gesellschaftsgeschichtlichkeit haben. Erodieren im Nahen Osten gesellschaftliche Zukunftsperspektiven, weil die Raumkonstitutionen unklar bleiben? Diese Überlegungen werfen zugleich die Frage nach einem Zusammenhang biographischer und gesellschaftlicher Raumzeitkonstitutionen auf. Ist es wirklich Zufall, dass der Referenztypus biographischer wie gesellschaftlicher Raumzeit der Moderne konzentrisch-linear ist? Was aber bedeutet dann die Ausdifferenzierung biographischer Raumzeit in der Gegenwart? Wie, so muss gefragt werden, denken wir Raum und Zeit der Gesellschaft gegenwärtig? Während im politischen Diskurs offensichtlich ein konzentrisch-lineares Modell (zentral geht es immer wieder um die Gestaltung von Zukunft auf unterschiedlichen räumlichen Maßstabsebenen) nach wie vor unumstritten scheint, werden aus sozialwissenschaftlicher Perspektive tiefgehende Veränderungen der Raum- und Zeitstrukturen konstatiert. Ein zentraler Bezugspunkt dieser Diskussion ist die von Paul Virilio (1998) aufgeworfene These vom »rasenden Stillstand«. Es handelt sich um die Vorstellung, dass die Gesellschaften und die gesellschaftlichen Politiken in allererster Linie damit beschäftigt sind, auf unvorhergesehene wirtschaftliche und politische Ereignisse in ihrer Umwelt ad hoc, also mehr und mehr episodisch, zu reagieren und sich dabei von einer Sachzwang-Logik leiten lassen. Eine lineare geschichtliche Perspektive lässt sich unter diesen Bedingungen nicht entwickeln, und die Frage danach, wohin gesellschaftliche Entwicklung eigentlich führen soll, verschwindet mehr und mehr von der Agenda. Vielmehr entsteht der Eindruck, dass unter größtem Zeitdruck permanent Entscheidungen getroffen werden, die in ihrer Gesamtheit jedoch keinerlei Richtung erkennen lassen.

Gleichzeitig scheint immer unklarer zu werden, in welchem Raum Gesellschaft eigentlich gedacht werden muss. Die Überlegungen von David Harvey (1995) und Manuel Castells (2001 [1996]) legen nahe, dass ein Netzwerk von Großstädten als Raumordnungsprinzip gegenüber den Nationalstaaten an Relevanz gewinnt. Zumindest im sozialwissenschaftlichen Diskurs scheint also neben die konzentrisch-lineare Konstitution gesellschaftlicher Raumzeit ein netzwerkartig-episodischer Typ getreten zu sein. Spiegelt sich die Ausdifferenzierung biographischer Raumzeiten also auch auf gesellschaftlicher Ebene wider? Zu erforschen wäre, ob die gesteigerte Aufmerksamkeit für die vergleichende Erforschung von Städten hinsichtlich ihrer Eigenarten (vgl. Berking/Löw 2008) nicht vor dem Hintergrund einer Neustrukturierung der raumzeitlichen Verfasstheit von Gesellschaft zu denken ist und ob die hier entwickelten Typen raumzeitlicher Konstitutionsformen nicht helfen, diese Verfasstheit genauer zu bestimmen.

Das hier entwickelte Postulat sozialer Raumzeit eröffnet also neue Perspektiven zum Verständnis sozialer Strukturen, die gegenwärtig noch unabgegoltene Herausforderungen für die Sozialwissenschaften darstellen. Dieses Buch kann nur ein Anfang sein.

Danksagung

Das vorliegende Buch entstand als Dissertation am Fachbereich Gesellschafts- und Geschichtswissenschaften der Technischen Universität Darmstadt. Zu danken habe ich zuallererst meinen Interviewpartner_innen, die mir in bemerkenswerter Offenheit die Geschichte ihres Lebens anvertraut haben; ihre Erzählungen bilden das Fundament aller hier entwickelten Gedanken. Auch ohne die hervorragende Betreuung meiner Gutachter_innen Martina Löw und Helmuth Berking wäre dieses Buch nicht entstanden. Martina Löw verdanke ich darüber hinaus ein selten gewordenes und kostbares Gut, ohne das ein solches Projekt niemals zum Ende kommen kann: Zeit. Den Referenten Michael Hartmann und Dieter Schott möchte ich für die Beratung danken, die mir auch nach der Disputation zuteilwurde. Darüber hinaus danke ich dem Archiv Deutsches Gedächtnis und der Gruppe niko.31 (allen voran Silke Steets) für die Möglichkeit, Sekundäranalysen ihres Materials durchzuführen. Diana Böhm hat mich bei den Grafiken großartig unterstützt, und Vanessa Geuen hat mit beeindruckender Professionalität unerlässliche Korrekturen am Manuskript vorgenommen. Sybille Frank, Robin Hilbrig, Marco Naujoks, Christian Schilcher, Jochen Schwenk und Silke Steets danke ich für die Möglichkeit, die Inhalte dieses Buches jederzeit kritisch zu diskutieren. Ein ganz besonderer Dank gebührt Nicole Krüger für die fachliche und – mehr noch – für die menschliche Unterstützung während dieser Arbeit.

Literatur

Adam, Barbara (2004): *Time*. Cambridge.

Anderson, Benedict (2005 [1983]): *Die Erfindung der Nation. Zur Karriere eines folgenreichen Konzepts*. Frankfurt am Main/New York.

Apitzsch, Ursula (2002): »Biographien in Europa. Neue Dimensionen des Sozialen«, in: Franz Hamburger et al. (Hg.): *Gestaltung des Sozialen – Neue Herausforderungen in Europa*. Opladen. S. 199-223.

Applegate, Celia (1990): *A Nation of Provincials. The German Idea of Heimat*. Berkeley.

Augustinus (1980 [circa 400]): *Confessiones – Bekenntnisse; lateinisch-deutsch*. Darmstadt.

Bachmann-Medick, Doris (2006): *Cultural Turns. Neuorientierungen in den Kulturwissenschaften*. Reinbek.

Bauman, Zygmunt (1997): *Flaneure, Spieler und Touristen. Essays zu postmodernen Lebensformen*. Hamburg.

Beck, Ulrich (2008): »Jenseits von Klasse und Nation. Individualisierung und Transnationalisierung sozialer Ungleichheiten«, in: *Soziale Welt*. Jg. 59, H. 4. S. 301-325.

Becker-Schmidt, Regine (1987): »Die doppelte Vergesellschaftung – die doppelte Unterdrückung. Besonderheiten der Frauenforschung in den Sozialwissenschaften«, in: Lilo Unterkircher/Ina Wagner (Hg.): *Die andere Hälfte der Gesellschaft. Österreichischer Soziologentag 1985. Soziologische Befunde zu geschlechtsspezifischen Formen der Lebensbewältigung*. Wien. S. 10-25.

Berger, Peter L./Luckmann, Thomas (2001 [1966]): *Die gesellschaftliche Konstruktion der Wirklichkeit*. Frankfurt am Main.

Bergson, Henri (1989 [1889]): *Zeit und Freiheit*. Frankfurt am Main.

Berking, Helmuth (2006): »Helmuth Plessner (1892-1985). Exzentrische Positionalität. Grundlegung der philosophischen Anthropologie«, in: Martin Ludwig Hofmann/Tobias F. Korta/Sibylle Niekisch (Hg.): *Culture Club II*. Frankfurt am Main.

Berking, Helmuth (2013): »StadtGesellschaft. Zur Kontroverse um die Eigenlogik der Städte«, in: *Leviathan. Berliner Zeitschrift für Sozialwissenschaft*. Jg. 41, H. 2. S 224-237.

Berking, Helmuth/Löw, Martina (2008): »Einleitung«, in: Dies. (Hg.): *Die Eigenlogik der Städte*. Frankfurt am Main/New York.

Bieri, Peter (1972). *Zeit und Zeitlichkeit*. Frankfurt am Main.

Blumenberg, Hans (1986): *Lebenszeit und Weltzeit*. Frankfurt am Main.

Bohnsack, Ralf (2008): *Rekonstruktive Sozialforschung. Einführung in qualitative Methoden*. Opladen.
Bourdieu, Pierre (1982 [1979]): *Die feinen Unterschiede. Kritik der gesellschaftlichen Urteilskraft*. Frankfurt am Main.
Bourdieu, Pierre (1985 [1982]): *Sozialer Raum und »Klassen«. Zwei Vorlesungen*. Frankfurt am Main.
Bourdieu, Pierre (2002): »Habitus«, in: Hillier, Jean/Rooksby, Emma (Hg.): *Habitus: A Sense of Place*. Aldershot. S. 27-32.
Breckner, Roswitha (2005): *Migrationserfahrung – Fremdheit – Biografie. Zum Umgang mit polarisierten Welten in Ost-West-Europa*. Wiesbaden.
Brenner, Neil (1999): »Beyond State-Centrism? Space, Territoriality, and Geographical Scale in Globalization Studies«, in: *Theory and Society*. Jg. 28, H. 1. S. 39-78.
Brose, Hanns-Georg (2003): »Die Subversion der Institution – Über Riesters Rente, lebenslanges Lernen und andere Kleinigkeiten«, in: Jutta Allmendinger (Hg.): *Entstaatlichung und soziale Sicherheit. Verhandlungen des 31. Kongresses der deutschen Gesellschaft für Soziologie in Leipzig 2002*. Opladen. S. 583-603.
Brose, Hanns-Georg/Wohlrab-Sahr, Monika/Corsten, Michael (1993): *Soziale Zeit und Biographie*. Opladen.
Bude, Heinz/Willisch, Andreas (2006): »Das Problem der Exklusion«, in: Dies. (Hg.): *Das Problem der Exklusion. Ausgegrenzte, Entbehrliche, Überflüssige*. Hamburg. S. 7-23.
Bundeszentrale für gesundheitliche Aufklärung (2005): *Kinderwunsch und Familiengründung bei Frauen und Männern mit Hochschulabschluss*. Köln.
Butler, Judith (1991): *Das Unbehagen der Geschlechter*. Frankfurt am Main.

Castells, Manuel (2001 [1996]): *Der Aufstieg der Netzwerkgesellschaft*. Bd. 1. Opladen.
Cavalli, Alessandro (1988): »Zeiterfahrung von Jugendlichen. Versuch einer Typologie«, in: Rainer Zoll (Hg.): *Zerstörung und Wiederaneignung von Zeit*. Frankfurt am Main. S. 387-404.
Crang, Michael (2005): »Time space«, in: P. Cloke/R. Johnston (Hg.): *Spaces of Geographical Thought Deconstructing Human Geography's Binaries*. London. S. 199-217.

D'Allesio, Marisa/Guarino, Angela/De Pascalis, Vilfredo/Zimbardo, Philip G. (2003): »Testing Zimbardo's Stanford Time Perspective Inventory (STPI) – Short Form: An Italien Study«, in: *Time & Society*. Jg. 12, H. 2-3. S. 333-347.
Dahrendorf, Ralf (1988): *The Modern Social Conflict. An Essay on Politics of Liberty*. London.

Deinet, Ulrich/Reutlinger, Christian (2005): »Aneignung«, in: Fabian Kessl et al. (Hg.): *Handbuch Sozialraum*. Wiesbaden. S. 295-312.

Deutschmann, Christoph (1999): *Die Verheißung des absoluten Reichtums. Zur religiösen Natur des Kapitalismus*. Frankfurt am Main/New York.

Die glücklichen Arbeitslosen (1997): *Manifest*. ⟨www.diegluecklichenarbeitslosen.de⟩, letzter Zugriff: 15. 9. 2014).

Dörfler, Thomas (2010): *Gentrification in Prenzlauer Berg? Milieuwandel eines Berliner Sozialraumes seit 1989*. Bielefeld.

Dörre, Klaus/Lessenich, Stephan/Rosa, Hartmut (2009): *Soziologie Kapitalismus Kritik. Eine Debatte*. Frankfurt am Main.

Dörre, Klaus/Röttger, Bernd (2009): *Im Schatten der Globalisierung*. Wiesbaden.

Dux, Günter (1989): *Die Zeit in der Geschichte*. Frankfurt am Main.

Ehrenberg, Alain (2004 [1999]): *Das erschöpfte Selbst. Depression und Gesellschaft in der Gegenwart*. Frankfurt am Main.

Einstein, Albert (1905): »Zur Elektrodynamik bewegter Körper«, in: *Annalen der Physik und Chemie*. Jg. 17. S. 891-921.

Elchardus, Mark/Smits, Wendy (2006): »The Persistence of the Standardized Life Cycle«, in: *Time & Society*. Jg. 15, H. 2-3. S. 303-326.

Elias, Norbert: *Über den Prozess der Zivilisation. Soziogenetische und psychogenetische Untersuchungen. Band 1: Wandlungen des Verhaltens in den weltlichen Oberschichten des Abendlandes*. Basel.

Elias, Norbert (1982): »Über die Zeit«, in: *Merkur. Deutsche Zeitschrift für europäisches Denken*. Jg. 36. S. 841-856 und 998-1016.

Engbersen, Gottfried (1993): *Cultures of Unemployment. A Comparative Look at Long-term Unemployment and Urban Poverty*. Boulder, Colorado.

Erhard, Ludwig (1957): *Wohlstand für Alle*. Düsseldorf.

Fischer, Joachim (2000): »Exzentrische Positionalität. Plessners Grundkategorien der philosophischen Anthropologie«, in: *Deutsche Zeitschrift für Philosophie*. Jg. 48, H. 2. S. 265-288.

Fischer, Ruth (1982): »Zeitbewusstsein«, in: Jugendwerk der deutschen Shell (Hg.): *Jugend '81. Lebensentwürfe, Alltagskulturen, Zukunftsbilder*. Leverkusen. S. 346-377.

Foucault, Michel (1977): *Überwachen und Strafen*. Frankfurt am Main.

Fuchs-Heinritz, Werner (2009): *Biographische Forschung. Eine Einführung in Praxis und Methoden*. Wiesbaden.

Fuchs-Heinritz, Werner (2000): »Zukunftsorientierung und Verhältnis zu den Eltern«, in: Deutsche Shell (Hg.): *Jugend 2000*. Opladen. S. 23-92.

Gehlen, Arnold (1956): *Urmensch und Spätkultur*. Frankfurt am Main.
Giddens, Anthony (1988, orig. 1984): *Die Konstitution der Gesellschaft. Grundzüge einer Theorie der Strukturierung*. Frankfurt am Main/New York.
Glaser, Barney/Strauss, Anselm (1998 [1967]): *Grounded Theory. Strategien qualitativer Forschung*. Bern.
Goffman, Erving (1971): *Interaktionsrituale. Über Verhalten in direkter Kommunikation*. Frankfurt am Main.
Gopnik, Adam (2012): »The Caging of America. Why Do We Lock up so Many People?«, in: *The New Yorker*. 30. Januar 2012.
Granovetter, Mark (1973): »The Strength of Weak Ties«, in: *American Journal of Sociology*. Jg. 78, H. 6. S. 1360-1380.
Green, Andre (2001): »Zeitlichkeit in der Psychoanalyse: Zersplitterte Zeit«, in: *Psyche. Zeitschrift für Psychoanalyse und ihre Anwendung*. Jg. 57, H. 7. S. 789-811.

Habermas, Jürgen (1981): *Theorie kommunikativen Handelns*. Frankfurt am Main.
Habermas, Jürgen (1983): *Moralbewußtsein und kommunikatives Handeln*. Frankfurt am Main.
Hägerstrand, Torsten (1975): »Space, Time and Human Condition«, in: Karlquist, Anders (Hg.): *Dynamic Allocation of Urban Space*. Farnborough. S. 3-14.
Harvey, David (1995): »Die Postmoderne und die Verdichtung von Raum und Zeit«, in: Kuhlmann, Andreas (Hg.): *Philosophische Ansichten der Kultur der Moderne*. Frankfurt am Main. S. 48-78.
Häußermann, Hartmut (2006): »Die Krise der ›sozialen Stadt‹. Warum der sozialräumliche Wandel der Städte eine eigenständige Ursache für Ausgrenzung ist«, in: Heinz Bude/Andreas Willisch (Hg.): *Das Problem der Exklusion. Ausgegrenzte, Entbehrliche, Überflüssige*. Hamburg. S. 294-313.
Held, Gerd (2005): *Territorium und Großstadt. Die räumliche Differenzierung der Moderne*. Wiesbaden.
Hirschauer, Steffan (1999): »Die Praxis der Fremdheit und die Minimierung von Anwesenheit. Eine Fahrstuhlfahrt«, in: *Soziale Welt*. Jg. 50, H. 3. S. 221-246.
Hitzler, Roland/Bucher, Thomas/Niederbacher, Arne (2001): *Leben in Szenen. Formen jugendlicher Vergemeinschaftung heute*. Opladen.
Hobsbawm, Eric J. (2005 [1990]): *Nationen und Nationalismus. Mythos und Realität seit 1780*. Frankfurt am Main/New York.
Hoffmann-Riem, Christa (1984): *Das adoptierte Kind. Familienleben mit doppelter Elternschaft*. München.
Honneth, Axel (1992): *Kampf um Anerkennung*. Frankfurt am Main.

Initiative für selbstbestimmte Arbeit (2005): *Konzept.* ⟨http://www.isa-darmstadt.de⟩, letzter Zugriff: 20.9.2014.

Jahoda, Marie/Lazarsfeld, Paul F./Zeisel, Hans (1975 [1933]): *Die Arbeitslosen von Marienthal. Ein soziographischer Versuch.* Frankfurt am Main.

Kelle, Udo/Kluge, Susanne (1999): *Vom Einzelfall zum Typus.* Opladen.

Kohli, Martin (1985): »Die Institutionalisierung des Lebenslaufs«, in: *Kölner Zeitschrift für Soziologie und Sozialpsychologie.* Jg. 37, H. 1. S. 1-29.

Kohli, Martin (2000): »Arbeit im Lebenslauf: Alte und neue Paradoxien«, in: Jürgen Kocka/Klaus Offe (Hg.): *Geschichte und Zukunft der Arbeit.* Frankfurt am Main. S. 362-382.

Kohr, Heinz-Ulrich (1992): »Zeit-, Lebens- und Zukunftsorientierung«, in: Jugendwerk der Deutschen Shell (Hg.): *Jugend '92. Lebenslagen, Orientierungen und Entwicklungsperspektiven im vereinigten Deutschland.* Opladen. S. 145-168.

Koselleck, Reinhart (1979): *Vergangene Zukunft. Zur Semantik geschichtlicher Zeiten.* Frankfurt am Main.

Kronauer, Martin (2002): *Exklusion. Die Gefährdung des Sozialen im hoch entwickelten Kapitalismus.* Frankfurt am Main/New York.

Leccardi, Carmen (2005): »Facing Uncertainty: Temporality and Biographies in the New Century«, in: *Young.* Jg. 13, H. 2. S. 123-146.

Lefebvre, Henri (1991 [1974]): *The Production of Space.* Oxford.

Lessenich, Stephan (2003): »Soziale Subjektivität. Die neue Regierung der Gesellschaft«, in: *Mittelweg 36.* Jg. 12, H. 4. S. 80-93.

Levine, Robert (1997): *Eine Landkarte der Zeit. Wie Kulturen mit Zeit umgehen.* München.

Löw, Martina (2001): *Raumsoziologie.* Frankfurt am Main.

Lübbe, Hermann (1992): *Im Zuge der Zeit. Verkürzter Aufenthalt in der Gegenwart.* Berlin, Heidelberg, New York.

Luckmann, Thomas (1980): *Lebenswelt und Gesellschaft.* Paderborn.

Luhmann, Niklas (1990): »Die Zukunft kann nicht beginnen. Temporalstrukturen der modernen Gesellschaft«, in: Peter Sloterdijk (Hg.): *Vor der Jahrtausendwende: Berichte zur Lage der Zukunft. Bd. 1.* Frankfurt am Main. S. 119-150.

Marx, Karl (1965 [1852]): *Der 18. Brumaire des Louis Bonaparte. Nachwort von Herbert Marcuse.* Frankfurt am Main.

Marx, Karl/Engels, Friedrich (1969 [1845-1847]): »Die deutsche Ideologie«, in: Institut für Marxismus-Leninismus beim ZK der SED (Hg.): *Werke. Bd. 3.* Berlin. S. 7-77.

Massey, Doreen (1999): »Spaces of Politics«, in: Doreen Massey et al. (Hg.): *Human Geography Today*. Cambridge. S. 279-294.

Massey, Doreen (2005): *For Space*. Thousand Oaks.

McTaggart, John Ellis (1993 [1908]): »Die Irrealität der Zeit«, in: Walther Ch. Zimmerli/Mike Sandbothe (Hg.): *Klassiker der modernen Zeitphilosophie*. Darmstadt. S. 67-86.

Mead, George Herbert (1932): *The Philosophy of the Present*. London.

Mead, George Herbert (1968, orig. 1934): *Geist, Identität und Gesellschaft*. Frankfurt am Main.

Minkowski, Hermann (1909): »Raum und Zeit. 80. Versammlung Deutscher Naturforscher (Köln 1908)«, in: *Physikalische Zeitschrift*. H. 10. S. 104-111.

Moritz, Karl Philipp (1997 [1785-1790]): *Anton Reiser. Ein psychologischer Roman. Mit den Titelkupfern der Erstausgabe*. München.

Neckel, Sighard (1988): »Entzauberung der Zukunft«, in: Reinhard Zoll (Hg.): *Zerstörung und Wiederaneignung von Zeit*. Frankfurt am Main. S. 464-486.

Nipperdey, Thomas (1983): *Deutsche Geschichte. 1800-1866 Bürgerwelt und starker Staat*. München.

Nowotny, Helge (1989): *Eigenzeit. Entstehung und Strukturierung eines Zeitgefühls*. Frankfurt am Main.

OECD (2011): »Cooking and Caring, Building and Repairing: Unpaid Work around the World«, in: *Society at a Glance 2011: OECD Social Indicators*. OECD Publishing. ⟨http://dx.doi.org/10.1787/soc_glance-2011-3-en⟩, zuletzt aufgerufen: 3. 9. 2014.

Plessner, Helmut (1981, orig. 1928): »Die Stufen des Organischen und der Mensch«, in: Ders.: *Gesammelte Schriften*. Bd. 4. Hg. von Günter Dux, Odo Marquard und Elisabeth Ströker. Frankfurt am Main.

Popper, Karl R. (1973): *Objektive Erkenntnis*. Hamburg.

Pott, Andreas (2007): »Identität und Raum. Perspektiven nach dem Cultural Turn«, in: Christian Bernd und Robert Pütz (Hg.): *Kulturelle Geographien. Zur Beschäftigung mit Raum und Ort nach dem Cultural Turn*. Bielefeld. S. 27-52.

Rammstedt, Otthein (1975): »Alltagsbewußtsein von Zeit«, in: *Kölner Zeitschrift für Soziologie und Sozialpsychologie*. Jg. 27, H. 1. S. 47-63.

Reiter, Herwig (2003): »Past, Present, Future. Biographical Time Structuring of Disadvantaged Young People«, in: *Young*. Jg. 11, H. 3. S. 253-279.

Rosa, Hartmut (2005): *Beschleunigung. Zur Veränderung der Zeitstrukturen in der Moderne*. Frankfurt am Main.

Rosenthal, Gabriele (1993): *Erlebte und erzählte Lebensgeschichte. Gestalt und Struktur biographischer Selbstbeschreibungen*. Frankfurt am Main.

Schilcher, Christian/Weidenhaus, Gunter (2010): »Wann bin ich anders? Alternativ sein: Erfahrungen aus einer Lehrveranstaltung«, in: *Forum Wissenschaft*. Jg. 27, H. 3. S. 48-52.

Schröer, Nobert (1994): »Umriß einer hermeneutischen Wissenssoziologie«, in: Ders. (Hg.): *Interpretative Sozialforschung. Auf dem Wege zu einer hermeneutischen Wissenssoziologie*. Opladen. S. 9-25.

Schütz, Alfred (1932): *Der sinnhafte Aufbau der sozialen Welt. Eine Einleitung in die verstehende Soziologie*. Wien.

Schütz, Alfred/ Luckmann, Thomas (1979): *Strukturen der Lebenswelt. Bd. I*. Frankfurt am Main.

Schütze, Fritz (1983): »Biographieforschung und narratives Interview«, in: *Neue Praxis*. Jg. 13, H. 3. S. 283-293.

Schützeichel, Rainer (2004): *Historische Soziologie*. Bielefeld.

Searl, John R. (1995): *The Construction of Social Reality*. New York.

Seidl, Otmar (2009): »Zeit und Zeitlosigkeit in der Psychoanalyse«, in: *Forum Psychoanalyse*. Jg. 25, H. 2. S. 101-117.

Simmel, Georg (1957, orig. 1903): »Die Großstädte und das Geistesleben«, in: Ders.: *Brücke und Tür: Essays des Philosophen zur Geschichte, Religion, Kunst und Gesellschaft*. Hg. von Michael Landmann und Margarete Susman. Stuttgart. S. 227-242.

Sinus Sociovision (2011): »Informationen zu den Sinus-Milieus 2011«. ⟨http://www.sinus-institut.de/uploads/tx_mpdownloadcenter/Informationen_Sinus-Milieus_042011.pdf⟩, zuletzt aufgerufen: 3. 9. 2014.

Soeffner, Hans-Georg/Hitzler, Ronald (1994): »Hermeneutik als Haltung und Handlung«, in: Norbert Schröer (Hg.): *Interpretative Sozialforschung. Auf dem Wege zu einer hermeneutischen Wissenssoziologie*. Opladen. S. 28-55.

Soja, Edward W. (1996): *Thirdspace. Journeys to Los Angeles and other Real-and-Imagined Places*. Cambridge/Oxford.

Sorokin, Pitrim A. (1927): *Social Mobility*. New York.

Strauss, Anselm/Corbin, Juliet (1996 [1990]): *Grounded Theory: Gundlagen Qualitativer Sozialforschung*. Weinheim.

Sturm, Gabrielle (2000): *Wege zum Raum. Methodologische Annäherungen an ein Basiskonzept raumbezogener Wissenschaft*. Opladen.

Tallár, Ferenc (1993): »Worüber sprechen wir?«, in: Christoph Menke/Martin Seel (Hg.): *Zur Verteidigung der Vernunft gegen ihre Liebhaber und Verächter*. Frankfurt am Main. S. 15-25.

Urry, John (2000): *Sociology beyond Society. Mobilities for the Twenty-First Century*. London/New York.

Virilio, Paul (1998): *Rasender Stillstand*. Frankfurt am Main.
Voß, Günter G./Pongratz, Hans J. (1998): »Der Arbeitskraftunternehmer. Eine neue Grundform der Ware Arbeitskraft?«, in: *Kölner Zeitschrift für Soziologie und Sozialpsychologie*. Jg. 50, H. 1. S. 131-158.

Weber, Max (1956, orig. 1904): »Asketischer Protestantismus und kapitalistischer Geist«, in: Ders.: *Soziologie – Weltgeschichtliche Analysen – Politik*. Hg. von Johannes Winckelmann. Stuttgart. S. 357-381.
Weidenhaus, Gunter (2008): »Modi der Biographisierung. Konstruktionsformen von Lebensgeschichtlichkeit«, in: *Sozialer Sinn. Zeitschrift für hermeneutische Sozialforschung*. Jg. 9, H. 2. S. 251-280.
Weidenhaus, Gunter (2010): »Wie viel Geschichte braucht das Ich? Normative Implikationen der psychoanalytischen Auffassung von Lebensgeschichtlichkeit«, in: Sybille Frank/Jochen Schwenk (Hg.): *Turn Over. Cultural Turns in der Soziologie*. Frankfurt/New York. S. 263-286.
Weidenhaus, Gunter (2015): »Prozesse, die Zeit erschaffen? Empirische Betrachtungen zum Wechselverhältnis von sozialen Prozessen und geschichtlichen Strukturen«, in: Stefan Jordan/Rainer Schützeichel (Hg.): *Prozesse. Formen, Dynamiken, Erklärungen*. Wiesbaden (im Druck).
Werlen, Benno (1997): *Gesellschaft, Handlung und Raum*. Stuttgart.
Western, Bruce/Beckett, Katherine (1999): »How Unregulated is the U.S. Labor Market? The Penal System as a Labor Market Institution«, in: *American Journal of Sociology*. Jg. 104, H. 4. S. 1030-1060.
Wissenschaftliches Institut der AOK (2012): »Fehlzeiten-Report 2012. Zu viel berufliche Flexibilität schadet der Psyche«. Pressemitteilung vom 16. August 2012. Berlin. ⟨http://www.aok-bv.de/imperia/md/aokbv/presse/pressemitteilungen/archiv/2012/04_wido_presseinfo.pdf⟩, zuletzt aufgerufen: 25. 9. 2014.

Zimbardo, Philip G. (1990): *Strategies for Coping with Social Traps. Time Perspectives Influences.* Paper präsentiert beim 98th Annual Convention of the American Psychological Association. Boston.